大航海者たちの世紀

The Epoch
of
Great Voyagers

Ishihara Yasunori

石原保徳

評論社

はじめに

「スペイン、ポルトガル主導の下で十五世紀に始まった世界の一元化を目ざす事業、コンキスタ（スペイン語から借用）は、今もなお、担い手は変わってもその本質を変えることなく続いている。そのゆき着く果てに私たちが目にするのは、全人類を巻き込んですすむ破壊の現実である。しかし、その動きに異議申し立てをおこない、真の人類共同体を創り出そうと模索する運動も、いまようやく全世界的な拡がりを見せはじめていることも確かである。五世紀にわたるコンキスタの世界史的文脈を取り出そうとする作業も、この新しい運動がうながしたものと言うことができる。

この授業は、そのような作業の一環として、十六世紀にその発端をもつヨーロッパ的世界史像の独善性とえせ普遍性を明るみに出してゆく一つの試みに他ならない。今もって地球の破壊を止めないコンキスタは、このヨーロッパ産の世界史像によって擁護・促進・正当化されてきたことを知っているからである。」

以上は、さる大学でおこなった二〇〇〇年度の授業が終わりに近づいていた頃、学生たちに手渡したメモを手直ししたものだ。

引き受けていた「授業題目」は「西洋的世界史像の見直し」であり、私はこの時すでに六年間、この題目と取り組んできていたが、このような単純かつ素朴なメモは、それまでも書いていない。ようやく六年目にして、受講生たちのために自分の授業の方向づけを明示しておくことが必要であり、可能でもあると考え、試みてみたのである。

しかし、これは授業のねらいにとどまらず、それを引き受ける以前から私が取り組んでいた世界史研究のモチーフでもあり、それをこの機会に若い人たちに伝えておこうとしたものだった。

コンキスタの起点をヨーロッパ主導の「大西洋文明圏の造出」（十六世紀）としてとらえ直し、その運動に根元的な批判を加えていった歴史家ラス・カサスの世界史叙述を甦らせようとした『世界史への道』（丸善ライブラリー）後篇もまた、さきの問題関心の延長線上にあったし、同書前篇は、そのような世界史研究へと私を導いてくれた先達たち、福沢諭吉、エリック・ウィリアムズ、上原専禄らの営みを追体験するこころみであった。

したがって、『世界史への道』後篇に掲げた「世界史像形成への一つの試み」（一九九八年作成）は、直接には大学が設定した「授業題目」が要請したものであり、そのとき私自身が描くことのできた世界史像に他ならない。

しかし、『世界史への道』前篇でくり返し述べているように、世界史像というものは、それがどのような権威によって描かれたものであっても、もともと絶えず書きかえを求められている一つのサンプルでしかない、と私は考えている。いうまでもなく、前述の「私案」もまた新しく組みかえられるべき一つの仮説にすぎず、事実、当の私自身が、それを何度も書き直さざるを得なかった。そのあげくが、次の上段に記した世界史像私案である。今回、いささか唐突かも知れないが、ここにさきの一九九八年版私案（下段）と対比してこれを掲げたのは、まずはじめに、本書が主題とする十八世紀後半に集中した世界周航の世界史的位置を明示しておきたかったからである。

つぎに、具体的に両者の相違に目をとめながら、私の最新の世界史像の特徴をとり出しておくことにする。

まず三部構成が二部構成にかわっていることに目がゆくはずだ。しかし、これは世界史像描出の方法を大きくかえたことを意味しない。コンキスタのはじまりを境にして世界史を二分し、現代をなおコンキスタ優位の時代とする現状認識にかわりはない。今回、三部構成を避けたのは、コンキスタがその発端からして横断的に全世界をまき込んで進む運動であることをよりはっきりと世界史像の中に刻みこんでおこうとしたためである。

しかし、目を凝らしてみれば、最終章が、「新時代への過渡」となっており、旧版の「「世界秩序」の再編とコンキスタへの新たなたたかい」から、微妙に変化していることに気づかれるであろう。

たしかに、前述したようにコンキスタ後を一つのまとまりのある時代として捉える方法にかわりはない。旧版私案をえがいたときと同様に、冷戦体制崩壊後もいよいよ自らの秩序を他者に強要し、必要とみれば相手の破壊へとつき進んでよしとする欧米主導のコンキスタの展開とその力量のほどを日々思い知らされている私は、今回も新しい時代の登場をもって第三の時期区分をと

世界史像私案

第一部　世界諸地域の形成とその発展
——とくに東洋文明圏（—19世紀半ばまで）と西洋文明圏（—15世紀半ばまで）に焦点をあわせて——
第二部　コンキスタの時代
第一編　西洋のコンキスタと世界
第一章　大西洋文明圏の造出（16世紀）
——新・旧両世界の衝突と「新しい時代」のはじまり——
第二章　「新しいヨーロッパ」の再編・強化と「東西両インド」（17—18世紀）
第三章　大航海者たちの世紀（18世紀後半）

第一部　東洋文明圏の形成とその発展（19世紀半ばまで）
第二部　西洋文明圏の形成とその発展（15世紀半ばまで）
第三部　コンキスタの時代
第一編　西洋のコンキスタと世界
第一章　大西洋文明圏の造出（15—17世紀）
——新・旧両世界の衝突と「新しい時代」のはじまり——
第二章　コンキスタの世界的拡大

り入れ、世界史を三分割する方法をとることはできなかったのである。

しかしながら、いま私たちは、現代がコンキスタを廃絶した新しい時代へと向かいつつあることを、いやその実現もさほど遠くないことをはっきりと認識できるのだ。くり返すが、国境を超えて連帯を模索しつつ、コンキスタとの困難きわまる厳しいたたかいに立ち上がっている人々の確かな存在感を私たちは手にしているからである。実は、このような現代の世界史的問題情況についての認識がさきの最終章での微妙な変更をもたらしたのだ。

以上を新旧両版の第一のちがいとすれば、もう一つの重要なちがいは、第二部第一篇の第三番目に設定された「大航海者たちの世紀」の導入である。これは旧版私案のどこにも顔を出していない新しい時期区分であった。『道』にとり組んでいたときの私は、それが世界史上に占める独自な位置に気づくことがなかったからである。ことわっておくが、これは、いわゆる「大航海時代」なる時期区分とは似て非なるものである。しかし、この問題は別の機会にゆずりたい。本書のねらいはただ一つ、読者に、今回世界史像をこのように書きかえた理由を、いいかえれば、なぜ「大航海者たちの世紀」が、これほどまでに重要であるのかについて、納得してもらうことである。

前おきはこれくらいにして、直ちに本篇に入るべきかも知れないが、ここで三部から成る本書の構成が生まれてきた道すじを明らかにしておく方がいいのではないかと考える。学問常識からすれば交錯することのないさまざまな書き手やジャンルの違う作品を同じ土俵にのせて重ね読みする方法自体、いささか奇異に見られるだろうからだ。

そこでまず第一に書くべきは、十八世紀ヨーロッパ人が、いやヨーロッパ人のみが執拗に取り組んできた「発見航海」事業——そのほとんどが結果的には世界周航という大航海となる——の担い手たちとの出会いである。これまで、「新世界」アメリカへ向かったヨーロッパ人の「発見」とその後の征服戦争、植民・布教活動などをフィールドとして、コンキスタの発端を見つめてきた私にとって、彼らは、そのコンキスタのゆきつく先を明らかにしてくれる教師となったのである。なかでも、三回にわたる大航海を試みたクックが書き遺した航海日誌（いわゆるビーグルホール版『航海日誌』）の全体とつきあった経験が果たした役割は大きかった。

ビーグルホール版テクストの問題やクックの発見航海そのものについてはのちに第一部第一—第三章で言及するとして、ここではなぜこの新しい時代への開眼のきっかけがクックだったかにつき一言述べておく。たしかに彼は、ヨーロッパによるコンキスタの進展という文脈におけば、まぎれもなくその先駆けとなったコロン（コロンブス）の「発見航海」（『世界史への道』、後篇第二章参照）を継承する航海者ではあった。しかし、本文で詳述するように、とりわけクックに体現されている十八世紀後半の大航海が見せるスケール、発見の方向性とその認識内容、彼が策定した新しい発見戦術に、そしてまた、そのような大航海を可能にし、かつ必要としたヨーロッパ諸国の世界戦略の新しさに、私は目を奪われたのである。その航海は明らかにコロンを越え出ていたといってよい。つまり、「発見」事業として新しいステップが、そこで画されていったことを認めざるを得なかったのだ。彼は、ヨーロッパ世界に向かって広大な新しいコンキスタ空間を一挙に差し出し、世界分割を策する国家やナショナリズムにとらわれた大衆を引きつけてゆく。

この現代にあって、コンキスタ認識をより深めてゆこうとする課題をもつ私たちにとってここに新しいフィールドが開かれたのである。クックは私たちが対決すべき同時代人に他ならないとの実感がわき上がってきたのである。クックに前後するいくつかの航海記の読みあわせが始まったのは、その後のことであった。

バイロン、ウォリス、カートレットらイギリス人の航海、そしてフランス人ブーガンヴィルやシュルヴィル、ラ・ペルーズ、果てはこれまたイギリス人ヴァンクーヴァーら十八世紀後半の大航海を記録したテクストはすべて公刊されており、手の届くところにあったのである。しかも、世界周航のかたちをとったヨーロッパ人の大航海を取り出そうとすれば、それはこの時期に限られはしない。さかのぼってマゼランはいわずもがな、十六世紀末、イギリス人として始めて世界周航を果たしたドレイクにはじまり、十七世紀末から十八世紀前半にかけて私掠船と行をともにしたダンピア（一六八三―九一）やブリストル商人の出資を受けたロジャーズ（一七〇八―一一）さらには、海軍軍人アンソン（一七四〇―四四）に至る航海が直ちに思いうかぶのだ。彼らはすべてイギリス人であるが、その航海は、いずれもがスペインが十六世紀以降、自分たちの領海と主張してきた「南の海《マール・デル・スール》」（太平洋に面する中南米の沿岸海域）への侵入にはじまり、そこから「世界の海」へと活動領域をひろげてゆくかたちをとり、それらはイギリスの帝国建設に先駆する運動として位置づけられるものであり、その担い手たちはそれぞれきわめて個性的な航海記録をのこしていた。彼らは、しかし、地理上の発見を目ざした航海者ではなく、その当時は国家も、彼らにそれを求めはしなかったのである。

この彼らと、クックに代表される十八世紀後半の航海者たちとのちがいは明白で、後者の特徴を一口でいえば、国家が自己のテリトリーを拡大すべく新しい空間の発見を航海にたくしたことだ。この点は、英仏をとわず共通しており、第一次世界分割戦争（七年戦争）の勝者イギリスも敗者フランスも大戦終結後はそれまでにもまして全地球に目を向け、発見競争に打って出るのである。海洋の空白を埋めてゆく方法で国家の要請にこたえたクックも、彼に比肩する発見事業をなしとげようと太平洋の空白に挑むラ・ペルーズも、時代の子であったといえるだろう。クックにはじまりドレイクやダンピア、さらにはアンソン、ウォリス、カートレット、はてはブーガンヴィルやラ・ペルーズらへといたるつき合いは、私のクック発見をさらに豊かにしてくれたことは確かであり、おかげで十八世紀後半に集中した世界周航事業の世界史的意味についてもいくらか了解することができたのである。

しかし、その問題への探究はそれでおわりはしなかった。クックの営みに圧倒されていた私にもう一人の新しい旅人があらわれたからである。第二部で取り扱うことになる『世界周航記』（一七七七年）を著した青年ゲオルゲ・フォルスターがその人であった。クックの三回にわたる発見航海の中でもピークをなす、「南半球」の発見に向かった第二回航海に参加した彼は、クックはもちろん、それまで他のどの航海者たちもだれ一人なしえなかったかけがえのない発見を記録する。一言でいえば、十六世紀にはじまった大航海以来ヨーロッパ人が営々とつくり上げてきた「人類の地図」が、いいかえれば彼らが発見した「新住民」を動植物と同様自然の一部とみなして分類・整序してきたものが、そこでは普遍妥当性を失うのである。太平洋の島々に、ヨーロッパ人が対等に向き合うべき「人間」を発見した彼の方法は画期的であり、それは第二回航海によって「南半球」全体の発見者と自負するクックの認識をも根柢からゆさぶる働きを内包していたのだ。クックにとって大切なことは、海洋の空白を埋め、新しい土地を発見してゆくことであり、人間の発見は二次的で、島民たちは所詮は利用の対象にすぎなかったのだ。ゲオルゲによる人間の発見、つまり他者認識がどのような内実と方法を備えたものか、それが自己省察にどのようにはねかえるのかについては本篇にゆずるが、一言でいって、彼のような自＝他認識は、ヨーロッパが全世界を対象として航海事業に取り組むようになってからそのときまで一度も現場からは現われ出ることはなかったとだけ言っておこう。コロン以来クックに至るまで、未知の自然やその地の住民を「発見」した喜びが、当の発見者の目をくらませ、とくに、発見した相手を対等な人間とみなすことを妨げ、彼らの内面を洞察する感性や知性を鈍磨させてきた歴史を見せつけられてきた私たちは、ゲオルゲの営みに強く引きこまれたのである。第二部のすべてを、彼の読解にあて、「『哲学的航海記』の誕生」としたのはそのためだ。クックの問題提起も新しければ、彼と対峙するゲオルゲのそれもまた全く別の意味で新しかったのである。したがって第二部ではとくに、その自＝他認識の方法にかかわってクックの航海日誌との読みあわせはもちろん、博物学者の父ラインホルト（ゲオルゲは父の助手の資格でクックが指揮する船に同乗を認められる）の日記をも同時に重ね読みし、ゲオルゲ独自の問題関心や方法を掘り下げてゆくつもりだ。

最後に、第三部の二つの柱となる二作品の位置を前もって明らかにしておこう。なぜ、スウィフトやディドロの作品を、実際に航海に参加した人々の記録と拮抗するものとしてとり入れるのか、直ちには了解され難いからだ。私たちは近年刊行されたばかりの「ユートピア旅行記叢書」（全十五巻、岩波書店）によって、実録として公刊されたさまざまな「航海記」にも刺激されて、それとは全く別の新しいジャンル「架空旅行記」の群れが十七、八世紀に相次いで刊行されていたことを教わってきた。

今回私は、そのおかげで二つのジャンルを同時に読みあわせることができたわけだが、その貴重な経験の中で、両者が切っても切れない関係にあることに気づかされたのだ。なかでも、さきのスウィフトとディドロの作品がこの発見に果たした役割は決定的であった。

二人はいずれも、当時読者を多数獲得しつつあった実録が、意図的にか無自覚にか隠蔽していた歴史現実を明るみに出そうとして、自らの作品をあえてもう一つの実録として押し出し、いわば二つの実録を対峙させる方法を編み出したのである。彼らはともに、自らの作品がフィクション視されることでせっかく提起した問題がひとごととして棚上げされることを最も警戒したのである。「元船医、元船長ガリヴァー」も、ブーガンヴィルを弾劾するタヒチの老人も、彼や島民オルーの描き出すタヒチ島も実在する、との大前提を彼ら二人は取り下げることはなかったのである。このように主張するスウィフトやディドロの意を体して、両作品を読むならば、そこにクックをはじめとする大航海事業の担い手やそのパトロンたる国家の独善、つまり自己中心主義が、はては大航海者をおくり出したヨーロッパ文明の問題性が、内側から根柢的に問い直されてゆくドラマに触れることができるのである。それだけではない。自分の航海記をまぎれもない実録と自認し、読者もそう認めるゲオルゲの作品が、これら二人の作品と、その自＝他認識の方法においてみごとに呼応している関係もまた、浮かび上がってくる。そこには片やブーガンヴィルやクックたちが、他方でゲオルゲが、そしてもう一方でディドロたちが、それぞれの作品を武器にしてなにが真実かをめぐって競い合っている姿が鮮やかにみてとれるのだ。

今回の世界史像「私案」において、あえて「大航海者たちの世紀」を一個の時期区分としてとり出した理由も、以上の説明でいくらか伝えられたのではないかと思う。ヨーロッパ諸国の新しい世界戦略に呼び出されたクックたちを軸に、ゲオルゲやディドロらを読みあわせる中でみえてきたものは、十八世紀後半の大航海事業の新しさと、その今日性であった。あとは、そのことを、本篇の中で、ひとつひとつ確かめていただくことを願うのみである。

大航海者たちの世紀

目次

第三部　架空旅行記の挑戦　167

第一部　大航海者たちの軌跡を追う

――ドレイクからラ・ペルーズまで

プロローグ　新しい世界周航の世界史的位置

十五世紀以来、いわゆるヨーロッパ人の発見航海は相次いで組織されてきたが、本書はその中でなぜ、彼らの世界周航事業を、しかもとりわけ十八世紀後半のそれに的を絞るのか、プロローグはその問いにひとまずこたえるために設けた。

ひとことでいって世界周航とは、十五、六世紀に始まるヨーロッパ諸国の地球分割競争と不可分に結びつきながら進められてきた。いいかえれば、全世界に自らの支配網を張りめぐらそうとするヨーロッパ各国の戦略が、そのような史上前例のない大規模な航海を求めたのである。

ところで、世界周航といえば誰しもマゼランの名を挙げるだろうが、彼の企てもまた、はっきりとコンキスタが始まった時代の刻印を帯びていた。彼は、香料をはじめ豊かな物産に恵まれたアジアへゆきつく南回りルート（ポルトガルが開発した喜望峰経由のもの）とは逆に、アジアへ直航する西回りの航路を求めて五隻の船を率いて旅立つ（一五一九年）。アジアの富を目ざしたコロン第一回航海のプログラムを彼は基本的には引き継いだのである。スポンサーも同じくスペイン王室であったが、ときはスペイン・ポルトガル両国が世界分割をめぐって競い合っていた時代であった。広大な太平洋の存在をはじめて明らかにしたこの航海は、彼の意図とは別に、両国の地球分割競争に結着をつける役割を果たしてゆく。

コロンの航海が契機となって、両国の間に、一四九四年、教皇の裁定によって地球規模の分割案となるトルデシーリャス条約が結ばれたが、そのとき定められた北極から南極まで大西洋上を南北に走る分割線は、いずれは、地球の反対側（太平洋）にまで引きのばされねばならない性格のものであった。マゼラン船団中ただ一隻残ったビクトリア号の帰国は、それを現実のものとし、その結果をうけて締結されたのが太平洋上の分割線を定めたサラゴッサ条約（一五二九年）である。

以後両国は教皇の権限に依拠して、一方的に地球を二分割し、それぞれが割りあてられた地域での自国の独占権を公然と主張し、情報の漏出を防ぎ、その地域への他国の立ち入りを排除してゆく。マゼラン後、世界周航がしばらく試みられなかったのは、この世界分割体制に一因が求められる。両国はといえば、それぞれの分け前で満足し、ひたすら自国の富強化のために東西両インド（大まかには、この時ポルトガル領と定められたアジアやアフリカの諸地域を東インドといい、スペインのテリトリーとされた「新世界アメリカ」は西インドと呼ばれる）の経営に力を注ぎ、あえて分割線を越えようとはしなかったのである。この一世紀はいわゆるコンキスタ第一期といわれる時代であり、「大西洋文明圏の造出」（四—五ページ世界史像私案参照）は、このときにみられる。

しかし、「発見」事業の後発国がこの秩序を認めるはずはない。オランダやイギリスは、スペイン・ポルトガルのこの特権的地位に挑戦し、新しい土地を「発見」した国がそこを領有する権限をもつとの主張をかかげて、独占網を食い破りはじめたのである。一五七七年から八〇年にか

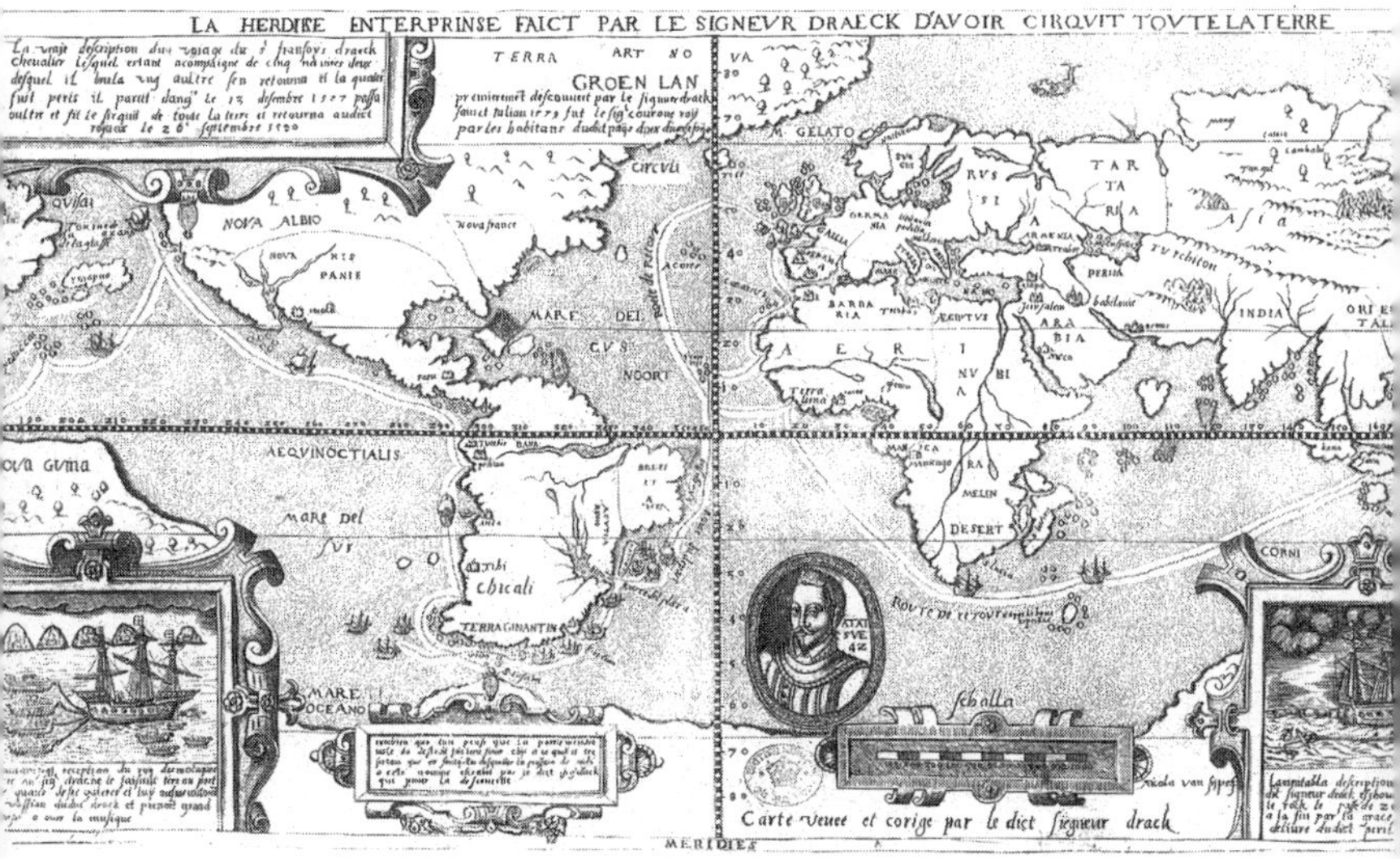

ドレイクの世界周航を示す当時の世界地図（1583年頃制作）

けて世界周航を果たしたフランシス・ドレイクは、そのような秩序への最も大胆な破壊者として登場する。マゼランの世界周航に遅れることほぼ半世紀のことだが、これはスペインの世界政策に立ち向かおうとするイギリスの国家意志をうけての行動であった。

彼は、スペインが自らの領海と主張する「南の海《マール・デル・スール》」（中米・南米の太平洋側の沿岸海域）に突入し、その沿岸に設けられたスペインの拠点を荒らしまわり、あげくは「南の海」を越えて北緯四二度まで北上し、スペインの力の及んでない北西アメリカ沿岸を探索し、上陸した三八度の地点ではその土地を本国の地名にちなんでニュー・アルビオンと命名したうえ、そのあたり一帯をイギリス領と宣言するなど、スペイン側からみれば無法の限りをつくし、帰りは、これまた分割線を無視し、北太平洋を西航し、帰国する。

しかし、イギリスからすれば、彼ははね上がりのアウトローどころではなく、国家の英雄であり、その後もその地位はゆるがなかったのである。十八世紀半ば、「南の海」突入後、太平洋を横断し、帰路スペインのガレオン船をフィリピン沖で拿捕し、その財貨を奪いとり、世界周航を果たして帰国した海軍軍人アンソンを歓呼して迎えたロンドン市民が、彼を「第二のドレイク」として称えたのも、その証となるであろう。

しかし、問題は、世界周航そのものがなぜそれほどまでにイギリスで高い評価をうけたかである。こたえはさほど難しくはない。ドレイクの同時代人リチャード・ハクルート（一五五二—一六一六）がそれに答えてくれているからである。彼は、熱烈な愛国者として、ドレイクの世界周航を自国の世界戦略に結びつけ、最も早くから、最も明確に、その意味をイギリスの当局者や国民の脳裡に刻みこもうと試みたのである。私たちは、ここに、十八世紀ヨーロッパにおいて海を制する海軍力を備えた帝国として登場してくるイギリスの世界戦略の発端を見出すことができる。彼の営みによって私たちは世界周航が孕む政治的文脈を、つまりコンキスタと世界周航のかかわりを思い知らされてゆく。

そのような問題視角からいって最も注目すべき仕事は三十代後半から十年以上もの間、ハクルートが全精力を傾けて編纂した『イギリス国民による主要な航海と旅行』（初版全一巻は一五八九年刊、つづく第二版は全三巻で一五九八年から一六〇〇年にかけて公刊されるが、分量は初版のほぼ三倍増しとなる。のち『航海記集成』と略記）である。ドレイクによる世界周航が一参加者の記録によってはじめて活字化されたのは、その第二版であった。さきに述べたような観点からドレイクの世界周航事業に早くから着目していたハクルートにしてみれば、これは、ドレイク自身の記録が入手できないにしても、渇望していた史料であったのである。彼はドレイクの航海を次の二点において高く評価していたものと思われる。第一にドレイクがスペイン領に睨みをきかす拠点となりうるニュー・アルビオンの領有を宣言し、はじめてスペイン領アメリカの「裏側《バックサイド》」にイギリス国家のクサビをうちこんだことによって、第二に、スペイン・ポルトガルが太平洋上に南北に引いた分割線を無視する行動によって、この二つの点においてドレイクの世界周航は、すぐれて政治的な事件であったのである。さきの『航海記集成』編集の仕事にしてからが、そのすべては政策提言の一つの方法として実践されたものであったが、ドレイクの世界周航は、後述するように、そこに収められたイギリス国民の世界各地へと向かった航海や旅の中でも最も注目すべき位置を与えられていたのである。

それまでもハクルートは、記録蒐集や提言のかたちでイギリス国民の航海や植民にかかわろうとしてきていたが、地球全域を対象に据えてはいなかった。最初の編纂物である『アメリカならびにその周辺の島々の発見を進めた諸航海』(一五八二年刊、『世界史への道』後篇参照)や一五八四年執筆(当時は未刊)の「西方植民論」(「大航海時代叢書」第二期、第十八巻、越智武臣訳)も、いずれもが、西インド＝アメリカ戦略に照準が合わされており、さきの『航海記集成』とは問題の絞り方が違っていた。

しかし、「西方植民論」は、『諸航海』と『航海記集成』の橋渡しをするものとして重要な位置を占めているので、その観点からしばらくこの策論とつきあっておく。

　これは、ウォルター・ローリーが企てたヴァージニア植民に肩入れするためにローリーの要請にこたえて女王あてにハクルートが書き上げた策論で、その第二十章などは西方への植民と航海を進める理由を二十三か条にわたって取り上げている。いわば、イギリスによる西インドの「表側」へのコンキスタが主題となっていた。しかし、スペイン帝国と対抗するには、その表側、つまりカリブ海域や大西洋側にとどまらず、その裏側にも目を向けた戦略が必要であった。裏側、実は帝国を支えるペルーの富を運ぶルートとして最重要な拠点として浮上してきていたこの地域、別名「南の海」の重要性を、ハクルートは見逃すわけはなかった。

　すでに一五八一年、スペイン王フェリーペはポルトガル王を兼ねるようになっており、スペインは東西両インドを足場に世界戦略をたてる帝国であってみれば、それに立ち向かおうとするイギリスの戦略が、世界規模になるのは必然的であった。事実、彼の西インドの表側への関心は、裏側へとのび、ひいては世界へとひろがってゆくのだ。彼が西インドでのスペイン領の弱体化を目ざすのも、そこがスペインの世界支配のカギを握る地域だと考えたからであった。

　このような彼が、四年前すでに西インドの裏側にあたる「南の海」を攻略し、教皇権に公然と挑戦する世界周航を果たしたドレイクの事業に着目しないはずはない。現に、「西方植民論」第七章ではすでに問題の「南の海」をスペインの重要拠点パナマに向けて北上するドレイクに言及していたのだ。しかし、西インド植民が主題であるこの策論でドレイク問題に直接とりくむのは場違いであり、それは、のちの『航海記集成』に托されるのである。大切なことは、策論執筆時のハクルートにも、すでにはっきりした対スペインの世界戦略が思い描かれていたことである。

さてそこで、いよいよ問題の『集成』に入ってゆく番だ。それは三部から成り、簡略化して言えば第一部は東方及びアフリカ経由のアジアへの旅と航海、第二部は北及び北東回りのルートでアジアへ向かった諸々の航海や旅行、第三部が西方、つまりアメリカ（西インド）へと向かう航海と分類されていた。しかも初版は書名どおり、収録された航海者のほとんどがイギリス国民であったことも忘れないでおこう。

ハクルートは読者にこの三部構成を提示したあと最後に「地球を一周するという最近年イギリス人の行なった名高い航海が一つそこに付け加えられている」と特記していた。それほど彼の世界周航への関心は高かったのである。しかし、それは読者の期待に反してドレイクの航海ではなく、初版刊行の一年前、世界周航を終えて帰国したばかりのキャヴェンディッシュ（キャンディッシュ、一五八六年から八八年にかけて世界を周航）のそれであった。（すでに述べたようにドレイク関連の記録はこの時入手できなかったのである。私の手元にある初版のリプリント版では扉（次ページの図参照）に掲げられた「南の海」を目ざした諸航海の収録リストには、前にふれたドレイクによるニュー・アルビオンの発見と領有の記録が加えられていたが、実はそれさえも、本体には収録されてはいない。）ハクルートの無念のほどは容易に想像がつく。それだけに、第二版にドレイクの世界周航関連文献を収めることができたときの彼の喜びは大きかったはずである。第二版の扉がそれを如実に語ってくれる。全三巻の構成についてそれぞれ内容を紹介したあと、第三巻のおわりで彼はこう述べていた。「そして、そこからアメリカの裏側への航海にふれる」

THE PRINCIPALL NAVIGATIONS, VOIA-GES AND DISCOVERIES OF THE Engliſh nation, made by Sea or ouer Land, *to the moſt remote and fartheſt diſtant Quarters of* the earth at any time within the compaſſe *of theſe 1500. yeeres: Deuided into three* ſeuerall parts, according to the po-ſitions of the Regions wherun-to they were directed.

The firſt, conteining the perſonall trauels of the Engliſh vnto *Iudæa, Syria, Arabia*, the riuer *Euphrates, Babylon, Balſara*, the *Perſian* Gulfe, *Ormuz, Chaul, Goa, India*, and many Iſlands adioyning to the South parts of *Aſia*: toge-ther with the like vnto *Egypt*, the chiefeſt ports and places of *Africa* with-in and without the Streight of *Gibraltar*, and about the famous Promon-torie of *Buona Eſperanza*.

The ſecond, comprehending the worthy diſcoueries of the Engliſh towards the North and Northeaſt by Sea, as of *Lapland, Scrikfinia, Corelia*, the Baie of *S. Nicholas*, the Iſles of *Colgoieue, Vaigats*, and *Noua Zembla* toward the great riuer *Ob*, with the mightie Empire of *Ruſſia*, the *Caſpian* Sea, *Georgia, Armenia, Media, Perſia, Boghar* in *Bactria*, & diuers kingdoms of *Tartaria*.

The third and laſt, including the Engliſh valiant attempts in ſearching al-moſt all the corners of the vaſte and new world of *America*, from 73. de-grees of Northerly latitude Southward, to *Meta Incognita, Newfoundland*, the maine of *Virginia*, the point of *Florida*, the Baie of *Mexico*, all the In-land of *Noua Hiſpania*, the coaſt of *Terra firma, Braſill*, the riuer of *Plate*, to the Streight of *Magellan*: and through it, and from it in the South Sea to *Chili, Peru, Xaliſco*, the Gulfe of *California, Noua Albion* vpon the backſide of *Canada*, further then euer any Chriſtian hitherto hath pierced.

Whereunto is added the laſt moſt renowmed Engliſh Nauigation, round about the whole Globe of the Earth.

By Richard Hakluyt Maſter of Artes, and Student ſometime of Chriſt-church in Oxford.

Imprinted at London by GEORGE BISHOP and RALPH NEWBERIE, Deputies to CHRISTOPHER BARKER, Printer to the Queenes moſt excellent Maieſtie.

1589.

リチャード・ハクルート編『航海記集成』（初版、1589年刊）の扉

として、「南の海」への諸航海については初版の扉にみられるのと同じ位置づけをしたあと、最後の段落で「そこには二つの名高い、成功裡に遂行された航海を付け加えるが、それはサー・フランシス・ドレイクとトマス・キャンディッシュの全地球を周航した記録であり、他にもそのコース〔太平洋横断のこと〕を目ざした諸航海を収めている」（引用文中の〔　〕は筆者による注または補い。以下同様）と。初版から第二版へと、彼の世界周航によせる関心、その戦略的重要性への着目に変化はなかったことが分かる。ただ違ったことは、今回は、ドレイク自身の記録は入手できなかったものの彼の航海に参加した一乗組員の記録を収めることができたことだ。

　西インドの表側への関心に発し、それが裏側の「南の海」へと拡がり、最終的には「世界の海」へと拡がってゆくハクルートの戦略的姿勢は、この『航海記集成』で、いよいよ明確になっていったというべきであろう。彼にとってドレイクの世界周航は、たとえばジョン・ロック編とされる一七〇四年刊のチャーチル版「航海記叢書」の巻頭に付された「航海史概説」でみられるように、これまでヨーロッパの誰も考えなかった大胆この上ない人類史上はじめての企てであり、賞讃されるべき壮挙といった文脈で特別視されるのとは明らかに違っていた。自分の属する国家の戦略対象を世界へと拡げてくれる端緒となった運動として浮上していたのである。

　これはしかし、ハクルート一人の発想ではなかった。私たちの今回の主題となる十八世紀後半の世界周航が企てられた文脈も、基本的には大航海が国家の世界戦略の重要な一環として組み込まれていたという点では、まさしくこの延長線上にあったのである。たしかに、このときは、ハクルートの時代とは違い、戦略空間は「南の海」から太平洋に移っていた。「南の海」は世界周航のルートからもはずれていたのである。しかし、世界周航を政治の重要な手段とみなしたハクルートの伝統は、このときも生きていたことを忘れてはならない。当時のイギリス海軍省は、まさしくハクルートのこの発想に呼応しながら大航海を組織し、広大な海へと航海者たちをおくり出してゆくのだ。

たしかに、「南の海」から太平洋へとスペイン攻略の足をのばし、その多くが結果的には世界を周航することになる十七世紀末から十八世紀初頭にイギリス人がおこなった諸航海（カウリー、ウッズ・ロジャーズやアンソンら）についても言及すべきかも知れないがここでは省略する。また、イギリスの動きだけに目を向けるべきではなく、十七世紀から十八世紀にかけて南太平洋への発見航海で重要な役割を果たし、十八世紀後半に集中する英仏の新しい大航海への基礎づくりをしたオランダ人の南太平洋に向かった動きをも具体的にフォローすべきであったが、これも、今回は禁欲することにした。しかしただひとこと、一六四二年から四三年にかけてオランダ東インド会社が派遣したタスマンによるオーストラリアの南側をめぐった航海が、古くから南半球の南方に存在するとされてきた巨大な「南方大陸」への関心を呼びさましたこと、この一点だけは特記しておきたい。のちに見るように十八世紀後半の世界周航は、この問題に決着をつけることを第一の目標にしたのである。

タスマンの航海は、オーストラリアを南方大陸の一部とするこれまで信じられていたイメージを一掃し、他方でニュージーランドの西岸沿いに航海したものの東岸は探査せず、そのためそこから東方に問題の南方大陸が横たわるとの説をつくり出してゆく（一八〇—一八一ページの地図参照)。のちにみるように、クックはニュージーランドを周航することでこのタスマンが残した課題を解いてゆくのである。クックらによるタヒチ島を中心とする熱帯の島々の発見航海についても、このタスマン、さらに言えば、南太平洋全域にひろがる東インド会社の独占網を食い破ろうとして東から西へと世界周航を試み、帰路、独占侵犯の罪でジャワで抑留されたオランダ人、ル・メールやロッヘヘーンらはその大先達であったことも、ことのついでに銘記しておきたい。

しかし、十八世紀後半に展開された、世界周航はこれまでと違った規模と性格をもつものであり、それが始まるのは、直接的には、ヨーロッパ諸国、とりわけ英仏の世界政策の転換まで待たねばならなかったことも忘れてはならない。つまり第一次世界分割戦争(七年戦争)の終結が契機となって、戦後秩序の再編を目ざす英仏主導の新しい世界分割競争が始まるのであるが、新しい世界周航を求めたのはこのコンキスタの新段階であったのである。

その具体的な展開については、第一章以下で取りあげることにして、ここでは、この新しい世界周航を三つのステージに分け、おおよその位置づけを試みて、このプロローグをおわりにしたい。

第一段階を画したのはバイロンの航海であるが、彼を派遣した海軍はイギリスのこれまでの「南の海」への航海実践を生かしながらも、そこから大きくステップアウトし、彼に新しい発見目標を指示したのである。国家は、太平洋と大西洋を結ぶ新しい貿易ルートと南半球の高緯度海域に存在するはずの新しい領土を求めたからである。必然的に、それは国家でしか組織できない大規模な航海となる。南アメリカやジャワなどに拠点をもたない英仏にとってはとくにそうであった。

バイロンにつづくウォリス、カートレット、そして第一回航海時のクックまでは、その目標は南太平洋に絞られ、発見すべき主たる新空間は、その海域に想定された「南方大陸」であった。彼らに迷いはなかったし、方法も単純といえば単純であった。南太平洋のできるだけ高緯度海域を東から西へと航海することであり、必ずしも世界周航を求められはしなかったのである。

第二のステージとなるクックの第二回航海は、発見目標も方法も第一段階と違ってくる。詳しくは後述するが、このとき彼は、新しい方法、つまり海洋の空白を埋めてゆくことで南半球全体の実像を描き出す方法を取り入れる。具体的な発見目標も、彼のいう「大南海」、タヒチを中心とする熱帯の島々に絞られる。このとき、彼ははじめて世界周航を自分に課せられた目標を果たすために不可欠な方法として取り入れる。

第三のステージは、まさしくバイロンに始まった新しい世界周航にピリオドを打つ航海であり、クック第三回航海とラ・ペルーズの航海がそれに当たる。クックが第二回で試みた海洋の空白を埋めてゆく方法は、このとき両者によってさらに広い海域、北太平洋へと適用範囲が拡げられてゆく。

本書はつづく二つの章では、新しい方法を編み出し、かつその発見成果がヨーロッパの世界戦略に転換をもたらしたクックの第二回航海に焦点を合わせてゆくつもりだが、その前のステージについても章を設けてその概略をフォローすることにする。世界史像私案（「はじめに」参照）の成立根拠を証明しておきたいからである。

第一章　新しい世界周航のはじまり
――バイロンの航海からクックの第一回世界周航まで

手元にある『新ケンブリッジ現代歴史地図』（一九七〇年刊）を開いてみると見開き二頁（一〇一―一一ページ）に「一七六三年のヨーロッパの海外領」を図示した地図が収められている。この年が、世界史上、一つのメルクマールとなるとする地図編纂者たちの見解を示したものである。この年、ヨーロッパは、一七五六年に始まった第一次世界戦争ともいうべき七年戦争にピリオドを打ち、パリ会議で戦後の世界分割体制について取り決めを行なったのだ。

アメリカ大陸とカリブ海域の島々のヨーロッパによる分割は再編成され、ミシシッピー河以東とカナダ、さらには西インド諸島の一部の島々がフランス領からイギリスの植民地へと変わったのである。他方、アジアやアフリカの沿岸では重要拠点を押さえた英仏蘭などの諸国が、相互に緊張を高め、インドのベンガルには七年戦争の最中に現地勢力に対してイギリスが仕かけたプラッシーの戦いの結果、後者の勢力が浸透してゆくなど、ここでも新しい動きはみられたのである。

パリ条約は、ヨーロッパ諸国が一時的な休戦を取り決めたものにすぎず、七年戦争の勝者イギリスも、敗者フランスも、その直後のいっときの「平和」を利用し、新たな世界分割へとチャンスをうかがう姿勢を崩さなかったといえよう。ヨーロッパ人によるコンキスタが始まって以来、その担い手たる国家の間に恒常的平和などありえなかったのである。そのようなヨーロッパ諸国があらためて注目したのが、アジア市場への最短距離を保障するはずの、北太平洋と北大西洋をつなぐ航路、いわゆる「北西航路」と、第二の「新大陸」としての可能性を期待された南方大陸であったが、国家はそれらの発見競争の主役となってゆくのである。十八世紀後半に地球上に残された海洋の空白に挑む大航海が相次いで組織されたのはそのためであった。それは、イギリスの「南の海」作戦でみられたような略奪や破壊を目的とする航海ではなかったが、他方、利害を全く度外視した発見のための発見を目ざす航海ではありえなかった。しかも、このときは、大航海を促すプロパガンディストの役割は副次的なものとなり、あくまで国家が主役で、自ら組織者として新しい方針を描き上げてゆくのである。

私たちがここでまず第一に、海軍省や国王の手になる「秘密訓令」に目を向けるのはこのためだ。航海者たちは前もってとるべき航路にとどまらず「発見」地での行動の指針までもが記された訓令を手渡され、現場での彼らの裁量の余地は認められるものの、基本的にはその大枠をはずすことは許されず、他方、彼らもまた国家の忠実な僕《しもべ》として行動することを自ら選んだのである。バイロンからラ・ペルーズに至る大航海者たちと国家の関係をひとことで言えばこうなるだろう。

さて、本章は、プロローグで述べた「新しい世界周航」の第一ステージを主導することになるイギリス人航海者たち、つまり、バイロン、ウォリス、カートレット、さらには第一回航海時のクックらの航海をとり上げることになるが、さきの理由からして、まず彼らに与えられた「訓令」にみられる共通点に目を向けておく。

それらはいずれも、ヨーロッパ人にとって未知の土地を発見することを第一目標に挙げていたが、当面の課題は具体的に絞り込まれており、それに応じた航路が指示され、もし土地と住民を発見したときは、そこでは動植物から住民までを対象とする自然の調査を怠らず、住民とは「友好的」に交わること、さらに発見者の権利を行使してその土地の領有を宣言することなど、いくつかの項目が列挙されていた。こと後者に関してはその内容および方法自体、なんら新しいことではないが、これまでの航海との決定的な違いは、それが彼らを送り出した国家の世界戦略の要請をうけて書き上げられたものであり、したがって、そのスケールも地球大のものとなったことである。

以上のことを念頭においてまずはバイロンであるが、彼が求められた発見目標はいまだ漠然としていた。戦略拠点として重要なフォークランド諸島の調査が指示され、これに加えてその東方に広がる南大西洋海域の探査、そして太平洋に入ってからは北西航路の発見が指示される。発見目標が南方大陸に絞られてゆくのは、バイロン後を待たねばならなかったことが、ここから推察される。それだけにバイロンが訓令を大幅に逸脱して――その理由を彼は『航海日誌』(「ハクルート叢書」第二期、第一二二巻)で弁明しているが、その問題の詮索は省く――、ソロモン諸島と南方大陸の発見を目ざして南太平洋海域に入り、南緯三〇度から一〇度までの間を西航したことが、海軍の方向転換をもたらしたのは皮肉でもあったが、それは海軍が「平和」時の世界戦略を模索していたことのあらわれであった。バイロンは、訓令逸脱の責任を追及される代わりにその経験を買われて次のウォリス隊の組織にあたってアドヴァイザーとして働いたのである。国策がバイロンを派遣し、バイロンの訓令逸脱が国策を変えてゆくというダイナミズムが、このように「新しい世界周航」の第一歩からみられたことは注目されていいだろう。

しかし、次のウォリス、カートレット、さらにはクックらはいずれも、国策が主導する大航海を基本的には実践してゆく。以下しばらくこれら第一ステージを画した三人の航海に即して、訓令のなかで発見目標が南太平洋に想定された南方大陸に絞られてゆくプロセスをごくごく簡単に見届けておきたい。

ドルフィン号船長ウォリスと僚船スワロー号の船長カートレットに渡された訓令は、バイロンのそれと違い、目標をはっきりと限定していた。南アメリカ南端のホーン岬とニュージーランド——このときニュージーランドはいまだ南方大陸の一部ではないかと考えられていた——の間の海域に存在するはずの南方大陸と島々がそれであり、その目的達成のためには世界周航は必ずしも必要とされず、帰路は東へとって返すこともよし、とされていた。

ウォリス船長の船にマスター——帆や策具を整えたり操船にかかわることに目配りする重要な役——として加わっていたジョージ・ロバートソンの『航海日誌』(「ハクルート叢書」第二期、第九八巻)によれば、南太平洋海域は未踏の空白を多く残しているため、新しい土地の発見に役に立つのは船乗りの注意深い観察のみ、という手さぐり状態で航海を続けたのである。南緯二〇度近くを西航し、途中、南緯一七度半に位置するタヒチ島に出会ったとき、ロバートソンは、はじめそれを南方大陸の一部と思いこむ。当時の南方大陸イメージの巨大さが想像できる一幕である(一八〇—一八一ページの地図を参照)。のちにそれが島だと分かっても、彼は近くに大陸の存在を予測し、さらに南下を主張するほどであった。しかし、この方針は指揮官ウォリスの容れるところとならず、ウォリス隊はタヒチからしばらく西航したのち、フィジー付近で北西へと転じ、南方大陸の発見はできないまま西回りで帰国する。

一方、カートレットが指揮するスワロー号はといえば、マゼラン海峡の出口でそれまでは連絡をとりあっていたドルフィン号を見失ったものの、前もってウォリスから出航後三週間ほどして大西洋上で同じ訓令を手渡されていたカートレットは、それに忠実に、南方大陸発見を目ざしウォリス隊よりさらに南を西進し、そのためタヒチ島とは出会うことがなかったのである（「ハクルート叢書」第二期、第一二四・一二五巻）。ここでも、訓令が航路指示において基本的な役割を果たすものの、現実には個々の航海者の現場での裁量にまかされていたこと、いいかえれば航海者の発見への執念がコースを決定してゆく様子がみてとれるのだ。カートレットの選んだコースは、洋上の強い西風を考えてみれば、ソサエティ諸島（タヒチはその中の一つの島）の南方を西航する際の緯度としてはぎりぎりの最南コースであった。しかし、その後のミンダナオからボルネオ、セレベスなどオランダが拠点を築いていた海域への彼の航海は、南太平洋での発見を指示した訓令のあずかり知らぬ行動でもあり、ここでは省くが、それが香料独占をポリシーとするオランダ植民当局とのトラブルを引き起こす原因となったこともここに付記しておいて彼の航海についての言及はおわりにしたい。

両者の航海の詳細や彼らのメンタリティについても、それぞれの航海日誌から興味深い問題をとり出すことはできるが、それらはすべて割愛して本題のクックの航海に移ることにする。第一回航海のクックは、海軍当局が、彼に先行する航海の成果をふまえて構想した「南方大陸」発見計画の忠実この上ない実践者であった。ウォリス隊の発見したタヒチに立ち寄り、その島で金星の太陽面通過を観測せよとのイギリス王立協会の要請をこなしたあと、南下をはじめ南緯四〇度近くで西にコースを変えニュージーランド方面へと向かったのも訓令に従ったまでのことである。しかし、彼は先行するバイロンたちと違い、これで自分の発見者としての航海を打ち止めにしなかったのである。この航海から学んだ経験を生かしてクックは次の発見航海計画を立ててゆくのであるが、このクックならではの学習能力の問題は、次章に譲り、ここでは第一回航海で南太平洋の発見がどのように進んでいったかを確認するにとどめる（次ページの地図参照）。

第一にあげるべきは、南太平洋に大きく張り出していると予測されていた南方大陸が大幅に縮小されたことである。つまり、彼は早くもこの航海で、気候と物産に恵まれた人口の多い、第二の新大陸と呼ぶに値する陸塊は存在しないのではないかとの仮説を提示したのだ。彼を派遣した当局や、住民にあふれた豊かな南方大陸説を主張する在野のグループ（たとえば南太平洋への発見航海にかかわる『記録集成』を刊行するなどして、海軍のポリシーをバックアップしていたダルリンプルなど）は心穏やかではなかったはずである。しかし、この推論は彼が訓令にきわめて忠実に航海をなしとげる中で生まれたものであることを忘れないでおきたい。

ホーン岬からは強い西風を避けるためにいったん南緯六〇度近くまで十分に南下し、そこからタヒチ島と同じ緯度に達するまで北西に直航することで、どの先行者よりも南太平洋の高緯度海域に入りこみ、これまでの南方大陸像にゆさぶりをかけ、つぎにタヒチから南下したあとニュー

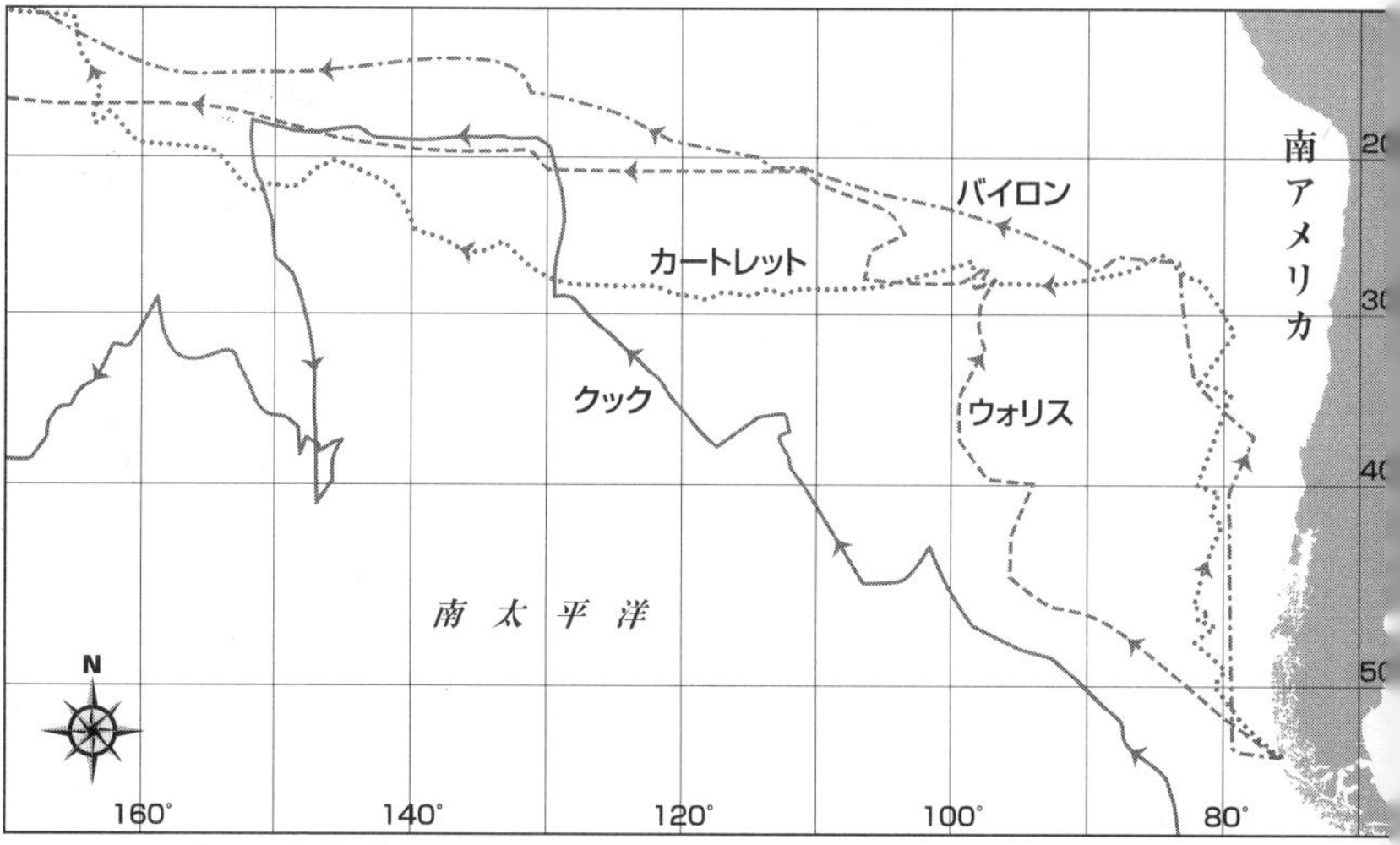

南アメリカ南端から相次いで「南方大陸」発見に向かったバイロン、ウォリス、カートレット、クック（第１回）の航路の一部（1773年刊のＪ．ホークスワース編述『南半球発見航海記』による）

ジーランド北島に行き着くことでさきのロバートソンの主張が根拠のないことを証明できたのも、訓令あればこそであり、さらに言えば、それを正確にこなしたクックの巧みな操船術とリーダーシップがあったためである。それだけではない。くりかえすが、彼はニュージーランドの二つの島をあますところなく周航し、タスマン以来のイメージ、つまりニュージーランドを南太平洋における南方大陸の西端とする地図概念を塗りかえてゆく。

世界周航を命じられていたわけではない今回のクックの仕事はここでひとまず終わったわけで、帰路の選択は彼にまかされる。次章でとりあげるが、このとき彼はこれまでにつくり出した南方大陸問題についての自分の仮説、つまり巨大な未知の大陸は存在しないとする説をさらに推し進めるために、南太平洋の高緯度海域をニュージーランドから東へ航海しようとする（一七七〇年三月三十一日）が、南半球がすでに冬期に入っており、船の装備にも問題があったため、それを断念し東インド経由で帰国するのである。世界周航はその結果であり、発見すべき目標がその航海方法を求めたわけではないことをここに確認しておきたい。

以上、イギリス人航海者を中心にごく簡単に訓令と航海者たちが現実に選びとった発見のための方法を辿ったわけだが——ウォリスらとほぼ同じ時期に世界周航をなしとげたフランス人ブーガンヴィルの航海については第三部第二章第一節にとりあげる——、これだけでも、バイロンにはじまる航海が、それまでのイギリスの「南の海」攻略に発する伝統的な世界周航と縁を切った新しいこころみであったことを了解していただけると思う。本章の目的は、その新しさの一端を航海の具体的なスケッチをとおして伝えることにあったのであるが、他方で彼ら大航海者たちが「発見」した相手をみる立場や方法、さらには関係のとり方についての自己認識は、十六世紀以来、基本的には少しも変わっていないことも忘れてはならない。しかし、この問題は、場所を変え、第二部および第三部に譲ることにしたい。

第二章　「南半球」の発見
――クック第二回航海にみる独自の世界周航戦略

クック第二回の航海は、その計画作成の段階から、彼のイニシアティヴが発揮されたという点で、第一回目と質的に異なる航海となったことにまず注目しておきたい。いうまでもないが、それが第一回同様、国家の事業として組織された現実を否定するつもりはない。訓令にも国家意志は明示されていた。しかし大切なことは、第二回目の世界周航が、クックが第一回目で行なった自らの発見をふまえてはじめて可能になったという文脈を見届けることである。

ここではじめに、一七七〇年二月六日に、彼が第二回航海に際して、海軍当局（大臣サンドウィッチ卿《きよう》）に提示した自前の南半球周航計画に目を向けておく（四一ページ挿図参照）。この航海の指揮を執ることは彼の望むところであったし、当局もそれを受け入れてゆくのである。

その方法で独自な点は、第一に南半球の高緯度に拡がる海域を、これまでと逆に西から東へと二年がかりで一周することによって、南方大陸問題に決着をつけようとする彼の戦術である。クックがすでに第一回航海で判断したように南太平洋の南緯四〇度までの海域には求める南方大陸がほぼ存在しないとしても、それよりさらに南下すれば、そしてさらにインド洋や大西洋の高緯度海域にまで探索範囲をひろげればその大陸にぶつかる可能性は高いと考える海軍当局のイメージを徹底的に打破するにはそれしかなかったし、それは可能でもあるとの考えがその計画をつくらせたのである。

第二は、このときすでに自分だけの発見目標を、つまり海軍の意図とは別に、ごく控え目にこの周航計画に織り込んでいた点である。ニュージーランドを基地にしての、ソサエティ諸島に代表される赤道の南に拡がる熱帯の島々、彼のいう「大南海」の巡航がそれである。彼はこの二つの課題――一つは南方大陸の存在を否定し、一つは目的の島々を発見しつくすこと――を第一回航海から帰国した後もあたためつづけ、その実現の機会をうかがっていたのだ。後者については、彼はこれを前もって積極的に押し出すことをせず、航海も半ばを過ぎた段階ではじめて乗組員たちに明らかにしてゆくのだが、その両面作戦を、サンドウィッチあての計画案にみるように、当局に対して隠し切っていたわけではない。彼は確信していた。この二つの目的を同一の航海で達成するならば、国策を忠実にこなし、自らの発見意欲をも満たすことができる、いや別の言い方をすれば、両者は一つの方法に徹底することで同時に果たしうるのだ、と。広大な海洋の全体を空白を残すことなく把握しきろうとする方法がそれであり、彼が三年にわたる世界周航の間、アフリカ南端のケープ植民地を除いて既知のヨーロッパ人居留地には一回も立ち寄ることがなかったのは、その方法と無関係ではなかったのだ。このとき南半球全体が同時に探索目標となったのであり、このような世界周航は彼の前にも後にもなかったことを確認しておきたい。

私たちは、ここであらためて、彼がなぜそのような方法を編み出したのかをさぐるために彼の第一回航海の経験に向かわなければならなくなる。

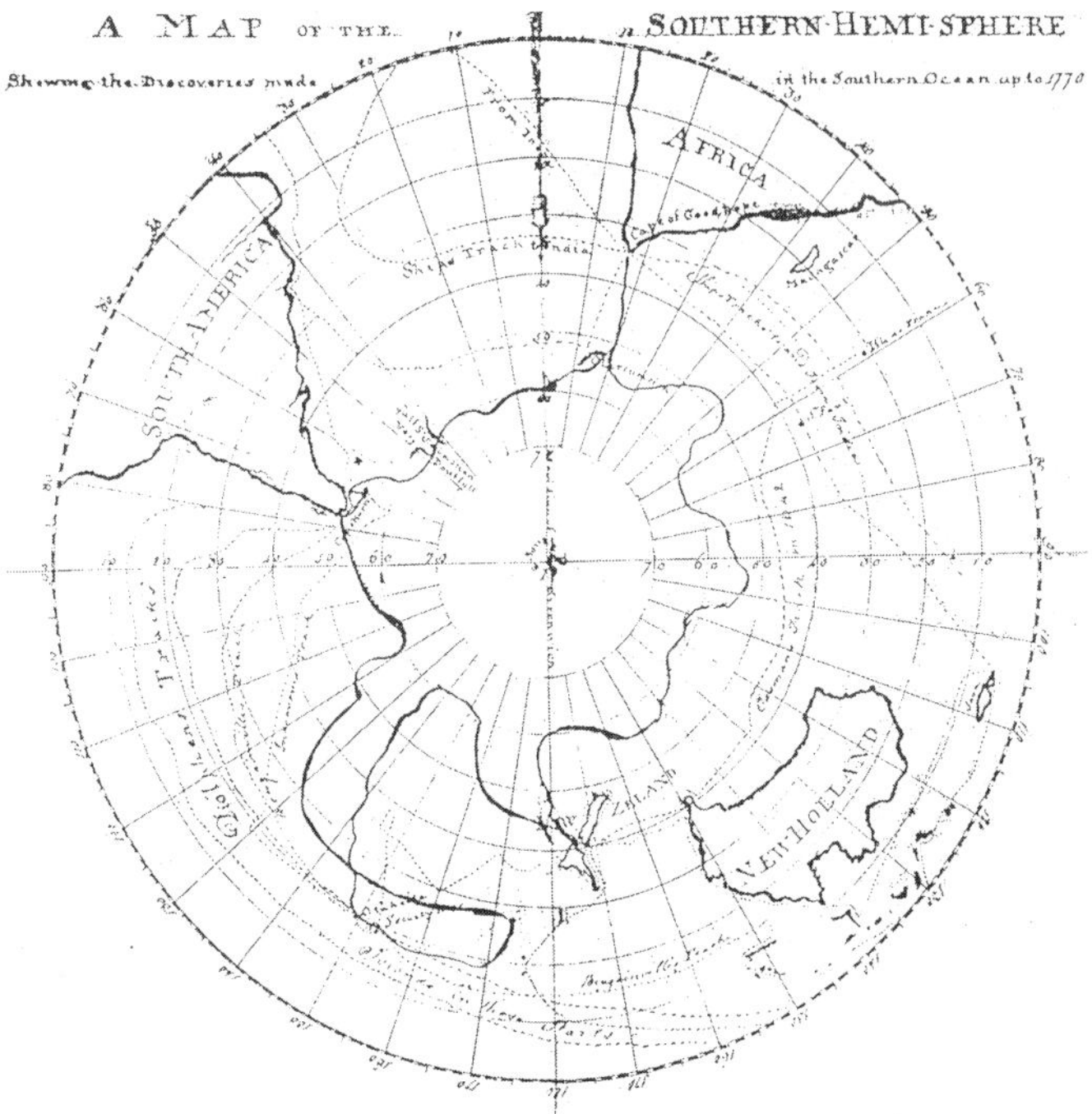

南半球の地図（クックの予定航路は太い線で示される。他の点線は1770年までに南半球の海域ですすめられてきた発見航海のルートを示す）

そこで、今後おりにふれて引用することになる第一回航海の実際を伝えるクックのテクストについてごく簡単に触れておかねばならない。クックと同時代の人たちが目にしたクックの航海記は、実は、一七七一年に当局の委嘱を受けたホークスワースが、クックの「航海日誌」を自分流儀で利用し、書き上げたもので、クックの自筆稿本とはほど遠く、クック本人も不満を隠さない刊本（一七七三年）であった。今回利用したテクストは、これと違い、クック研究に生涯を打ち込んだビーグルホールが、クックの自筆原稿や信用できる写本を厳密に校訂した現代版『航海日誌』(一九五五年刊。以下第二回、第三回もそれぞれ一九六一年、一九六七年と刊行)であるが、訳出にあたってはそれを底本にした抄訳版(「十七・十八世紀大旅行記叢書」第一期、第四巻『太平洋探検』上、増田義郎訳)も適宜参考にした。なおビーグルホールの手になる解説・注・付録は、テクストを読むうえで欠かすことができない貴重な仕事であり、今回、それらにずいぶんと助けられたこともここで付記しておかねばならない。これら先学の研究がなければ、私のクック読みは違ったものになっていたことは間違いなく、ここでそのことをあらためて強調して本論にもどりたい。

問題の『第一回航海日誌』を読みながら、私たちはクックをして第二回航海へと駆り立てた二つの「発見」に気づかされる。第一は、「秘密訓令」に従ってタヒチへ向かった前半の航海と同封されていた「追加訓令」でそこから南下する後半の航海(前章参照)での発見、くりかえすが、南方大陸は存在してもそれはさほど広大な陸塊ではないことに思いいたったことであり、第二は、後半の航海のはじまりにおいてソサエティ諸島の一部を実見し、その周辺海域に精通したタヒチ島の長老トゥピアから、その周辺に群れ集う島々の存在を教わり、「大南海」と彼が呼ぶ海域を知ったこと、この二つである。これはかつてイギリスの戦略目標であった「南の海」とは呼び方は似ていても全く別の空間であった。この二つの発見こそが、さらなる発見へと彼をうながすのだ。つまり、彼はこのときから南方大陸問題に決着をつけ、大南海の実像に迫ることを宿題として自らに課してゆく。彼自身、その課題を解くためのプログラムが自分の中にどのように生まれ出てきたかを『航海日誌』の中で語ってくれており、しばらくそれに耳を傾けてみよう。

海軍当局の意向を知り尽くしていたクックは、次の航海では、第一番目の問題にとりくむことを最優先課題として設定すべきものと考えたが、それは方法上さほど困難なことではなく南太平洋に限っていえば一回きりの高緯度周航で果たせるはずであった。前述したように第一回航海でニュージーランドから帰路を選択するとき、もし時期が冬でなく食糧も充分ならば、そこから東へとコースをとりたかったと述べていた（一七七〇年三月三十一日）ことからもそれはうかがえる。しかも、それは海軍当局の意図に最も有効に答えを出す方法であり、いずれは、そのような航海は組織されることは間違いないと確言できることであった。問題は、海軍大臣らの関心を引きそうもない「大南海」の発見へと当局や航海者たちを振り向かせることにあった。『航海日誌』の中で、主語にあえて一人称を避け、三人称単数の「航海者」を使って自説を展開したのはそのためだ。それは間接的な表現で第二回航海に托す自分のプログラムを航海日誌という、いわば公的報告書の中に書き込んだものに他ならない。

南方大陸問題はちかぢか決着がつくはずであり、そのとき「航海者」の目は「大南海」へ向かうべきである。トゥピアの語るところにしたがえば、そこには一三〇近い島々、クックが聞き取って海図に書き込んだ島でいえば七四（『航海日誌』では七三）が群れており、クックはそのことを疑わない。しかも、いま現在ヨーロッパ人はそのほとんどを知らない。しかし、それこそ「航海者」がもし南方大陸探索という命令を受けていなければ、最大の注意を向ける海域となるはずで、その発見航海においてタヒチ島は、豊かな物産とヨーロッパ人に「友好的」な島民の存在によって補給基地として充分に機能することは自分の経験から明らかであり、そのときもしトゥピ

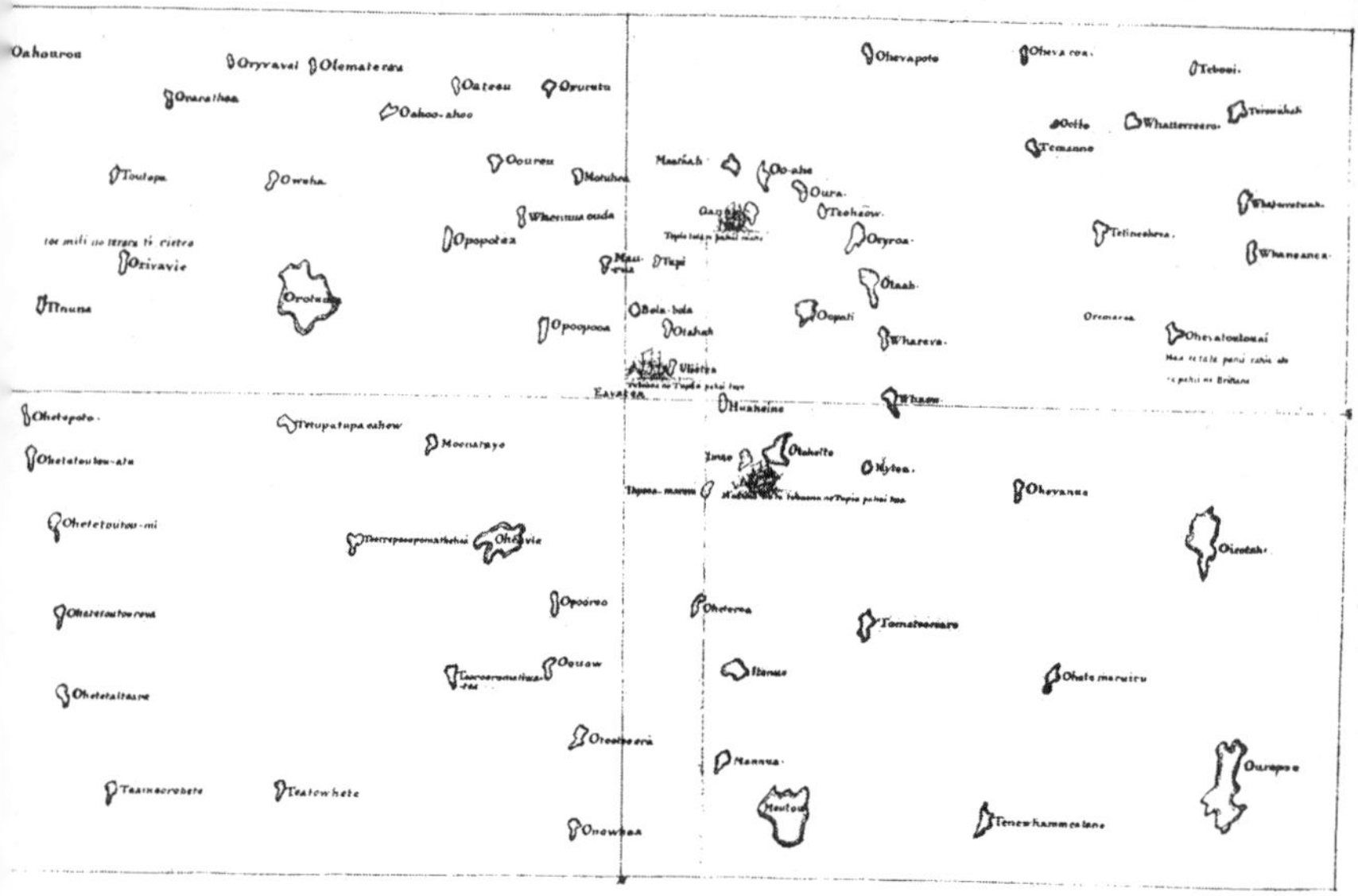

トゥピアが描いた地図をもとにクックが作成した「大南海」の島々。(タヒチが中心におかれ、そこからの航行距離に対応して島々の位置も決められる)

アが同行してくれれば鬼に金棒となるが、もし仮に彼がいなくても彼の口利きで良い案内人を見つけることによって、おそらくは彼が教えてくれた数以上の多くの島々が群れる大南海の発見を、より完全なものにしてゆけるはずだ、と。

クックは、第一回航海では、南方大陸問題解決を第一の課題とする海軍当局からタヒチ島からの南下をせかされたため、みすみすチャンスを逃してしまったときの心残りを、さきの「航海者は云々」の言葉に托したのである。それはニュージーランドからの帰路、南方大陸の存在を否定するチャンスとなる東航を果たしえなかったことにも増して悔いの残るものであったからである。彼はこの自分の苦い経験から、今後ゆっくり時間をかけて打ち込んでみたい「大南海」の発見事業の前に、南方大陸問題が立ちはだかっていることを思い知らされたわけである。第二の新大陸への夢を南方大陸発見に託していた海軍にとって、大南海の島々など眼中になかったことはよく知るところであった。

「航海者」がこの大南海の発見のパイオニアになるためには、一回の世界周航で、なによりもまずこの当局の夢を打ち砕き、同時に、豊かな可能性を秘めたこの海域の発見にも時間をかける方法が必要とされたのである。さきの南半球を発見目標としたクックの第二回航海のプランは、その方法を公然とかたちにしたものに他ならない。南太平洋から広く南半球全体へと発見目標が拡大されたことにこそ、クックの第二回航海が、第二のステージを画するものとなった決定的な理由であった。

『第一回航海日誌』最後の「後記」(帰国途上、ケープ・タウンに寄港中に記したものと思われる)は、いわば第一回航海の総括として、さきの彼の方法を明瞭に伝えていた。

「後記」に入る前に、そこでクックが使う「南海《サウスシー》」なる用語について考えておくと、これは広くは南太平洋、狭くは赤道の南にある熱帯の海、前述の「大南海」とも解釈できるが、彼はここでは表向き海軍省の思惑をおもんぱかって南太平洋海域とほぼ同義に使っている可能性がある。彼は他に、『第二回航海日誌』の導入部では、「南海」に「南半球」の意味を当てていることもあり、のちに述べるが、彼が第二回航海で用いる海域概念は一様ではない。これらのことを念頭において、問題の「後記」を読んでみるとこうなる。

「私の次に南太平洋の航海に出る発見航海者よ、あなたはまずケープ経由でニュージーランドのクイーン・シャーロット湾を目ざし、そこで薪水を補給し、夏期に入るとその期間のすべてを使って、西風を利用してできるだけ高緯度で船を進め、途中でなんら陸地に出会うことがなければ、まだ夏期を充分に残したままホーン岬を回ることができるのだ。しかし、もしあなたが〔高緯度の南太平洋で〕いかなる大陸にも出会わず、しかも他に発見すべき目標がいくつかあるというのであれば、ホーン岬を経て帰国せずいったん北上し、すでに発見された島々に向かい、そこで糧食を補充し、そこから貿易風に乗って西方に舵を取り、〔トゥピアが教えてくれた〕島々を探すならば、南海における発見は完全なものになるだろう」と。

クックの肖像（第2回航海に参加した画家ホッジスの描いた原画をバザイアーが版画にしたもの）

はっきりしていることは、この第一回航海のときの彼はいまだ南の高緯度海域を一周して南方大陸問題に決着をつけるという方法を手にしていないことだ。照準は南太平洋の発見に絞られていたのである。しかし、第二回航海にあたって海軍大臣サンドウィッチに提出した南半球全体を射程に収めたクックの計画は、基本的にはこのときすでにはっきりと芽生えていたこともまた確かであった。

つぎに私たちは、このプランをもって海軍をも説得したクックが、現実に行なった第二回航海についても目を向けねばならない。それもまた、クックがとりこんだ新しい方法、つまり南半球の海洋、とりわけ南太平洋の空白をできるだけ埋めてゆこうとする方法がみごとに実践に移されていたことを明示するからである。

ここで、あえて第二回目の訓令に言及しないのは、その航海目的や南方大陸を「発見」したときの行動綱領についてはこれまでの訓令と大差はなく、しかも具体的な航海ルートの指示はといえば、大筋がクックの構想に発していたからである。ルートの決定にあたっては、第二回航海におけるクックの役割は、第一回目と質的に異なるものがあったのである。

現実の航海においてもクックは、第一回の航海をふまえて自分が案出した方法に忠実に発見を続け、その成果に充分満ち足りたのである。

三たびに及ぶ南方大陸探索と、二度にわたって試みられた熱帯の島々への発見行を終え（五〇ページの地図参照）、彼は誇らしげにその成果を語っていた（一七七四年十二月十七日）。まずは、海軍が求めた目的をほぼ完全に果たし得たことへの自負の表明であった。バイロンをはじめとするイギリス人航海者にとってもフランス人ブーガンヴィルにとっても、南太平洋上が探索空間であったように、そこは、南方大陸の存在が最も確実視されていたところである。「私は高緯度にある南太平洋については完全に問題を解決した。私はあえて自負して言うが、今回の航海で踏査されていない海域がまだ残っているとか、この航海で私がなした仕事以上のことを一度の航海でなしえたはずだとか、誰も考えはしないだろう、と。」

　しかし、第一回航海での南方大陸問題についての彼の報告を受けてもなお大陸の発見にこだわり、二度目の世界周航を組織した海軍の思惑を知り尽くしていたクックは、南太平洋海域での探索で第二回航海をおわりにするわけにはゆかなかったのである。南インド洋についてはすでにほぼ探索は終わっていたが、まだ南大西洋の高緯度海域での仕事は残っていたからである。一七六九年刊のダルリンプルの地図も南緯四〇—五〇度にまでひろがる南方大陸の張り出しを大西洋上に書き込んでいることをクックは承知していただけに、この駄目押しともいうべき最後の仕事もゆるがせにはできなかったのだ。

第２回航海へと出帆するレゾリューション号とアドヴェンチャー号(航海の途中立ちよった土地に記念にのこすために1772年に鋳造されたメダル)

　それだけに、それを終えたあとクックが全航海についての次に述べる総括は、南方大陸問題への彼の最終的判断として読むことができる（一七七五年二月二十一日）。

「私はこれまで高緯度に拡がる南方の海洋《サザーン・オーシャン》をひと回りしたことになる。つまり、その海域には、南極のごく近くとか、船で近づくことができないところは別として、一個の大陸が存在する余地など全くないといえる方法でそこを横断したわけである。」

訓令の主目的に照準を合わせたクックにとっては、第二の新大陸として期待されるような巨大な南方大陸の不在が実証されればよかったのであり、それ以上のものを彼は求めなかった。南太平洋での最後の南下（七一度一〇分）となった七四年一月三十日の記録にも、氷の山に行く手をさえぎられて北上せざるを得なくなったが、それは少しも残念なことではないと言い切れたのである。七五年三月二十二日付の海軍省あての手紙でも「私は一個の大陸を発見しそこなったといわれるかも知れないが、要は船が近づける海域にそれがなかったからであり、探索のやり方が不充分だったせいではない」とはっきり言い切っている。彼には発見者としての誇りはあったが、要はその発見の値打ちである。自分は発見のための発見に血道をあげる探検家ではなく、大陸が氷の海の彼方に発見されても人間の生活上の利益になるはずはないと断言できたのである。もし自分もその存在を否定しはしない南極にある陸塊を誰かが発見したとしても、その発見者をうらやましく思ったりはしないだろう、とは彼が『航海日誌』に書き込んだ言葉であった（一七七五年二月二十一日）。

これまでは、訓令の主目的を果たしおえ、そのことを海軍に報告するクックに焦点を合わせてその発見航海をフォローしてきたわけだが、つぎに彼にとっては第一の発見目標であり、人類、とりわけヨーロッパ人にとって利益を保証するはずだと彼が確信した南太平洋上の熱帯の島々の発見の問題に移ることにする。

さきにとり上げた一七七五年二月二十一日の航海日誌は、熱帯の島々についての発見の成果を

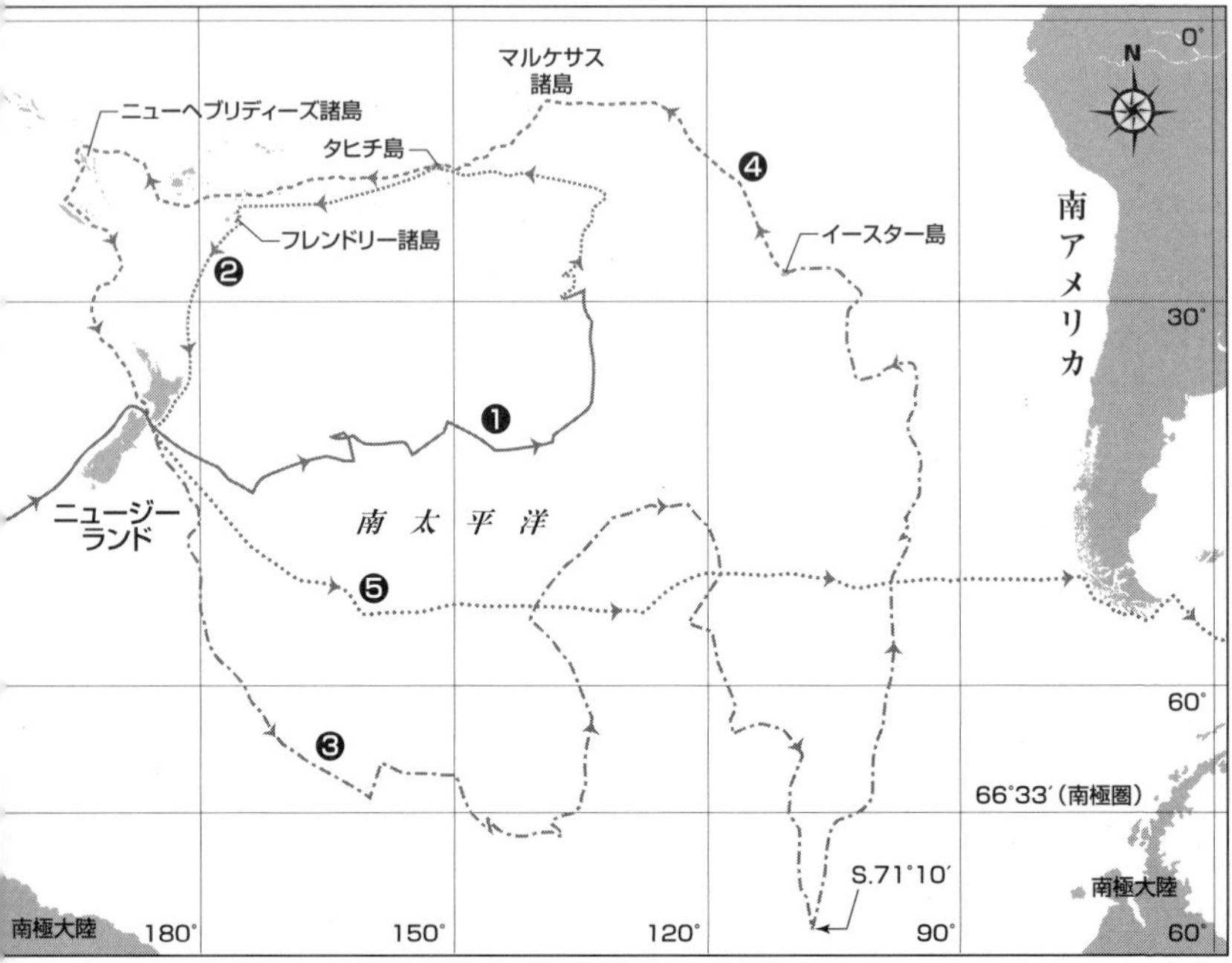

南太平洋の海域に挑むクックの執拗な探索（数字は航海の順序を示す）

も誇らしげに総括していた。曰く、「太平洋上の熱帯の海について言えば、二度にわたって訪れ、私以前にそこに赴いた航海者たちが発見した島々の位置を確定しただけではなく、その海域で新たな島々を多数発見したため、今後さらに発見すべき島々はごくわずかしか残されていないと考えている」（傍点は筆者、以下同様）と。

　たしかに計画の段階においても、すでに当局に提示したプラン（前掲の四一ページ挿図参照）でみてきたように、熱帯の島々への航海も、一回限りではあるが取り込まれてはいたが、クックは航海を組織する海軍の意図を顧慮して当初自分が最も関心をもつこの発見目標をあえて背後に押しやっていたふしがある。しかし、航海もおわりに近づき、自分の全航海のスケールとねらいを海軍省に伝えようとするとき、この発見に自分が打ち込んできたことを隠すことはなくなる。それは第一回航海以来、彼がもちつづけてきた夢の実現であったのである。

さきのケープ（喜望峰）からの一七七五年三月二十二日の海軍省あて書簡はそのことを鮮明に打ち出していた。「私の探索は、大陸問題に限られてはいなかったのであり、南半球を究め尽くす上で必要な、島々をはじめとするあらゆる対象に向けられていたのだ」と。

これらの発見の成果は、ラ・ペルーズらクック後の発見航海者たちも認めざるを得ないものとなってゆくのだが、問題は彼がここであらゆる対象と言い切るとき、そこに住民たちが含まれていたかどうかである。こたえは明らかに否であり、海洋の空白を埋め尽くし、海図と地図の完成に熱意を燃やし、その成果に興奮もしたクックが、それと同じ情熱で人間の発見に打ち込んだとは思えないからである。たしかに、類まれな好奇心の持ち主であるクックは、どの航海者よりも住民の生活や文化の調査に精を出し、非ヨーロッパ世界の住民についての十六世紀以来の情報、つまり自然誌記述を豊かにすることに貢献はしている。それは訓令の指示するところでもあったし、それをこなすやり方に航海者の個性があらわれていたことは否定できない。しかし、地理上の発見と人間の発見は、彼にとって比重は同じではなかったのである。それだけではない。彼の人間へのアプローチの方法自体が問われなければならない。あれほど濃密な接触も経験し、「友人」視してはばからない島民も所詮は彼が調査研究する客体であり、発見航海において利用する対象でしかなかったことを忘れてはならない。終始一貫、彼らは対等に向き合うに値する相手で

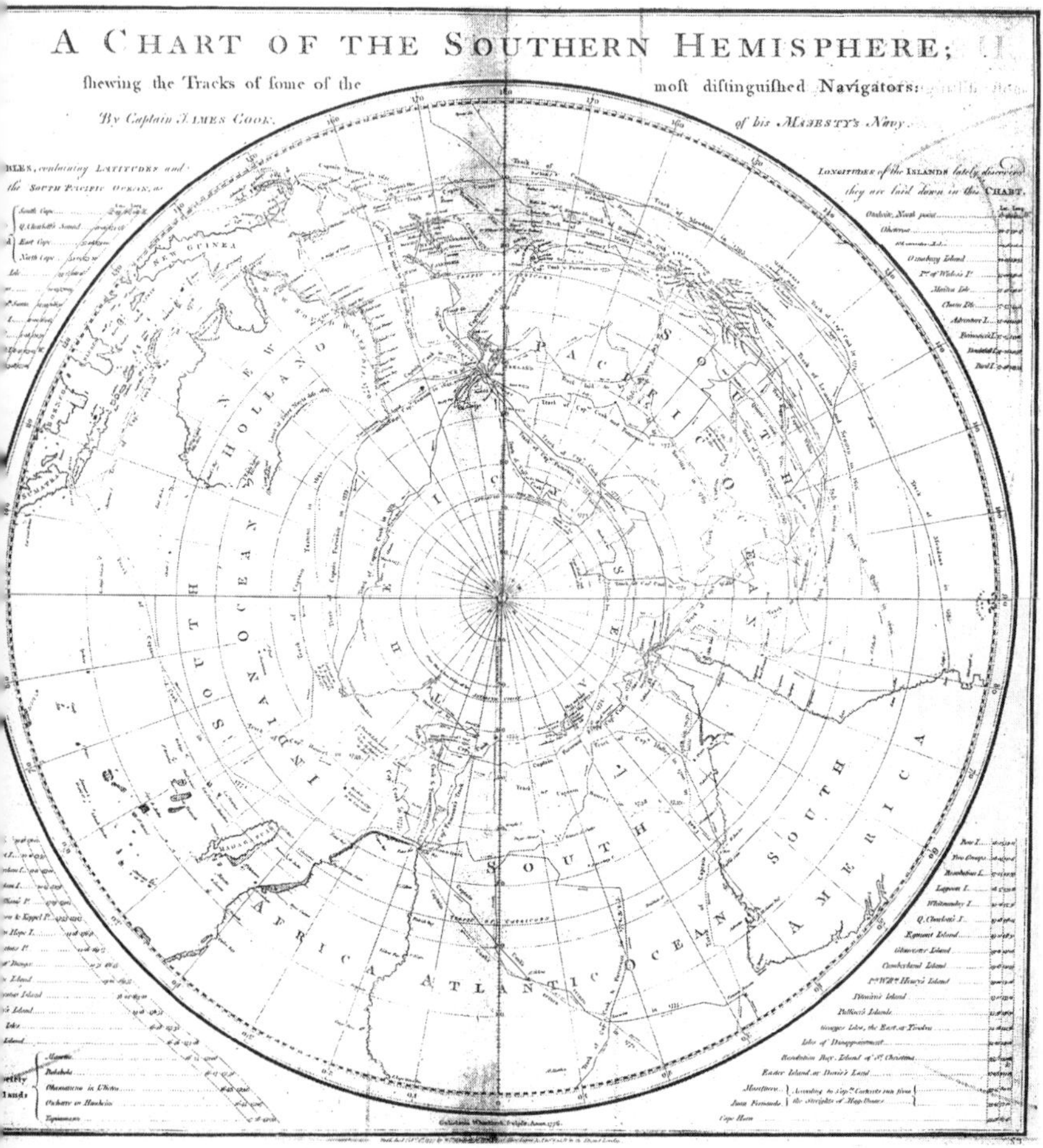

クックの「航海日誌」をもとにしてジョン・ダグラスが編集した『クック世界周航記』(2巻本、1777年刊)に掲げられた南半球の地図(クックに先行する航海者がこころみたルートも同時に示されている)

はなかったのである。ただし、この問題は、つぎの第二部や第三部にゆずり、地理上の発見者クックに戻らねばならない。

この文脈で、クックが誇りえた第二回航海の最大の仕事は、南半球なる地域概念に内実を与えたことである。すくなくとも船で近づけるところには大陸はなく、インド洋や大西洋の南には特記すべき島々はなく、他方、赤道以南の熱帯の海には多数の「友好的」な島民を擁する食糧豊富な島々が群れていること、これこそ出発する前には、クックも海軍省も描きえなかった南半球のイメージであった。南半球なる言葉は訓令にもあり、クック自身、サンドウィッチに提出した地図にも「南半球の地図」と書かれてはいるが、そのほとんどがいわば空白であったのである。

彼は帰国後、かつて自分を海上輸送業で雇ってくれたことがあり、その後も家族ぐるみのつきあいをしていたジョン・ウォーカーあてに「今回の航海が〔南〕太平洋へのこの種の航海に完全にピリオドを打つものとなることは私の願いであったし、そうなることを期待していた。」（一七七五年九月十四日）と書き送っていたが、その期待は裏切られることはなかった。これほどの実績をつきつけられれば、海軍当局も南方大陸発見は断念せざるを得なかったからである。

クックの報告を受けての海軍の方向転換は素早いものがあった。「平和」時を利用して進められていた発見競争の新たな対象はすぐ見つかったのである。それは「大南海」ではなく、北太平洋であり、その海域から、アジアへ向かう最短コースとして十六世紀以来探し求められていたアメリカ大陸北部で太平洋と大西洋をつなぐ北西航路を発見することであった。このとき、あれほどクックが情熱を燃やし、彼を興奮させた熱帯の島々は、しばらくは北半球へと向かう船舶の補給基地としての位置しか与えられず、それ以上ではありえなかった。南半球の島々が直接世界分割の対象となるのは、しばらくあとのことである。世界周航の第二のステージを画したクック第二回世界周航は、ひとまずここで幕を閉じる。

第三章　地球の発見へ

第一節　クック最後の航海
――北太平洋の探索

クックの研究者ビーグルホールは、その伝記研究（一九七九年刊）で第二回航海を終え帰国したあと、クックが海軍の組織する北西航路探索を目ざす第三回航海に参加するに至った経緯を説き明かそうとしているが、ここでその問題に深入りするつもりはない。はっきりさせておきたいのはただひとつ、今回は、あくまで海軍の要請にこたえたものであり、しかもクック自身のプランに基づく航海ではないという点だ。

たしかに、海洋の発見者たろうとしたクックにしてみれば、残された課題が北半球にひろがる太平洋の探索であることは自明の理であろう。クックと行をともにし、『世界周航記』を著したゲオルゲ・フォルスター（第二部参照）も、そのことを明示していたほどである。「熱帯の海」の二度にわたる巡航もほぼ終わりに近づいた一七七四年十月一日の記述で、ゲオルゲは南太平洋にもなお探索の余地は大いに残されているが、北太平洋について言えば、これから何回もの発見航海が必要だと明言していたのである。しかし、そこはクックにとって全く未知の海域であり、自前の発見プログラムを作りようがなかったのは当然である。

しかし前章のおわりで述べたように、南から北へ国策を方向転換させたのは、南半球、とりわけ高緯度の氷の海も含めて南太平洋をほぼ究めたクックの第二回航海の実績であり、その意味で北西航路を太平洋側から探ろうとする計画の影の主役はクックであったということもできるのだ。それは、十六世紀以来試みられてきたハドソン湾やデーヴィス海峡から太平洋への通路（北西航路）を探す方法とは違っていただけでなく、かつてのドレイクやダンピア、さらにはバイロンを派遣した海軍当局が考えたように南アメリカ回りで太平洋に入り北西アメリカ海岸を北上し、北緯四〇—五〇度の地点でハドソン湾などへの水路を探る方法でもなく、喜望峰《ケープ》回りでニュージーランドやタヒチを基地にしてのアプローチであり、かつはじめから太平洋の高緯度海域に探索の目標を絞っていたのである。

しかしこのプランを描いたのは海軍でありクックではない。そこで、まずはじめに、秘密訓令（一七七六年七月六日）が指示するルートの大筋をとり出し、国家がなにをこの発見航海に求めていたかを考える手がかりとしたい。

ケープに直航し、できれば十月末か十一月はじめまでにはそこを離れ、南半球の夏期を利用し、近年インド洋の南にフランス人が発見したという南緯四八度付近の島々カーゲレンを探索し、その位置関係、大きさをたしかめ、そこには長居せず必要とあればニュージーランドに立ち寄るのもよいが、なるべく早くソサエティ諸島に向かうようにせよ。そこで船員の休養と食糧積み込みを終えて、おそくも二月はじめには北西アメリカの北緯四五度の地点（ニュー・アルビオン海岸）に直航し、そこで薪水と食糧を補ったあとは海岸沿いに北へ向かい、途中寄り道をせず六月までには北緯六五度まで進み、そこからは本来の目的である北西航路を探すことに努め、途中河や入り江に出会ったときは、それらがハドソン湾やバフィン湾へと通じる水路となっているかどうかを綿密に調べること。その間、そのような通路が見つからないまま冬期に入ったならば、いったんカムチャツカにあるロシアの基地ペトロパヴロフスク（北緯五三度）に寄港するか、他に冬期をやりすごすのにふさわしい場所が見つかればそこに立ち寄るかして翌夏の挑戦に備えよ。その時期が到来すれば適当と判断するところまで北へと船を進め、今度は太平洋の側から大西洋もしくは北海に出る海路を探し、それが航行可能かどうかを試みてみること。この二年がかりの探索でその存否を確かめることができれば、今回の航海はそれでおわりとして、あとどのルートを選ぼうと自由で、それは地理学と航海術に役立つかどうかで決めればよい。以上がその概略であった。

　クックは二回に及ぶ世界周航によって、この指示をこなすことのできる操船術と組織力を備えた航海者として海軍当局や王立協会から信頼を得ていたことは確かであるが、それ以上ではない。彼は、無駄なく決められたスケジュールをこなし、国策に奉仕すればよかったのである。第二回世界周航時のような彼のイニシアティヴなどどこにも見出せないし、期待されてもいなかったのだ。

　さらに訓令について言えば、他にも、これまでのすべての訓令に共通する自然誌にかかわるあらゆる情報取得が要請され、かつ住民たちとの友好関係の樹立が求められていたが、その問題への彼の対応はここでは立ち入らない。今回の訓令で最大の眼目は、航路の指示であり、第三回航海の目的は、くりかえすが、第一回、第二回とちがって多数の住民が暮らしていると想定された新しい大陸の発見ではなく、アジアに到達する近道となる、アメリカ大陸内の水路もしくは、シベリアやアメリカの北辺を船で迂回できる海路の探索であったからである。

事実、北上の途中、島民、とりわけフレンドリー（トンガ）諸島やソサエティ諸島など熱帯の島々の住民との出会いを重ねながらクックが書きとどめた精緻な観察などは、当局の関心をさほど引きつけた風はない。「大南海」は当時の国家にとってみれば「小南海」にすぎず、そこに住む人々はせいぜい食糧補給者として優秀でありさえすればよかったのである。

実は、この両者の落差こそ、これから述べるが熱帯の海でみせたクックの訓令逸脱の理由を説明するものであった。大南海にひろがる島々はクックにとってはまだ充分には位置関係が確かめられてはいなかったし、加えて二度にわたる世界周航で喚起された島民たちへの彼の強い関心はすこしも衰えてはいなかったのである。北半球への発見航海を命じられたクックが、その機会を利用して、島々へのさらなる探索と長期の訪問を考えたとしても何の不思議もない。

出発前のクックをめぐる問題情況についてはこのくらいにして、次は、クックが現実の航海において、さきの訓令の指示を大枠で守りつつも、発見航海者として主体的に行動してゆく姿とつきあってみることにする。今回の航海ではクックの本領はそこにこそ発揮されたからである。それは第一回、第二回航海のクックとの連続性を確認させてくれるはずだ。それは二つの局面で見届けられる。第一がさきに述べた大南海への変わることのない関心において、第二は、海洋の空白を埋めてゆく航海によって地理学と航海術に貢献しようとする独自の方法と使命感において。

この二つを胸に秘めるクックは、今回も決して指示待ち族ではなく、訓令が指示する発見目標に対しては忠実に、しかし現場での個々の選択においては独自の実践を私たちに見せてくれる。

さきにみてきた訓令の大筋を念頭におきつつ、彼の戦術を取り出そうとするのはそのためだ。訓令自体、状況に応じて航海者の裁量権を認めていたのであるが、それをどこまで使いこなし、わがものとしてゆくかについては、発見者それぞれの能力や問題関心に左右されるのだ。クックの第一回と第二回の世界周航には、発見航海者たろうとするクックの個性が鮮烈に刻み込まれていたことについてはすでに述べたとおりである。たしかに第三回は、前回と違い、訓令のたがはよりきつかったが、それでもクック独自の挑戦を締め出してしまうことはできなかった。事実、訓令からのはみ出し、逸脱も含めて、彼ならではのルート選択はいくつもみられたのだ。前もってその中から特記すべき例を取り出せば第一は、ニュージーランドからタヒチ、もしくはソサエティ諸島に寄り、道草をせず北西アメリカ沿岸へ直航せよとの訓令を彼が結果的には無視し、まずフレンドリーに赴き、さらにそこからソサエティ諸島に立ち寄り長期間滞在したこと、第二は、訓令が北緯六五度以北の探索を指示していたにもかかわらず、早くも北緯六〇度付近からは、沿岸で大きな河口や入江に出会うたびにそこへの探査を執拗に試みたこと、第三は、翌夏の氷の海への再挑戦の前の立ち寄り先として、訓令にはない、出発前にはクックもその存在を知らなかったハワイ諸島を選びとったこと、第四は、北西航路の発見に目的を限定せず、北の高緯度海域でも、南半球でみせた海洋の空白をできるだけ残すまいとする方法に発見者の執念を賭けたこと、この四点に絞ることができるだろう。

順序にしたがって、第一点からみておく。ニュージーランドのクイーン・シャーロット湾に二月にたどり着いたクックは、すでにこの時、二月はじめにはソサエティ諸島から出航せよとの訓令に大幅に遅れたことを認めるが、あわてた風はない。それどころか、この遅れをチャンスとみる。つまり、現実にはそこを十二月に発って北へと向かうことになるため、この間約十カ月を彼はソサエティとフレンドリー両諸島への探索に使い切るのだ。北西アメリカ沿岸から北の海への航海は、翌年の春から始められるのだから、かえって好都合と考えたかも知れない。しかし、彼にそうさせた最大の要因は、さきにふれておいたが第一回航海以来の大南海へのこだわりであり、第二回でもやり残した発見をこの機会にさらに進めようとしたと考えるべきではないだろうか。島民たちの観察もまだ不充分なことを自覚していたが、それ以上に熱帯の島々の中でソサエティ諸島と双璧をなすと考えたフレンドリー諸島全体の発見は前回の二度にわたる探索をもってしても果たしえていないことを知っていたクックである。

クイーン・シャーロット湾から彼はまず第一にフレンドリー諸島へと航路をとる。すでに前回彼はまず七三年十月にはその南方のトンガタブーを中心とした群れを、七四年六月の再訪時には、北方のオトゥトル群島やアンナモカ島を訪れ、今回は二カ月半かけてオトゥトルのさらに北のハーパイ群島にも足をのばし、さらに南下してトンガタブーに赴いたおりは、第二回航海では立ちよれなかったその北岸を周航しているが、それでもまだ彼には探査の余地が残されていることが自覚されていたのである。このフレンドリーへの関心は、クックをライヴァル視したラ・ペルーズにも受け継がれ、彼はフレンドリー諸島中、クックも訪れていない、南緯一八度三四分に位置するヴァヴァウ島にあえて探索の手をのばそうとしている（一七八七年十二月二十四日）。一七七七年七月十六日、そこを立ち去るにあたってクックは、島民たちからその島嶼群がトンガタブーを中心に五三の島からなっているとの情報を入手していたが、それらの位置関係はほとんど誤りなく決められたと述べたうえで、さらに北にひろがるフィジーやサモアの島々に赴くことはできなかったことを悔やんでいた。

もう一つ、この第三回で熱帯の島々へと彼を引き寄せたのは、これら島々の位置を確定し、海図をつくる仕事に加えて、島民たちの使う言葉にはじまって宗教に至るまで彼らの生活のありよう全体へのクックの尽きせぬ関心であった。海洋の空白を機会を逃さず埋めようとするクックは出来ることなら島民たちの内面をも同時につかみとろうとしたのである。この問題についてはここでは詳しく述べられないが、ただひとこと、このときも彼は自然誌の対象として住民を見るという第二回航海までの方法を越え出ることはなかったとだけ言い切っておこう。くりかえすが、島民たちを対等に向き合う人間とみない限り、どれほど接触が積み重ねられても彼らの内面への無知と盲目は克服されようがないからである。クック一行を皆殺しにする計画が進むという深刻な危機がフレンドリー歴訪中に存在しても、それをなんら感知せず島民の間でくつろぎ、楽しいひと時を過ごすクック（一七七七年五月二十日。なお問題の「危機」については、ビーグルホール編『航海日誌』一〇九ページの注二を参照）や、フレンドリー諸島のあとに訪れ四カ月も滞在することになるソサエティ諸島の一島で、たった一匹の山羊が盗まれた（一七七七年十月六日）のに腹を立て、それを取り返すために島民たちの生活に欠かせないカヌーをことごとく焼き払い、家屋を次々と燃やし彼らが飼っている多数の家畜を殺すまでして、一部の乗組員の反撥や非難を買ったクックは、彼のいう島民たちとの「友情」がどれほどのものであったかを、さらに言えば、島民たちの裁き手として自らを擬する彼の独善ぶりを私たちに教えてくれている（前掲『航海日誌』二三一ページ、注五）。しかし、このようなクックの自＝他認識の問題性については、次の第二部で掘り下げることにして、先を急ぎ、第二の問題に目を向ける。

タヒチから北上しハワイ諸島の一部に立ち寄ったクックは二月二日にそこを離れてからは訓令どおりに北米西海岸を目ざし、三月七日、北緯四四度のあたりでニュー・アルビオンの海岸を目にするが、嵐のため上陸できず、薪水と食糧の補給や船体修理を果たしたのは北緯五〇度近くのヌートカの入江（ヴァンクーヴァー島の太平洋岸）であった。彼の住民への好奇心は、ここでも遺憾なく発揮され、そのとき彼が残した大南海の住民と比較しての豊かな住民認識の内実やその方法については、ここでも省略するが、滞在は一カ月近くに及んでいる（四月二十六日出発）。

問題は、そこを出てからのクックの行動である。彼はそこから訓令の指示した六五度を目ざしてひたすら北上することはせず、たえず北米海岸から目を離さず、大陸内部での北西航路の可能性に探りを入れ、六〇度付近で発見した入江（ウィリアム湾）や河口（クック湾）の本格的な調査に取り組むのだ（五月十二日―六月六日）。

ここで彼は、これらの入江が北西航路となる海峡ではないと最終的に判断する。訓令そのものが、さほどの現実的根拠に基づくものではないと知っていたクックにしてみれば、ここで自ら探索せずにはおれなかったのは当然であろう。「この河［クック湾のこと］の発見が、これから後の時代に有益だということになれば、それを探査するために使った時間は、さほど悔やむことではない。しかし、さらに大きな目的を抱いている我々にしてみれば、この行動はたいへんな時間の浪費であった」（一七七八年六月一日）とは彼の結論であった。私たちはここに、訓令を逸脱してまで海洋の空白に挑むクックの肉声を聞きとるのであるが、彼のその確信は間違ってはいなかった。クック後に試みられたラ・ペルーズやヴァンクーヴァーの北西航路を求めての発見航海は、この地点から始まったクックの綿密な海峡探索の成果を踏まえて構想されたのであり、両者とも北緯六〇度以北には探りを入れる必要はなかったのだ。

第二の問題は、これでおわりにして、次は第三の問題、クックが第一次北西航路探索を終え、北の海路を求めて夏期に再度北上する前に冬期をどこでどう過ごすかにかかわって、訓令に具体的指示のないサンドウィッチ（ハワイ）諸島をなぜ選んだかについて答えねばならない。この問いを前にして、私は第二回までに発見航海者として自らを鍛えてきたクックならではの認識や方法がこのときも働いていたからだ、とひとまず答えておきたい。

実は、このハワイ諸島への南下は、出発前にはその存在を知らなかったクックにとって予定外の行動であり、もしタヒチから北上の途中に彼がこれらの島嶼群の西端部分と出会う（一七七八年一月二十八日—二月二日）ことがなければ、おそらく訓令にも示されていたカムチャツカで越冬したはずである。一七七七年十一月十八日、北西アメリカ海岸に向かう前、ソサエティ諸島滞在中に彼が僚船ディスカヴァリー号の指揮を取るクラークにレゾリューション号を見失ったときはカムチャツカで再会しようと指示していたことはそれを裏書する。

しかし、クックは、第一次の探索のために北西アメリカに向かう途次に見知ったハワイが、彼を今も引きつける南半球の熱帯の島々に住む島民たちと同じ言葉を話す人々が住み、物産の豊かな島々の一部であることを発見する。もし時間がゆるせば彼はそれらの島々の位置関係を究め、発見基地としての適合性を確かめる作業を始めたにちがいない。しかし現実には季節は十二月とあればそのゆとりはなく、それは機会を改めて挑戦するしかなかったのである。

その待ちに待ったチャンスはまもなく到来する。北の海での探索ができない冬期は、いわば訓令の空白期間であった。クイーン・シャーロット湾にとどまり、そこで冬期をやりすごして南太平洋の高緯度海域の探索に備えよとの訓令からすればいわば空白となる時期を利用して「大南海」への航海を試みた前回のように、今回も、彼は、七九年の冬期をハワイ諸島とその周辺の探索に当てようとしたのである。何もしないで、いや何も出来ないでカムチャツカで越冬することには耐えられない活動的なクックにとって(『航海日誌』一七七八年九月十六日)、またとない機会であった。ここには、現場にゆるされた自己裁量権をフルに行使する発見者クックがはっきりと姿をあらわしていた。これは正確に言えば、さきの熱帯の島々への寄り道と違って訓令からの逸脱ではなく、その空白を使いこなす方法として採用されたものである。第三の問題は以上でおわり、最後は発見航海者クックが本領を発揮する第四の局面を取り上げることにする。

二夏を使って大西洋と太平洋をつなぐ水路か、もしくはアメリカとアジアの両大陸の北側にアジアとヨーロッパをつなぐ海路を見つけるかせよとの訓令についてはすでに述べたが、彼は水路や海路探しで満足することはなかった。早くは一六四八年のデジニョーフやアレクセーエフの航海を皮切りに、十八世紀に入るとベーリング（第一回は一七二八―三〇年、第二回は一七四一年と二度にわたってこの海域の探索を試みるが、途中一七四一年十二月、越冬中に没）の航海をはじめとするロシア国家が組織する探索は、アメリカとアジアを分かつ海峡周辺の地形を明らかにしつつあったのであり、彼はその仕事にヨーロッパ人の一人として参加しようとする。持参していたミュラーやステーリンの地図（それぞれ一七六一年、一七七四年に英語版が刊行される）が、クックによって点検を受けてゆく。一七七八年九月十六日、彼は満ち足りた思いでこう書く。「ステーリン氏の地図が間違っているのであり、私の書く地図の方が正確だということがいまやはっきりと確信できたので、この北辺の地を離れることを決断したのだ」と。

こと地図の製作に関しては、一国の利益を越えたヨーロッパ共同の事業として彼には意識されていた。南半球全体の発見に情熱を燃やしたクックが、同じ情熱と方法で、第三回航海を利用して、訓令からは多少ずれても、高緯度の北太平洋の空白に挑もうとしたのは、その線上にあった。たしかに、十八世紀後半の大航海が各国の世界戦略と不可分に組織されたものであることは否定できないが、しかし、個々の発見航海者たちは、その成果がヨーロッパ共有の財産となることを望んでいたのである。かつてクックが大臣サンドウィッチに提出した南半球の地図（四一ページ参照）にもそのときまでのヨーロッパ諸国の航海者たちの航路図が書き込まれていたように、当時の発見航海は、一国の経験のみでは前進することは不可能であることを、当のクック自身、知り尽くしていたのである。第二回世界周航を終えて帰国の途中（一七七五年三月二十二日）、彼は国籍の如何にかかわりなく古今を問わず試みられた発見航海を集約し、それらに必要な注釈を加

クックがこころみた世界周航の全貌

J. ダグラス編『太平洋への航海』(3巻本、1784年刊)に付された地図をもとに、ビーグルホール著『クック伝』(1974年刊)所収の航路図などを参照して作成。このため、南極大陸が占める海域は空白のままであり、タスマニア島付近なども不分明である。

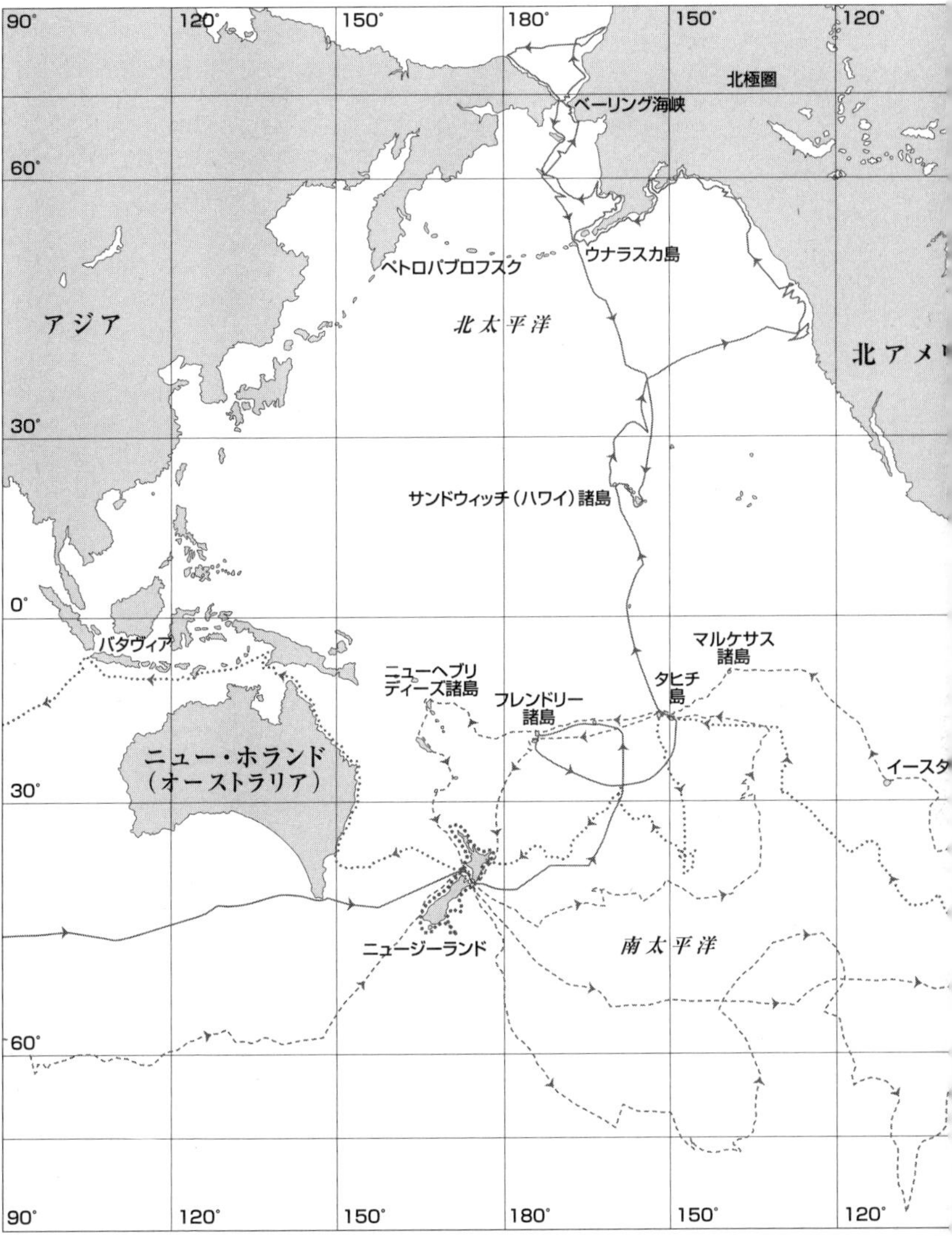

90°
120°
150°
180°
150°
120°
北極圏
ベーリング海峡
60°
ウナラスカ島
ペトロパブロフスク
アジア
北太平洋
北アメ
30°
サンドウィッチ（ハワイ）諸島
0°
バタヴィア
マルケサス諸島
ニューヘブリディーズ諸島
タヒチ島
フレンドリー諸島
ニュー・ホランド（オーストラリア）
イースタ
30°
ニュージーランド
南太平洋
60°
90°
120°
150°
180°
150°
120°

えて、一枚の海図をつくり上げてみたい、との思いを書きとめていたのである。(ついでに付記しておくがブーガンヴィル『世界周航記』の「序説」にも同じ精神をはっきりと認めることができる。)

北方の海への第一次探索の全プロセスについては省略するが、南半球の発見とあわせて、地球上の海洋の空白を埋め尽くそうとするクックの強い意向が、今回も生きつづけていたことは、以上の四つの点から明らかであろう。その壮大な計画は彼の死で中断するものの、彼の後を継いでハワイ諸島を出発したクラークらによる第二次北方探索の方法にもそれが受け継がれてゆくのは、クックが示した方向性と方法の確かさゆえであったと思われる。

しかし、このクックの方法を受け継いでゆくのはロシア人航海者やクラークたちだけでなかった。フランス人ラ・ペルーズこそ、その最大の後継者というべき航海者であった。彼の願いはクックの全発見航海に比肩できる発見を、クックの方法を踏まえて成し遂げることであったのである。

第二節　新しい世界周航の終幕
——ラ・ペルーズ登場の意味

本題に入る前に、ラ・ペルーズの航海と、彼が航海者中の「大先達」と位置づけ、すべてのヨーロッパ人の「友」であり「光」であると目してはばからない相手、クックの航海とを較べることから始めたい。

特記すべき第一点は、両者が海洋の空白を埋めてゆくという方法と目的意識を国籍を越えて共有していたことである。「私はまぎれもなくフランス人だが、大航海にあたってはコスモポリタンとして行動する」(一七七八年四月七日付、海相あて書簡)と言い切っていたのはラ・ペルーズであり、彼は航海中、ヨーロッパを代表する発見者だとの自覚を一貫して持ちつづけており(『航海日誌』第十八章参照)、その限りでいえばクックもラ・ペルーズもまぎれもなくヨーロッパ人であったのである。このときすでに、全世界に「光を運ぶ」、「人類」の代表、つまりコンキスタの担い手としての自覚はヨーロッパ人の間でも実体のあるものとして育ちつつあったが、十八世紀後半に登場した大航海者たちはそのプロセスの最尖端にいたということができる。

第二点は、彼らはともに航海計画やその実践において、自国の世界戦略のプレッシャーを受けつづけたのであるが、その度合いは同じではなく、ラ・ペルーズはクック以上に国策の縛りを受けたこと。

第三は、第二点とも関連するが、クックがほぼ八年半にわたる三回の大航海によって南半球から北半球へと順次探索を進めたのに対してラ・ペルーズは、クックの成果を踏まえられるという利点はあったが、一回限りの大航海で一挙に南北両半球の海洋の空白を埋めてゆくというせわしない仕事を果たそうとしたという両者の落差である。

つづいて第四点として、さきの第二、第三点ともかかわりはあるが、両者ともに航海中に出会った未知の先住民に対する知的関心を強く持ちつづけていたものの、ラ・ペルーズのゆとりのない航海計画と、補給基地として太平洋の島々の代わりに海外のヨーロッパ人居留地を選ぶという戦術が、先住民認識をすすめてゆくチャンスを彼から奪ったという問題にも注目しておきたい。しかし、問題は、チャンスのあるなしではなく、彼の先住民へのアプローチの方法であった。この点でいえば、自然誌認識の内実やその方法については、クックに関連する章でもふれておいたことだが、「発見」した住民をたえず客体視する姿勢において基本的には両者を岐つところはないと言えるのでここでは多くを語らない（次の第二部も参照）。

まえおきはこのくらいにして、はじめにラ・ペルーズの航海の実際とつきあっておこう。それは大きくは三つのパートに分けられるが、第一は、一七八五年八月一日、ブレスト港を出帆してからアメリカの太平洋西海岸モンテレイまでとなり、次のような経路をたどる。ポルトガル領サンタ・カタリーナに寄港（十二日間）後、彼が考えていた高緯度の南大西洋探索は断念し、南アメリカ南端のル・メール海峡を経て南太平洋に出、途中スペインの居留地コンセプシオンで英気を養い（二十二日間）、のちイースター島に立ち寄ったあとは、ハワイ諸島へと向かい、そこから北西アメリカは五九度四一分の地点に到達、その後は北西航路探索のためにクックの第三回航海のときよりもさらにアメリカ大陸の近くを南下、途中で毛皮貿易の可能性を確信するなどして、スペイン人居留地モンテレイ（滞在十日間）に至る。つぎは第二のパートとなる太平洋経由カムチャツカまでで、まずはほぼ西にモンスーンを利用して北太平洋を横断し、途中マリアナ諸島などを経てマカオへ、そこからはフィリピンに向かい一七八七年二月三十日マニラ着、その後は東北アジアの探索へと向かう。五月十九日済州島沖を通過し日本海に入り、テルネイ湾（六月二十三日―二十七日）など東北アジアの沿岸に立ち寄り、のちサハリンと沿海州間の海峡に入り込み、サハリンを島と確認。七月二十三日には大型の船での北上限界点まで進み、帰路大陸にあるカストリー湾に寄港（七月二十七日―八月二日）後、サハリン南端と北海道の間（ラ・ペルーズ海峡）を通過し、カムチャツカにあるペトロパヴロフスクに到着。その地に滞在中（九月七日―三十日）、シベリア経由で届いた航海計画変更指示を受け――この陸上ルートは有効に機能しており、ラ・ペルーズが書きついでいた航海日誌もこれを使ってフランス本国に届けられた――、最後の第三のパートとなる南太平洋への航海が始まる。一七八七年十一月二十一日、赤道を通過、同年十二月九日サモア諸島を訪れ、その一島で住民の襲撃をうけ、有能な士官をはじめ乗組員十二人を失い、その後はフレンドリー諸島の北端を経て、一七八八年一月二十六日、イギリスが植民を始めていたオーストラリア南東海岸のボタニー湾に到着、そこに一カ月半留まり、三月十日オーストラリア西岸など南西太平洋の発見を目ざし、その地を出発するが、その後の消息は跡絶え、一行は誰一人ヨーロッパに帰着せず。以上が全航海の要約である。

問題は、ラ・ペルーズのこの航程のすべてが、彼自身のプログラムに発するものだとは言えないことだ。彼を送り出したフランスは、くりかえすが、七年戦争後もイギリスと世界分割を競い合う国家であり、国籍を越えた発見を目ざすラ・ペルーズの営みもまた国家の重荷を背負い緊張に満ちたものとならざるを得なかったのである。手元にある二つの史料、一つは海軍からの打診を受けて国王にあててラ・ペルーズが認《したた》めた「航海計画」（一七八五年二月十五日、のち「原案」と略記）、第二が、立案者ラ・ペルーズの要請に応えて書き上げられた「国家の指示」（一七八五

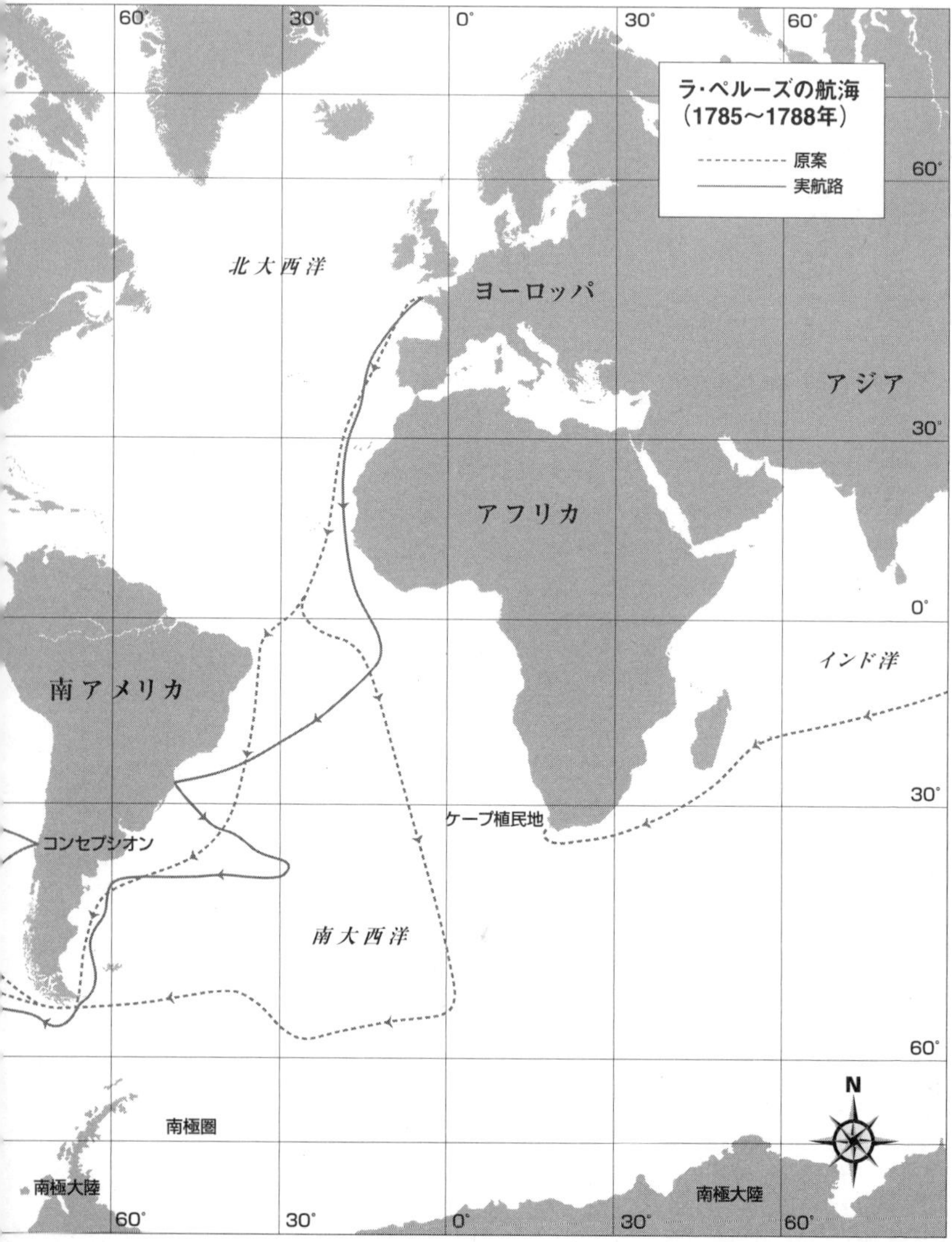
ラ・ペルーズの航海
（1785〜1788年）
原案
実航路
北大西洋
ヨーロッパ
アジア
アフリカ
南アメリカ
インド洋
ケープ植民地
コンセプシオン
南大西洋
南極圏
南極大陸
南極大陸
N
60°
30°
0°
30°
60°

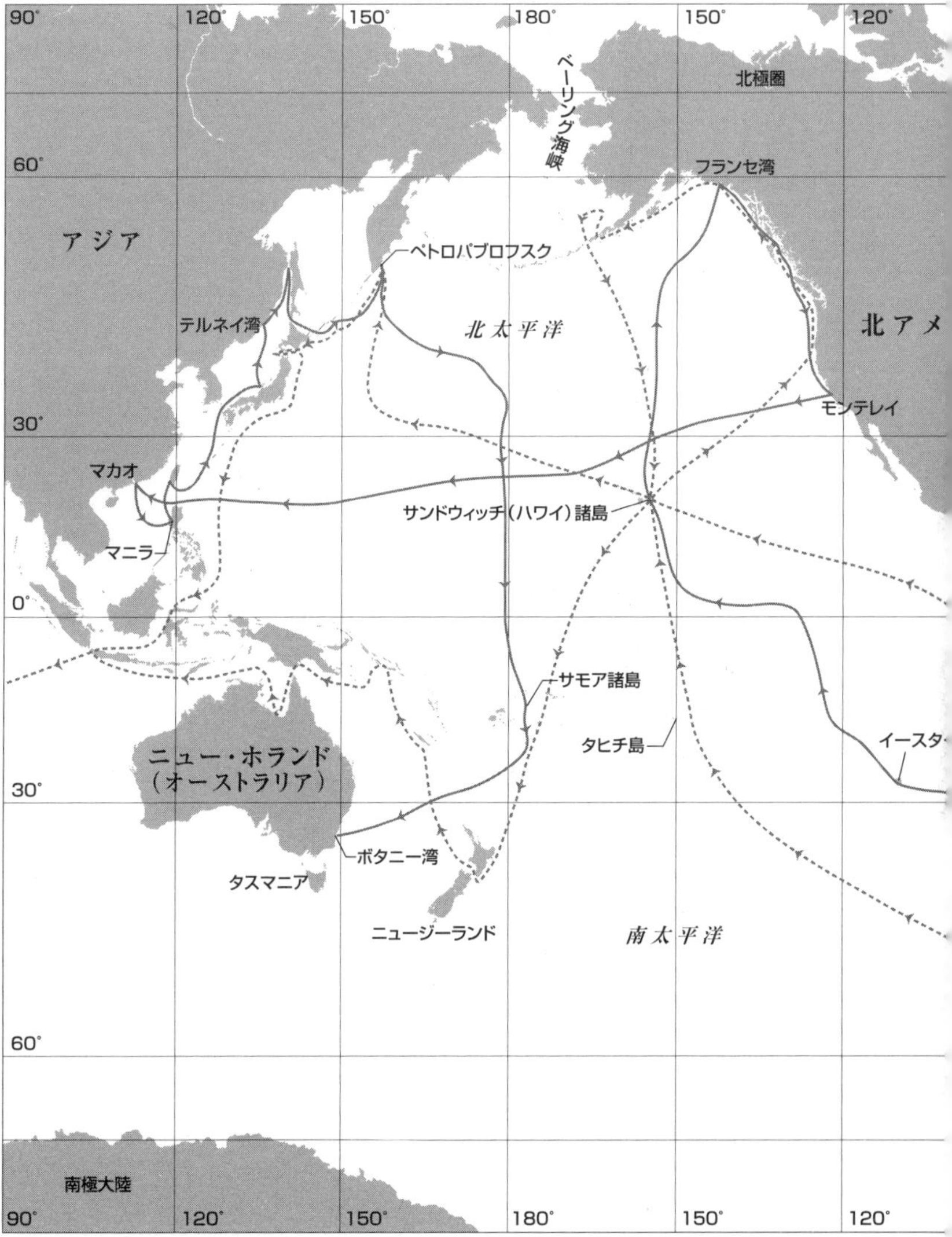

90°
120°
150°
180°
150°
120°
ベーリング海峡
北極圏
60°
フランセ湾
アジア
ペトロパブロフスク
テルネイ湾
北太平洋
北アメ
30°
モンテレイ
マカオ
サンドウィッチ（ハワイ）諸島
マニラ
0°
サモア諸島
タヒチ島
イースタ
ニュー・ホランド
（オーストラリア）
30°
ボタニー湾
タスマニア
ニュージーランド
南太平洋
60°
南極大陸
90°
120°
150°
180°
150°
120°

年六月二十六日付、国王ルイ十六世署名、カストリー海相副署、のち「訓令」と略記)、この二つがその関係を浮かび上がらせてくれており、しばらくは、そのような観点からそれらを読み解くことにする。

ついでに書いておくと、これらの史料は近年、ラ・ペルーズの『航海日誌』初版本(一七九七年ミレ・ミュロー編)のもとになった手稿を発掘したダンモアのお蔭で読めるのだが、彼はその原資料を英訳し、それに詳細な注とさきの二つの史料をとりこんだ二〇〇頁を越える解説を付けた現代版を私たちにおくりとどけ(「ハクルート叢書」第二期、第一七九・一八〇巻、一九九四―一九九五年刊)、巻末には付録として、各寄港地から本国あてにラ・ペルーズが認めた書簡など、貴重な記録を多数収めてくれたのである。あらためて、ここにその学恩に感謝の意をあらわしておきたい。

そこでまずラ・ペルーズの原案であるが、そこには、第一義的にはヨーロッパのためにヨーロッパ人として、クック後において発見をさらに進めてゆくのだとする航海者の自覚と自負が一貫して流れていた。その課題を果たすために彼が選び出した重要地域は三つあり、一つはアメリカ北西海岸、第二は東北アジアの海域、最後の第三は天の川に拡がる星ほども島が群れる南西太平洋海域であったことにまず注目しておこう。たしかに彼は他にも南大西洋の高緯度海域に二隻のうち一隻をまわす計画を立てていたが、それは捕鯨基地の確保のためであり、そこは発見目標ではなかったのであえてそれは省くことにする。

発見対象の設定に関する限り、この原案と、「平和」時を利用し自国の利となる市場ルートを求め領有空間を拡大しようとする国策との間に、大きなずれはなかったことは確かだ。正確に言えば、海軍当局や貿易商人たちの要望を受けとめて構想されたこの原案を国王も基本的には了承したのであり、ラ・ペルーズ自身も、原案上程に際して、国家の介入、協力を求めていたのである。

しかし、具体的に全体の航海計画に立ち入ってみると両者のへだたりは無視できないものがあった。原案の特徴は費用と時間をできるだけ切り詰めるために二隻の船を二手に分け、共同行動は北西アメリカ海岸の探索時と最後の集合場所ジャワ島のバタヴィアから本国にむけて出帆後のみとする点に見出せる。したがって指定集合地も限られ、ティエラ・デル・フエゴ西岸の港、サンドウィッチ（ハワイ）諸島、それにバタヴィアとなっていた。クリール諸島から東北アジアの海域や南半球の島々の探索さらには、南大西洋の高緯度海域への航海もすべて単独の航海とされていたのである。ここから帰結されるのは、三年にわたる航海中、ヨーロッパの海外領に依拠せず、しかも途中立ち寄る島々も長期に滞在することなく、ほとんどが海上での生活となるきびしい発見計画であった。彼がたとえ客体としてであれ、出会うことになる未知の人間への関心をもったとしても、基本的にはそれを切り捨て新しい土地の発見と地形の確定に全エネルギーを注ぎ、その次元でクックと競うこと、それが原案を構想したラ・ペルーズのモチーフであったのである。

この原案を受けて、四カ月半後に書き上げられた国王署名の訓令はその構想をそのまま受け入れはしなかった。この組みかえのなかに私たちは当時のフランス国家が大航海に托した世界戦略を読みとることができるのである。たしかにそれは、十八世紀後半の新しい世界周航期にイギリス人船長たちが携えていった訓令と共通していたが、しかし、バイロンやクックに与えられた訓令とくらべると、ほぼ九倍の分量となり、大航海を方向づけてゆく国策がより具体的かつ精緻になっていたことが注目される。それは個々の発見者の独自性を奪い、彼らに世界分割の尖兵そのものとなることを要求していく。原案のルートが大きく組みかえられただけでなく、地球規模にひろがりつつあったヨーロッパの海外領についての情報スパイという新しい役割までが課されていったのはそのためである。あの第二回航海時のクックには思いもよらない指示であった。さきにもふれたが、カムチャツカに寄港中本国から届いた指示は、ラ・ペルーズにニュージーランド寄港の計画を変更させ、ボタニー湾に直航させたのであるが、それは彼に、始まったばかりのオーストラリアへのイギリスの植民活動を探らせようとしたためである。そのような指示が可能であり、ゆるされるとするのが「訓令」の立場であった。新しい世界周航の終幕は、同時に発見航海者が、その独自性と自由を喪失してゆく始まりを画す時期でもあったのである。

ここであらためて原案とくらべながら訓令の中味に具体的に入ってゆくことにする。航路について言えば、三年計画を四年にのばし、イースター島からソサエティ諸島までの航海をのぞいてはすべて二隻合同で探索することが命じられていた。原案が大西洋上で赤道を越えたあとは、二隻が別行動をとって最小限の時間でその南方の海を調べ、島々の探索を進めてゆくとの方針を述べたのに対し、国王はその欄外に「未知の海域ではそれは危険すぎる」ので思いとどまるよう書き込んでおり、「訓令」に国王の意向が働いていたことは明らかである。

次は、途中の指定集合場所が大幅に増やされ、しかもそのほとんどが、他のヨーロッパ諸国が既得権益を主張する土地であったことに目が向かう。曰く、モンテレイ(西)、カムチャツカ(露)、マカオ(葡)、ケープ・タウン(蘭)、クイーン・シャーロット湾(英)などがそれである。

この第二の方針変更の理由を明らかにしてくれるのが「訓令」第二部「政治と貿易にかかわる諸目的」である。そこには十九項目が掲げられているが、最後の項目でそれらの諸目的が総括されている。曰く、「まとめて言えば、すでにヨーロッパ諸国が占拠していたり、しばしば寄港している島々や大陸の港で貴官が立ち寄る予定のところではどこでも、細心の注意を払って、そこに留まることが許された時間をできるだけ使って、事情がゆるす限り、次の事項について調査を尽くし、それらを詳しく認識するよう努められたし。つまりヨーロッパの諸国が、そこでどんな取引を、どれだけの規模で行なっているのか、各国がそこで保有している陸海の軍事力はいかほどのものか、ヨーロッパ人はそれらの土地の首長や住民たちとどのように利益を分かち合い、相互に友情の絆をつくり上げているのか、といった諸問題の調査にあたること。」

原案にみるように、航海をなによりもまずヨーロッパ全体の事業ととらえ、自国の商業上の利害得失を顧慮することは従属変数とみなすラ・ペルーズにとって、ここで彼に要請されている政治的役割は、たしかになじまないものがあったものと思われる。しかし、国の栄誉と国益の増進をたえず念頭におくラ・ペルーズが、この役割を嫌々引き受けたのではないことも確かである。「コスモポリタン」、その実まぎれもなくヨーロッパ人として生きる発見航海者ラ・ペルーズと、情報スパイの役を引き受ける愛国者《パトリオット》ラ・ペルーズは共存しえたのである。いや正確に言えば両者はせめぎあっていたが、前者は後者を否定するものではなかったというべきかも知れない。

訓令が原案にはない海域への航海、たとえばアリューシャン巡航や日本周航などを指示したのも、それらがフランスの世界戦略上重要な場所と考えられていたからであるが、彼の現実の航海はカムチャツカ到着後アリューシャンには立ち寄らず、南下する。そこに進出しているロシア人の発見に付け加えるものがないとの判断が働いたからと考えられる(一七八六年九月十九日、モンテレイより海相あて「書簡」参照)。国家の関心とラ・ペルーズの発見志向が乖離をみせる一局面である。

ここで訓令第二部に上げられた他の十八項目すべてを個々に取り上げることはスペースがゆるさないし、その必要もないだろう。ただそれらすべてにフランスの世界戦略が影を落としている点は見逃してはならない。そこでは他のヨーロッパ諸国、とりわけ英露の居留地それぞれについて現状分析、その政治的・軍事的力量や植民目的などの探査、毛皮貿易に関する市場調査、とりわけアジア市場の現況と将来性についての情報蒐集など多くの要請がなされていた。大航海の戦略的意味は大きく変わりつつあったのである。

さらにもう一つ、さきの問題と関連するが、この訓令は、ラ・ペルーズの大航海をクックらの世界周航と区別するメルクマールを私たちに教えてくれる。「原住民対策」なる独立したパート(第四部)の導入がそれである。第三部には、これまでの訓令同様、行く先々の天文や地理の調査、住民たちについての観察など、総じて自然誌にかかわる記述が求められていたが、それだけでは新しく生まれつつあった世界史的問題状況の変化に充分には対応してゆけないとみたフランス国家は、この第四部で、植民地とその周辺に暮らす住民をどのように取り扱うべきかにつき、特別の注意をラ・ペルーズに要請したのである。一口で言えばヨーロッパの国々の動静だけでなく、コンキスタの対象となっている彼らがそれをどのように受けとめているかを知り、そこで観察された現実認識を踏まえて、彼らに取り入る方法と、それが拒まれたときの対応を伝授しようとしたものである。もし南方大陸が発見され、そこで住民が見つかりでもすれば、そのときどう対応すべきかを指示したクックへの訓令とは発想は同じであっても、その切迫度が全く違っていた。ラ・ペルーズが発見に向かうテリトリーには、現実にヨーロッパ人居留地も点在していたし、クックの発見が示すように先住民は現存していたからだ。しかも訓令は、当時一部の本国在の知識人たちが抱く「善き野蛮人」イメージとははっきりと決別しており、基本的には彼ら住民はいまだ未開で警戒すべき相手と目されていた。したがって彼らとの友好関係の樹立とは、対等な人間の交わりから生まれる相互信頼を目ざすものではない。航海に役立つかどうか、今後のコンキスタにどのような意味をもつかが、調査の最大眼目であったのはそのためだ。その意味でいえば、この「住民対策」の発想は、十五、六世紀に新世界アメリカにコンキスタを進めていったヨーロッパ人がつくり上げた関係認識を地球規模の諸民族にひろげてゆくものでもあった。私たちは、この指示を、十六世紀後半、中米アメリカの地でインディオのゲリラに対面し、不安におののく現場の指揮官が兵士用に認めた「作戦要綱」(マチューカ著・青木康征訳『インディオ戦争への手引き』一五九九年刊。「アンソロジー・新世界の挑戦」第一二巻所収)と、つい重ね合わせたくなるほどである。

いうまでもないことだが、発見航海者は戦闘集団ではなく、彼らは航海を続けるためにもできることなら住民たちと「平和」的関係を維持するにこしたことはないのであり、訓令にも先住民に対しては「寛大」かつ「親切」にふるまい、武力行使はできるだけ抑制せよとの原則は明示されていた。つまり、武力行使は最後の手段であり、自衛のためにのみ許されるというわけである。

しかし、この大原則はあくまで建て前であり、根柢には、ヨーロッパ人は彼らに善をもたらす人間であり、その使者である航海者を拒むものへの武力行使は正当防衛として容認されるという一方的な考えが流れていたのである。そこに欠けていたのは、先住民にとって航海者たちは勝手にひとの土地に外から突然入りこんでくる侵略者以外のなにものでもないという関係認識であった。この点について言えば訓令とクックやラ・ペルーズの間には、なんの裂け目もない。

しかし、この問題がラ・ペルーズに突きつけられるのは、航海後半になってであった。こと北半球については、この建て前《ポリシー》がラ・ペルーズの行動規範として働いたことは事実であり、訓令第四部の有効性やそれがはらむ独善性は、その間一度も問われる事態は生じないままに彼は航海を続けていたのである。八七年一月三日、北西アメリカ沿岸の探索を終えたあと、マカオから親友フリュリューに出した手紙でも、自分は「文明」化されていない民が害を加えてきても、それに報復することはなかったのであり、訓令の方針に全面的に賛同すると述べたほどである。

この局面が一転するのは、南半球の熱帯の島々に入ってからである。平穏無事な関係が破綻する事態に出会わざるを得なくなったのである。ラ・ペルーズははじめて訓令の建て前を問い直さざるを得なくなり、同時に、先住民とのかかわり方についての自分の無知・無感覚ぶりをさらけ出すことになる。彼はこのときヨーロッパ文明が卓越するという独善性への問いかけへと向かわず、訓令の方針が生ぬるく、現実に合致しないとする批判へとかじを切ってゆくのだ。そこには訓令をめぐって、コンキスタの尖兵として働かざるを得ない現場指揮官のみが味わう葛藤があぶり出されていた。彼に言わせれば先住民についての誤った認識を前提とする訓令の建て前は、有害無益であり、武力行使には歯止めをかけるべきではなく、報復の権利をこそ前面に押し立て彼らに立ち向かうべしとする、訓令の組み替え要求を彼は公然と主張するまでになる。コンキスタのための一般的指針がその最前線に働くヨーロッパ人によって、彼らの思いえがく「現実」に合わせて練り直されてゆく姿がそこには読み取れるのだ。

ここで少し脱線して、ラ・ペルーズをしてこのような明確な訓令批判へと踏み切らせた経験について述べておこう。

ことは一七八七年十二月十一日サモア諸島で起こる。新鮮な水を求めて上陸した僚船アストロラーブ号の船長ラングルと彼の率いる部下の内十一人が、島民の襲撃を受けて殺害されたのである。訓令同様、彼らの上陸自体が島民にとっては侵略行為に他ならないとする認識を少しも持つことのないラ・ペルーズ——ゲオルゲのいう「啓蒙的」航海者（次の第二部第三章参照）——にとって、これは衝撃的な事件となり、ここで彼は注目すべき省察を書き残す。

このときの彼の心情と、その先住民認識を知るには、『航海日誌』本体よりも、のちにこの問題を反芻した、ボタニー湾からのフリュリューあて書簡（一七八八年二月七日付）が勝っており、まずはそれに目を向けてみる。

彼はそこが、タヒチ以上に食糧豊富でフレンドリー諸島より十倍も広い島々だと期待していたのに、その地の一つに「虐殺の湾」と名づけねばならない事態がなぜ生じたのかについて説明を加えてゆく。彼によればその不幸は先住民についてのヨーロッパ人の間違った認識に由来するもので、しかもそれをつくり出したのは本国で暮らし「炉辺で本を書く」フランス人哲学者たちであると断じてゆく。もともと、非ヨーロッパ世界の先住民への手厳しい批判者であり、「善き野蛮人」イメージとは無縁であった彼は（北西アメリカの先住民に万民法など教えることはできないと言い放つラ・ペルーズについては『航海日誌』第八章参照）、ここでサモア人への憤りを爆発させてゆく。彼らは、穴に住むライオンや虎などより恐ろしい野蛮さをみせる民だ、と。注目すべきは、ここで彼の怒りの矛先が哲学者たちにまでのびていることだ。彼にしてみれば、彼らは善き野蛮人イメージを勝手に造り出し、先住民への力の抑制と忍耐という原則を訓令に書き込ませた張本人であり、殺害されたラングルたちもまたその教えのために相手の本性が見えなくなっていたのだというわけであった。この見解は『航海日誌』にも書き込まれていたが、「手紙」は、より具体的に訓令批判へと踏み込む。今回は攻撃を相手が一方的に仕かけてきたのであり、こういう時、できるだけ実力行使を避けよとの訓令は間違っているのであり、今後はこの指示には従わない、とまで言い切ってゆく。この手紙の二日前に海相に送った書簡では、はっきりと、はじめから発砲していれば士官たちは死を免れていたと書く彼であった。コンキスタを最前線で指揮する指揮官が本国政府の弱腰をたたく構図がここにみてとれるであろう。つづけて彼は書く。彼らは弱体だが、敵であることにはかわりはなく、航海者は、相手の不穏な動きをはっきりと感知したならば、優位にたつ武力を利用し機先を制して彼らを殲滅する役割を課されているのだ、と。この立場は『航海日誌』（第二十章）に読める次の正当防衛権の拡大解釈へと通じ合うものであった。「人は誰でも自分を殺害しようと計画を練っていると思われる相手に対して、彼に恐怖心を抱かせなければそれを思いとどまらせることができないとすれば、そのとき実力行使をするのは正当だと誰しも考えるだろうし、それは理にかなっている」と。

以上で、脱線してまでおこなった訓令第四部が喚起した問題とのつきあいはこれで終えて、本題に戻る。基本的には訓令に忠実に進められた航海の現実に即して、発見者ラ・ペルーズ独自の方法をとり出すという大切な問題が残っているからである。

この問題にアプローチするに最もふさわしい航海はと問われれば、私は躊躇なくマニラを起点に日本海を経由して、東北アジアの大陸部沿岸を探索し、カムチャツカに至る、そのほとんどを海上で過ごした約五カ月にわたる航海だったと答える。おそらくラ・ペルーズ自身も、彼にとってその海域は特別の意味をもっていたこともあり、この選択に賛成してくれるはずである。それは、あのクックが自分たちに残してくれた空白（一七八七年九月十日、海相あて書簡）、つまり、ハワイでの死がなければクック自らおそらく探索したであろう海域とラ・ペルーズは考えたのだ。『航海日誌』でも北西アメリカの探索行を早々に切り上げたのは、その空白への挑戦が待っているからだと述べていたことからもそれは明らかだ。たしかに彼の航海はどのパートも分かちがたく結び合い、全体が一つの目的を目ざすものではあったが、彼にもそれぞれの比重の違いは意識されていたことは間違いない。

そこで私たちは一七八七年四月十日、マニラを出帆したラ・ペルーズを追跡することにしたい。北上して日本海に入り、朝鮮と日本の沿岸を調べながら、現在の沿海地方に沿って北上、いまだその位置が不確かなまま残されていた「エソ」と「オクエソ」(いずれもサハリンと北海道の関係が不分明なままに書き込まれていた地名)、それらとクリール諸島の位置関係を探索する仕事が続くが、彼はその海域の地図づくりのパイオニアたろうとしたのである。ヨーロッパ人の知識の空白地域であり、先住民の情報も断片的でトゥピアのような地図についての権威は彼らの間には見当たらないままラ・ペルーズの苦闘は続く。最終的には大型船が運行可能なサハリンと大陸を分かつ水路は存在しないと判断し北上を断念——間宮林蔵の海峡通過は一八〇九年——、サハリン南端を通過し、ロシア人には既知の海オホーツクに入るのだ。ここで彼は満ち足りたおもいと解放感を思わずもらす。「未知の空白に船を進めるという緊張と興奮はここで終わった」(七月十六日)、と。彼によればそれはほとんど切れ目なく続く濃い霧に悩まされての航海であり、これまでで最も苦難の航海であったのだ。

ロシア人百人余りが居住していたペトロパヴロフスク港から、到着してまもなくの九月十日、彼はシベリア経由の便を使って海相あてに書き送っている。この航海ルートは全く新しく、「この航海で自分は、地球上でこれまで未解決なまま最後まで残されていた二つの島(サハリンと北海道のこと)の位置関係を解き明かすことができた」と。これは公式の報告書であり、同じ日、友人フリュリューへの手紙は、発見者を自負するラ・ペルーズの真情を伝えて余すところがない。

これは最も興味を喚起する航海であり、その発見のよろこびは予想をはるかに越えていた、と。クック同様、彼を興奮させ、歓びを与えてくれるものは、人間の発見ではなく、地図の空白を埋めえたことであることが、ここに如実に語り出されている。

たしかに彼は、地図づくりに協力してくれるサハリンの民を目にして、フランスを出てから、彼らほど礼儀正しく知性にめぐまれ、我々がその才能に感心するような民とは出会わなかったと述べてはいるが、それも彼らが地図製作に役立ったがためであり、それ以上ではない。ほんの少しの滞在で彼は、彼らの統治組織は分からなかったが、すぐれた資質を示すものの、生活は貧しくそのため外部からの征服者の標的にならなかった、との観察をのこすだけだった。

しかし、彼は今回の大航海がこれで終わったと思ったわけではない。クックと肩を並べるためにも、クックが最も重視し、彼の方法が存分に発揮された南太平洋——ラ・ペルーズはクックがその海域については正真正銘のコロンブスだと認める——への発見航海が待っていたのである。

しかし、その地域に向けたラ・ペルーズ自身の関心度も考えて、この航海の具体的な記述は省き、彼の南太平洋探索によせる思いのほどに光を当てることでおわりにしたい。

彼は、この南太平洋探索については、原案作成時からはじめて、いくたびもコースの変更を試みている。さまざまな選択がありえたからであるが、そのとき彼が考慮した最大の問題点は、先行する航海者たち、とくにクックが発見した海域はできるだけ避けて進むことであった。発見者としての自負をもつラ・ペルーズにとって、既知の島々やルートは「暗礁」の如きものとして意識されていたのだ（一七八七年九月二十八日、海相あて書簡）。タヒチを補給基地として避けたのも、フレンドリー諸島の北端やソロモン諸島を目標としたのもそのためであった。

北太平洋のカムチャツカからはるか南半球の海を想い、彼は九月十日、海相に書き送っている。「今回の航海は、キャプテン・クックのどの航海よりも長期にわたるもので、この新しいプランをやりとげるならば、それはあの偉大なる人物の遠征《キャンペーン》につぐ重要性をもつものになると、あえて申し上げたい。……私はこれまで先行する航海者たちと同じコースは避けて航海してきたのであった、もし〔同じ方法で南太平洋の探索を終えて〕無事本国に帰還するならば、地球《グローブ》上の重要な海域でまだ探索されていない地点など残らないはずだ。」

発見航海者としてのおそるべき自負だが、ここには自国の経済的利益や地政学的関心に訴えようとする姿勢は少しもうかがえない。先述したコスモポリタン、その実ヨーロッパ人としての意識を前面に出しての語りかけである。彼はそれこそが祖国の栄誉をいや増すものであると、言いたかったのかも知れない。祖国愛とヨーロッパ人意識はここでも矛盾なく共存していたのである。情報スパイとしての役割も充分に果たして祖国に貢献し、同時にヨーロッパに新しく発見された空間を提供してゆくこと、彼はその二つを同時にこなす有能な大航海者としてのアイデンティティを持ちつづけることができたのである。ボタニー湾から、南西太平洋探索へと船出したあと間もなく、彼の姿はヨーロッパ人の視界から消えてゆくのだが、彼は挫折を知らない発見航海者としての生を全うしたといえるのではなかろうか。それは、ハワイで最後をとげたクックとて同様であったかも知れないのである。

もし、オーストラリアを離れるとき彼に心残りがあったとすれば、北半球の探索に時間をかけすぎたため、三月十日のボタニー湾出帆（到着は一月二十四日）から数えても、モーリシャス島への到着予定の八八年十二月までには航海に一年間も残っていず、オーストラリアの西側から南のタスマニアまでの周航計画はもちろん、熱帯の島々の探索にも充分に力を注ぐ余裕がなかったことであろう。ボタニー湾でイギリス人と交歓し六週間以上とどまったあと、三月十日、やり残した発見航海へと向かうときの彼がどんなに焦っていたかも容易に想像できるからである。

第二部　「哲学的」航海記の誕生

——ゲオルゲ・フォルスターによる人間の発見

プロローグ

本書においてゲオルゲ・フォルスターが占める重要な位置については、すでに冒頭の「はじめに」で触れており、あらためてここでくり返す必要はないと考えている。しかし、ただひとこと、彼の『世界周航記』（のち『周航記』と略記）の新しさをつかみとるうえで、最も有効な方法が、他ならぬクックの『航海日誌』と重ね読みすることであり、それを今回こころみたとだけ言っておこう。しかもそれは、第一部では大航海者たちによる「地理上の発見」に焦点をあわせたこともあって、私たちがあえて残してきた重要な問題群——彼らが伝える「人間」の発見と自己省察をめぐる問題——に光をあてようとするものであり、クックらの位置を確かめてゆく上でも欠かせない方法であったのである。つまり、この第二部は、ゲオルゲの新しい発見とその方法につきあうことを主題とするが、同時に、クックに代表される発見航海者たちの実像を、そのアクチュアリティを、第一部とあわせて、より鮮明にしてゆくことをもあわせて目ざそうとしたものである。個性的な実録同士が対峙する関係をとおして、十八世紀後半に登場した「新しい世界周航者たち」への認識をより深めてゆこうとする一つの試みとして読んでいただければ幸いである。

次にこの場をかりて、今回私が用いたテクストについてごく簡単に説明しておきたい。初版の英語版からドイツ語に訳されたテクストにもとづく日本語訳（「十七・十八世紀大旅行記叢書」第二期『世界周航記』上・下）があるにもかかわらず、今回なぜ初版を用いたのかについては一言述べておかねばならないからである。

ゲオルゲ・フォルスター（1754–94）の肖像（彼の同時代人のJ．H．ティッシュバイン（1751–1829）による）

英語版テクストは、クックの『航海記』――海軍の委嘱を受けたダグラスがクックの航海日誌をもとに編述刊行――よりも六週間早く一七七七年三月十七日にロンドンで上梓されたものだが（後出第二章参照）、一九六八年、当時のドイツ民主主義共和国から刊行されはじめたフォルスター全集全十八巻中の第一巻（一九六八年刊、ロベルト・カーン編）にそのまま収録されており、おかげで私たちもその現代版を読むことができるのである。（最も新しくは、二冊からなる二〇〇〇年刊のハワイ大学出版局本があり、その巻末にはサンドウィッチ卿への「公開詰問状」や同乗した天文学者ウェールズとの論争など初版刊行をめぐる関連資料も収録されており、便利である。）

ここで厄介なのは、この初版テクストは、翌一七七八年、さらには八〇年と時間をおいてドイツ語訳されているが、後者は、前者を忠実に翻訳しているのかどうかという問題である。初版の現代版を編集したカーンは、ドイツ語訳にあたってはラスペなるドイツ人の協力があったと成立事情を明かしているが、そもそも翻訳協力とはなにを意味するのかについては知ることは出来ない。この問題についての私自身の検討の詳細はここで省いて結論だけを述べておくと、ドイツ語版はラスペ訳とすべきものであって、しかもそれは翻訳に際して、ときにはゲオルゲの感性や方法的特徴を平気で消し去り、訳者の解釈まで加えるなど余計な介入も見られるのである。つまり、私たちがゲオルゲから教わろうとする『周航記』の新しさ、そこで試みられた独自の省察の深みが、肝心なところで伝わってこないケースもしばしばあったことを報告せざるを得ないのだ。（ラスペが何者かについて関心のある方は、岩波文庫版『ほらふき男爵の冒険』の訳者（新井皓士）解説を参看していただきたい。）

ただここで書きとどめておかねばならないのは、フォルスターの世界へと私を引き込んでくれた発端は、他ならぬさきの岩波版であり、訳者（三島憲一、山本尤）や編集者への感謝は言いつくせるものではないという点だ。今回の引用はすべて英語版によったが、この日本語版も適宜参考にさせていただいたこともここに付記しておく。

かつて、クックが残した二つの自筆草稿やいくつかの写本を吟味検討しながら一個の現代版『第二回航海日誌』テクストをつくり上げたビーグルホールの仕事によって、「南半球」を発見してゆくクックのダイナミックな世界周航に目を開かれたことのある私は、この岩波版を手にとるまでは、その航海に参加していた旅人ゲオルゲ・フォルスターの発見の新しさとその重さに気づくことがないままに打ちすぎていたことを想い出す。いや皮肉なことに、ビーグルホールの『航海日誌』への解説や注釈は、逆に私をゲオルゲから遠ざける役割を果たしたのであるが、その問題についてはここでは省く。

このような経験をもつだけに私は、この第二部がゲオルゲのメディアとしてどこまで彼の復権を果たしえているのか、彼との対話は充分に成立しているのかどうかについて、たえず問われていることを自戒しつつ、以下に『周航記』を読みすすめてゆくつもりである。テクストに書きこまれた彼のメッセージを精一杯うけとめて私自身のゲオルゲ発見を伝えることが、彼の学恩に報いる唯一の方法だからである。

なお、フォルスターの名を今回ドイツ語式にゲオルク Georg とせずゲオルゲとしたのはダンチヒ近郊で生まれた長男にあえて英語式にジョージ George とした父ラインホルトのおもいも尊重したためである

第一章　向かい合う二人の若者
――「人食い」問題を介して

まずは、ゲオルゲ自身、強く関心をもつに至った「人食い」問題から、彼独自の思索をとり出しておきたい。

ここでいう人食い問題は、十五、六世紀にカリブ海域でコンキスタを開始したスペイン人が、彼らに抵抗する先住民を一括してカリベと呼び、自分たちがすすめるジェノサイドと奴隷狩りを正当化するために、彼らを食人種に仕立て上げたときに発する。以後、このイメージが真か偽かをめぐって争われてゆくのであるが、十八世紀人クックも太平洋海域でその問題に直面し、彼なりの方法で答えを出そうとしたことを私たちは知っている。ことはカリブ海域に限られはしなかったのだ。

第一回航海でニュージーランドに赴いたおり、クックは人肉食の証拠とおぼしきものに出くわしていた（一七七〇年一月十七日、一月十九日など）し、ニュージーランド全体にわたってその住民たちの暮らしぶりを記述するおりにも、彼らが戦いで殺した敵の肉を食すという習慣は真実であると確信させるだけの状況証拠を見てきた、と語っている。しかし、クックはここで、自分の目でその現場に立ち会わない限り最終的な結論は出さないとする原則を崩さない。第二回航海でのニュージーランド再訪はこの彼に格好の機会を提供したのである。

一七七三年十一月二十三日の記録に、私たちはその真偽を確かめようとするクックの旺盛な探求精神を見せつけられる。『航海日誌』によれば、ことの次第はこうである。

クックが船を留守にしていた間に、上陸していた士官が下あごも唇も欠けた十四、五歳の若者を思わせる頭部を持ち帰ったことに端を発した出来事であるが、一歩遅れて船に帰ったクックは、そこから切り取られた肉片をあぶったものを船に来ていた島民の一人が食べたという話を耳にし、「嫌悪」感におそわれ、その食人行為に憤る。問題はそのあとであり、そこでクックは本領を発揮する。あえて怒りを押さえてそれからは冷静な実験者として振舞う。あらたにその頭部から肉を切り取らせ、それをあぶったものを島民たちの前に差し出すのだ。彼は乗組員たちのさきの話が真実か否かを自分の目で確かめたかったのである。その実験は船に居合わせた島民の一人がそれをおいしそうに食べることで終わる。彼がこの実験がうまくいったことに満足したことはいうまでもない。

しかし、観察力鋭いクックは、記録をここでとどめないで、このシーンに立ち会った人々の反応を書きとどめる。何人かは嘔吐するほど衝撃を受けたこと、さらには、ソサエティ諸島出身のマヒネ（あるいはマハイネ。オエディディまたはオヘディディとも呼ばれる）がその行為に嫌悪感をあらわに示し、涙を流し、ニュージーランドの食人者には怒りを投げかけ彼らとの絶交宣言まででしたこと、さらにその彼が同じ反応を肉を切り取った士官に対しても示し、そのとき使われたナイフを触ることさえ拒んだといい、この悪習へのオエディディの誰にも増して強い反感をも記録していた。

かつて、クックの『航海日誌』を読み進んでいたおりこの箇所にぶつかり、彼の実験精神の徹底ぶりと注意深い観察眼におどろいた経験がある。それだけに、打ち砕かれた頭部をものとしてしか見ず、実験材料に利用し、かつそれを食する島民をこれまた実験対象として扱うクックの態度と、激しい感情をかくさなかったソサエティ諸島出自の若者との間にひろがる埋めることのできない溝の存在とその意味を感じとることはなかったのである。しかし、もともと、この出来事が私たちに教えている意味をクックの記録だけから読み解くこと自体かなり無理な話だったかも知れない。予想通りの結果が出て実験に満足したクックに厳しい自己対

マヒネの肖像（クックの第2回航海に参加した画家ホッジスが描いたもの）

象化を求めることなどできなかったし、号泣し、食人行為にとどまらず実験自体にまで嫌悪感を示したマヒネの内面を洞察してゆく営みをクックに期待できるはずもなかったからである。

ここで呼び出されるべき記録が、ゲオルゲ・フォルスターの『周航記』である。それは、この実験をめぐる問題性について、私に気づかせてくれたはじめての作品であったのだ。彼は、同じヨーロッパ人として、いやそうであるが故に、航海をとおして発現する発見者クックの自＝他認識にみられる彼の無知・無感覚ぶり、総じてヨーロッパ人の独善を、わがこととして受けとろうとしたのである。これこそ『周航記』全体を貫くゲオルゲの方法態度であったが、ここで彼は、そのような彼独自の発見を可能にしてくれた若者マヒネの存在を隠さない。最初の章を二人の若者の出会いに設定したのはこのためだ。

以下、この問題設定をうけて、しばらくゲオルゲの記述にしたがいながら、私自身に新たなクック読みを促すことになった彼の発見とつきあうことにする。

士官の持ち帰った頭部の肉をクックの目の前で住民たちが食べるところまででも、両者の記述内容に違いはあるが——ゲオルゲはクックが実験をリードしたとは書いていない——、その点は措いて、それを目撃した人々のさまざまな反応をクックよりもさらに詳細に記録する『周航記』部分からはじめよう。それほどの拒絶反応を示さないものから、人肉食に激昂し彼らを勝手に犯罪者に仕立て上げ、そんな連中は皆殺しにしてしまえとばかり、自ら「忌まわしい屠殺者」の役を買って出ようとする者までいたことを彼は隠さない。さらに彼は、吐き気をもよおす者も少数いたが、多くは、自分たちが教え込まれていた道徳律に則って人肉食を人間が示す堕落の極みだと断罪したと、ヨーロッパ人の大半がみせる独善的態度を浮き彫りにしてゆく。これらは、次に述べられるマヒネの反応と対蹠的なものであり、彼は読者たちにマヒネに目を向けるよう促すのだ。すこし長いがそのまま引用する。

「彼の感受性豊かな反応は我々の間にあって誰も真似のできないものがあった。彼の生まれ育った土地は、住民たちがすでに野蛮の暗闇から脱け出ており、人々はいまや社会的なつながりをつくり出しているので、この光景を見て彼の心は嫌悪で満たされたのだ。彼は異様な物体から目をそらし、激しい心の動きに身をまかせ船室に引きこもり、そこで一人自分を襲った激情に浸ろうとした。そこで我々が目にしたのは涙にくれている彼の姿であったが、そこから見て取れたのは、哀れみの念と悲嘆が入り混じったものであった。彼は自分が涙を流しているのは首を断り取られた若者の両親の不幸が思いやられるからだと言うのだが、我々は彼がこんな風に想像力をめぐらしたのだということを知って限りなく心が和んだのである。それは限りなく心やさしい社会的感情に充たされた人間の心を伝えるものであり、それこそ彼が自分の仲間たちの苦しみにひとりでに心が動くようになっている証であった。その衝撃はあまりにも大きく、彼の心が落ち着くには数時間が必要だったが、そのあともずっと、このことにふれて話すときには平静ではなかった」

(傍点、筆者。『周航記』からの引用については以下同様)。

みられるように、この一文は実に多くのことを語っている。一読して気づくのは、クックの『航海日誌』との大いなる落差であるが、これを生んだ最大の要因こそが、ゲオルゲとマヒネの交わりにあったのである。私たちはこの観察と認識の奥にマヒネの存在の重みを感知する。いやマヒネが、ゲオルゲに語らせているのである。若者の頭部をものとしてしか見ないクックに対してマヒネは、殺された若者の無念を思い遣ると同時に両親の不幸を想像するのだが、この記述をするゲオルゲ自身そのときそれだけの想像力を働かせることができたわけではなく、マヒネによって開眼させられたのであり、以後彼はそれをわがものとし、自己省察や他者認識にあたってはそのときの経験を存分に働かせてゆくことになる。彼の『周航記』は、いわばこのマヒネによって教わった感性や認識力を充分に踏まえて彼が帰国後書き上げた作品として読まれるべきものと私は考えている。

話を元に戻して、ゲオルゲがここで主語を「我々」としているところに注目しておきたい。マヒネとの魂の交流をなしえた主体はイギリス人の中にゲオルゲ以外にもいたのかどうかが問われるからだ。しかし、答えは明白で、その場の情況を想い浮かべるならば、マヒネの異常さに気づきすぐ後を追い船室に入り込んだ彼からその理由を聞き出しえたのは、彼一人でしかありえない。『周航記』中、彼は、しばしば「我々」を用いて記述を進めているが、その内実はさまざまで、ときにクックを指揮官とする集団としてのイギリス人乗組員のときもあれば、彼が心ゆるせる少数の仲間、わけても父やシュパルマン博士（途中ケープ植民地から乗り込んできたゲオルゲより少し年上の若いスウェーデン人博物学者）のケースもあり、またこの文章中の「我々」のように明らかに「私」と同義の場合もある。ここで大切なのは、この出会いは、ゲオルゲ一個の、しかも彼でしかできない経験であったことだ。それはゲオルゲと最も近しく、たえず会話も交わしたであろう父の日誌を見れば了解がつくことである。

ラインホルトの遺した『航海日誌』(彼の生前刊行されることはなかったが、いまは「ハクルート叢書」第二期、第一五二―一五五巻で読むことができる)と『周航記』の重ね読みは、両者の違いをとおしてゲオルゲ独自の内面世界を浮かび上がらせる上でも有効なので、ここでも少し脱線してラインホルトの日誌(十一月二十四日)に目を向けてみる。

彼もまた、クックと一緒に船に戻り、クックの実験に立ち会った一人であった。しかし、ラインホルトも、クックの主体的介入には一切言及せず、また問題の頭部は島民たちが船に持ち込んだもので、彼らが自分であぶって食べてみせたとあり、クックともゲオルゲとも違うが、船員たちの反応は書き込まれ、中でも唯一人船内のどのヨーロッパ人とも違った行動をとったマヒネについてはゲオルゲ同様特記されていた。しかし、『日誌』の中では多くの場合、ゲオルゲと違い「私」を用いるラインホルトも、マヒネがキャビンで大粒の涙を流す姿を見て、彼と話を交わしたのが「私」であったとは記していないのである。つまり、彼は、この話をゲオルゲから聞きそこに挿入しただけであることが推測される。

しかし、ここで大切なことは、両者のマヒネ認識の違いだ。ラインホルトがここでまず問題にしたかったのは、ヨーロッパが誇る教育や文明、ヒューマニティとか社会的な美徳といわれるものが「心根やさしい、無邪気な」少年マヒネの感性と心の働きを前にすると輝きを失うということであった。息子から聞くマヒネの印象は強烈であったことをうかがわせるに充分であるが、なぜこのようなマヒネが育ったのかについては、両者は微妙な、しかし重要な違いを見せる。ラインホルトがまず第一に挙げた理由は自然の力である。つまり熱帯圏において「恵み深い太陽の光」を受けて育ったことをまず挙げる。ついで彼は、それだけでなく「その国の上層階層にふさわしい人間に彼を育て上げた教育の力」にも注目するのだが、ソサエティ諸島では生命を大切にする精神の方が、凶暴性や残忍さに勝っていたように自分には思われる、というのである。この認識の仕方とゲオルゲのそれとは距離があることは明らかだ。ゲオルゲはと言えば、後述するように、ニュージーランドも含めて南太平洋の島々に住む人々は総じて「他人をもてなす精神」を生活原理とする人々だと、よりポジティヴな島民像を描き上げてゆくのである。

フォルスター親子（1780年作、博物学者ラインホルトの忠実な助手としてのゲオルゲのイメージを伝えており、のちに「世界の一市民」として『世界周航記』を書き上げてゆく昂然たる青年ゲオルゲをここから読みとるのは困難）

彼にとってみれば、まず第一に注目すべきは、マヒネが育てられた社会の豊かさであり、自然環境ではなかったのだ。このような認識を欠く天文学者ウェールズ（あのビーグルホールから「ヒューマン」な科学者と高く評価される)が、船に持ち込まれた頭部とそこから切り取られた肉片が食べられるのを見たマヒネの激しい反応には注目しても、そこから彼の内面の動き、その想像力のひろがりとその中味を捉え得なかったとしても少しも不思議ではない。「思うにそのとき彼の表情にあらわれた感情を半ばほども絵にすることはとても不可能であった。彼はそのまま動かず、船員の一人が話しかけるまでじっとしていたが、我に返った彼はどっと泣き出し、その午後からずっと平静さを失ったままであった」とはそのウェールズのコメントであった(ビーグルホール編『航海日誌』の付録に収録。傍点筆者)。

ここまで書いてくれば、ゲオルゲのマヒネ理解の深さは誰も真似のできないものであったことが分かるであろう。そこに至るにはゲオルゲにしか見られないマヒネとの濃密な交流と、さらにはマヒネを育てた熱帯の島々に住む人々との深い交わりが必要であったが、後者については、つづく第三、第四章で詳しくとりあつかうことにして、以下、前者の問題をフォローしてみることにする。

最初の出会いは一七七三年九月十四日のことで、クックの第二回航海にあっては最初のソサエティ諸島訪問がおわりに近づいていた頃である。ゲオルゲの記述にしたがえば、マヒネは、ゲオルゲに近づき話しかけてきたが、彼は上層階層に属していると見えるほぼ十七歳の若者で、十八歳と十カ月のゲオルゲとはほぼ同年齢であった。しかし、このときゲオルゲは、はじめイギリス行きを頼み込むマヒネに対し、次に船が向かう先は、寒さ厳しい高緯度の南太平洋であることを知らせ、思いとどまらせようと努めるが、マヒネの願いが変わらないのを見て、クックにその意を伝え、彼から同行許可を取り付けるのだ。それを受け入れたクックの思惑は明白で、そこから西航して出会う熱帯の島々で彼が役に立つという計算があったからに他ならない。このときのゲオルゲはいわば通訳の役割を果たしただけであるが、同じ年頃のマヒネにとっては自分の夢を最も伝えやすい相手であったことが、以上の記述から分かるであろう。

その後、両者がどのような交わりを旅の間に重ねていったのか、そのプロセスについては、ゲオルゲは直接その多くを語ってはいない。しかし、さきの出来事でみせたゲオルゲのマヒネ理解の深さを思えば、それがどれほど濃密なものであったかは直ちに了解できるであろう。

一七七三年九月十四日以降、ソサエティ諸島を離れたクックたちは、フレンドリー（トンガ）諸島からニュージーランドを経て、そこから氷の海への最大規模の南下を試み、その後は北上し、熱帯の海に入るが、そこではマルケサスの島々にも立ち寄り、一七七四年四月二十二日にタヒチ島に到着するまでの間、正確には六月四日ソサエティ諸島の一つライエテア島でマヒネが一行と別れるまで、ほぼ八カ月もの間、ゲオルゲはマヒネと同じ船に乗り、経験を共にし、必要に応じて会話もしばしば交わし、マヒネに備わったすぐれた人間的資質に引きつけられてゆく（五〇ページの地図参照）。彼は熱帯の島々、とりわけポリネシアの島々についての最大の、いや最良の教師でありつづけたし、ゲオルゲ自身、そのことをはっきりと自覚していたのである。たしかにさきの食人問題が起きたのは、その旅の途中、ゲオルゲからすればニュージーランド再訪のときであり、そのとき両者の交わりはいまだ二カ月余りでしかなかったのだが、彼にとっては、それは充分な時間であったことが、さきの記述からも明らかであろう。この事件のあともゲオルゲは、涙を流すマヒネに出会っており、その度に彼のマヒネ像はゆるぎないものとなってゆく。七四年四月八日のマルケサス島での記述がその一つであり、ことのついでに紹介しておこう。

釘を一本盗んだからという理由で士官が島民の頭を撃ち抜いたとき、マヒネが「一人の男が別の人間をほんの些細なことで殺したのを見て、わっと泣き出した」ことをゲオルゲは見逃さずに記録する。「文明化されたヨーロッパ人」は口先では人間性を大切にするんだとしばしば話しているが、彼らの心の中にはそんなものはめったにお目にかかれない、マヒネの前で彼らは恥じ入るべきだ、彼は、我々に文明人の持ち合わせていない人間性を育ててきていたがゆえにここで泣き出したのだ、とはゲオルゲの言であった。

このような両者の深い人間的交わりを裏書するものとして、私たちはゲオルゲが描き出すマヒネとの別れのシーンを挙げることができる。

クックの『航海日誌』によれば七四年六月四日、マヒネは、イギリスの船がこの国に再来する予定がないことを知り、イギリスに定住するつもりのない彼は、自分の故郷に残ることに決め、クックの方は自分の知りたい宗教体系や政治組織がどうなっているのかについて具体的な情報をマヒネからは得られないと判断し、彼を置いてゆくことにしたのである。第一回航海のトゥピア（クックから「洞察力のある、分別の備わった、頭のよい」島民との評価を受け、クックに同行を求められるが、一七七〇年十二月二十六日、バタヴィア出港直後、連れの召使いとともに病没。第一部第二章参照）への遇し方と決定的に違っていた。しかし、別れの場面の描写にはクックも力を入れ、彼の自筆草稿には推敲の跡さえ、はっきりと見える。彼の心にも、それは忘れがたい印象を刻み込んでいたことがうかがえる。

彼の自筆原稿はビーグルホールの研究によれば二つ残っているが、はじめの稿では、マヒネが船がほとんど見えなくなるまで港に立ちつくしていたのは、彼が大砲の発射を聞きたかったためとしか書いていないクックが、のちの別稿では別れは他の島民たち同様マヒネにとっても簡単なことではなく、彼の「苦悶」のほどを言い表すことはできないと述べ、「彼は船を見上げてむせび泣き、カヌーの中にくずおれた」とマヒネの悲しみの強さを印象づけていたのである。しかし、私たちはこの記述から、彼との別れを悲しむクック像を描くことはできない。

ゲオルゲとの違いは歴然としていた。ゲオルゲ自身もまたマヒネ同様別離を悲しんでいたのである。充実した時を共に過ごした仲間ゆえの感情の表れがそこには見られたのである。しばらく、別れに心揺さぶられた彼の『周航記』をここで読み進めてみるのはこのためだ。

「別れの場面は私の心をひどく動かすものがあった。我々の友人たちは一人残らず大粒の涙を流したが、可哀そうなマヒネはと言えば激しい悲しみに襲われ、心は千々に乱れているように思えた。彼は船室の隅から隅まで駆け回り、我々を一人一人抱きかかえたのだが、その間ひと言も発することはなかった。彼の涙、ため息、顔つきが、その悲しみのすべてを伝えていた。船が帆を上げたので彼は自分のカヌーに戻り、他の島民たちは皆座り込んでいるのに彼一人は直立不動の姿勢を崩さなかった。彼は我々をじっと見つめ、そのあと頭《こうべ》を下げ、顔を外衣で覆った。我々が岩礁を出てしまってからも、彼が両手を振っているのが目にとまった。彼は我々の姿が見えている間は別れの挨拶をやめなかったのである」。マヒネが、「我々」の中にとりわけ「私」を見つめ、

「私」もまたそれにまなざしを返していたことは容易に推察できることだ。それは、見つめ＝見つめられる関係が八カ月余にわたって続いていた友人同士の、再会を期待できない別れであった。

ここで、もうひとつ忘れてならないのは、このときゲオルゲがソサエティ諸島の住民たちとの別れをも、ひとしく悲しんでいたことである。マヒネと島民の像は重なり合っていた。くりかえすが、マヒネは、その集団の中で育てられ、そのことが彼がゲオルゲにとってかけがえのない友人であり、教師となるために必要な条件であったことをゲオルゲはこのときすでに充分承知していた。マヒネとの別れに続く一文はこのことを如実に示していたといえるだろう。

「このようにして我々は一個の愛すべき民族と別れを告げた。彼らにもさまざまな欠陥はあるが、そのすべてを勘定に入れても、彼ら以上に教育を受けている人々〔ヨーロッパ人のこと〕よりも、おそらく、心が真っすぐで純な人々なのだ。マヒネのような特例を持ち出さなくても、我々は彼らとの間に相互に親しい関係を築くことができていたのであって、社会的な道徳というものが彼らの間ではしばしば実践されているのだ」。「社会的道徳」、それは彼が『周航記』中、くり返し特記する熱帯の島々に生きている「客人をもてなす精神（ホスピタリティの精神）」に他ならない。それは自己中心主義と対極にあるもので、「私」自身、彼らがたった一つしかない果物なども分かち合うなどお互いに助け合っている姿をしばしば見てきたし、彼はそれが、よそものの我々イギリス人にも等しく向けられたことを記録することを忘れない。「彼らはいついかなる時でも我々を親切にもてなしてくれたのであり、その事実を認めないのは恩知らずというべきだ」とはその彼の言である。つまり、彼らは我々も家族の一員とみなしてくれたのであり、人類はひとって相互に助け合うべきものという精神が、この島に、さらには広く南太平洋の島々で生活規範として働くまでになっていたことを、『周航記』をとおして彼は読者に伝えたかったのである。結論を先取りして言えば、旅人ゲオルゲの目は、ことのほか、そのような「発見」された島々の人間精神のありように注がれてゆくのであり、その報告を受けとめてくれる人々が、たとえ少数であってもヨーロッパに存在するとする期待が、彼の三年余にわたる「人間」研究を支えつづけたのだ。彼は、「忘恩の徒」にならぬために、彼らの「もてなしの精神」を、全編をとおして記録しつづけ、それを「哲学的航海記」と呼んだのである。

このような立場から記録に取り組むゲオルゲの方法とクックやラ・ペルーズ、さらには父ラインホルトたちの方法とが相交わることのなかったことを私たちは知らねばならない。天文学者ウェールズも、クック同様、別れに際してマヒネや島の人々がみせた悲しみに注目しているが、彼は読者に、彼ら島民たちが情にもろく、自分たちイギリス人と別れを惜しんでくれたことを告げればよかったのだ（前出、『航海日誌』の付録参照）。書き手は、悲しみの埒《らち》外にあったのであり、彼らの別れへの対応に触発されて、その豊かな人間的な生活規範にまで想像力が及ぶことはなかったのだ。

『周航記』刊行の翌年、「航海記」ならざる『世界周航中に行なった自然誌にかかわる諸省察』（のち『省察』と略記。ハワイ大学出版局より一九九六年刊行）を著し、その著作のほぼ三分の二を「人間研究」にあてた博物学者の父ラインホルトにしても、このようなゲオルゲの探求姿勢に呼応することはなかったのである。彼にとってマヒネは、「一緒に行くのも、島に残るのもまかされていたが贈り物をどっさりもらいオリアデア〔ライエテア〕に居残ることになった」ボラボラ島（いずれもソサエティ諸島の一つ）生まれの若者として片づけられていた（前掲ラインホルトの『航海日誌』）。同じ日の記述で彼が力を注いだのは、島民たちの月の数え方や宗教についてなどであり、彼との別れは、特記すべきことではなかったのだ。

マヒネとの出会いと別れにつきあいながら、ゲオルゲとクックとの大いなる裂け目とその意味について言及してきたが、ここで再び冒頭の食人問題にかえって、この局面でみせたゲオルゲ独自の省察の深さにさらにアプローチし、同時にクックたちの「無知・無感覚」ぶりを、あらためてあぶり出しておきたい。

第一にすぐ気づくことは、クックは、人肉を食すニュージーランド島民や実験に協力したイギリス人士官たちへのマヒネの嫌悪感をあれほど具体的に記述しておきながら――ゲオルゲにもラインホルトにも記録されていない――それを命じた自分自身がマヒネの厳しい目にさらされていることに少しも気づいていない点である。つまり自己省察の欠落がそこには見られるのだ。もし彼が、マヒネの気持ちを充分に汲みとれる人間であるならば、そこであらためて実験を始めはしなかっただろうし、実験を命じたことを悔やんだことは間違いない。

しかし、クックは逆に、さきに述べておいたように実験がうまくゆき、第一回航海のときの仮説が裏づけられて満足したのだ。このような振る舞いはクック一人のものではなく、コンキスタの最前線に生きた「啓蒙的」航海者（後出第三章参照）が免れ得ない無知・無感覚、そして鈍感さを伝えるものではなかろうか。彼らが「発見」してゆく民は、彼らにとって対話の相手ではなく、つまるところ認識の客体にすぎなかったのであり、「発見」した相手の心の奥に分け入る営みは皆無に近かったのである。

これを、クックの無感覚ぶりを示す第一の問題とすれば、第二の問題は、実験材料となった若者の頭部が、なぜ船にもたらされたかについてみせた彼の無知である。若者が島内の内紛で犠牲になったことまでは分かっても、なぜそのような戦いが島内で起こったのかについては、彼は皆目見当がつかなかったのだ。「彼らがこの戦争を行なったのはなぜだか考えてみたが答えは得られなかった」とは彼の『航海日誌』での言である。

しかしゲオルゲはそれを知ろうと試み、一つの答えを得る。クックとの違いは明白だが、それはマヒネを対話の相手として、その延長線上で島民たちとも向かい合う姿勢を育て、彼らの言語の習得にも努めてきたゲオルゲにしかできない発見であった。

ゲオルゲは、ここで、執拗に悲劇の真相に迫ろうとし、我々がニュージーランドにたちあらわれたことがその内紛の原因であり、自分たちの加害責任が問題となるとの認識を示してゆく。殺された若者の両親の悲しみにまで想いをはせるマヒネに助けられての作業であった。

十一月二十二日、彼はこう記述する。「私がとても危惧しているのは、我々がやってきたために彼らと他部族との不幸ないさかいに火がつけられたのではないかということだ。」つまり、ここで彼は戦争の因果関係を浮かび上がらせようとする。我々が知り合いの住民から石の手斧やまさかり、衣類など残らず買い上げ、間違いなく彼らの欲望を刺激することのできるタヒチ産の布切れなどを彼らに見せ、さらに多くのものを求めようとしたために、島民はヨーロッパ人の欲しがっているものを、隣の集団から奪おうとしたのであり、そこに流血の争いが生じたのだと推測し、それはごく自然な成りゆきだとも彼は言い切る。それだけではない。この推測が的を射ていたことを確認してゆくのだ。

問題の頭部を前にして住民たちがみせた反応に彼は注意を向ける。彼らは、それが戦争で殺した若者のものであり、自分たちも戦闘で仲間を失ったと話してくれたが、そのそばでは女性たちが死者を悼んで、とがった石で自分の額を傷つけていたのも目にとまる。彼は言う。「私の以前の推測はいまや充分に立証されたのであり、この惨事の原因を我々は充分に分かっていないのではないかという危惧もまた強まってきた」と。つまり、彼は、自分たちで戦争の原因を作り出しておきながら、しかもそのことに気づかないクック一行のあり方を問うているのである。

この因果関係について言えば、ゲオルゲの父の日記（十一月二十四日）にも言及が見られる。彼は「我々がこの戦闘の原因を作っておきながらそれに気づいてはいないことに私は危惧を覚える」とはっきり述べていたのである。しかし、その内容はゲオルゲとそっくりであり、想像するに父は息子ゲオルゲの語りをそのまま取り入れたのであり、その逆ではないのではないか、ということだ。旅の中でヨーロッパの加害責任を問うということを『航海日誌』の重要な主題とはしなかったラインホルトの方法から私はそう判断したのである。この人肉食という出来事を記録したのも、彼は自然誌の一環としてニュージーランド人が行なう慣習そのものに関心があったからであり、この事件をとおして自＝他関係をあらためて吟味しようとしたのでない。私たちは知っている、このパラグラフのおわりに、彼が「このテーマ」、つまり食人問題についてこれ以上考察を続けるのは疲れたので、別の機会にあらためて取り上げると告げていることを。たしかに彼はその約束を果たしており、さきにふれた『省察』の第六章でそれをこころみているが、これは自然誌部門の最後のほぼ三分の二を占める、客体としての島民たちにアプローチする「人間研究」のパートにあたり、自分たちの加害責任を問う営みとは全く無縁な作業であったのであり、このことからして以上の私の仮説はさほど無理はないのではないかと考えている。

ゲオルゲの省察は、このラインホルトとは全く違う方向へと向かう。つまり食人問題を出発点にして、彼はマヒネの助けを借りてクックに代表される「文明」ヨーロッパ人の独善的姿勢そのものを問い直す作業をいま一歩すすめようとしたのである。

まずは、この問題についてのクックの認識からみておこう。ニュージーランド人が食人種であることに確信をもったクックは、「啓蒙的」航海者として、この「古い」、「非人間的」かつ「野蛮な」習慣を止めさせるにはどうすべきかについて思案し、一つの方向を指し示す（次の引用はクックによる推敲を経た第二の自筆稿による）。

「外国人と交わること」が、それであり、これこそ人類の大多数が文明化されてきた途だ。そうすれば風俗習慣はあらたまり、野蛮な心も洗練されるだろう、と語り、「確固たる統治形態の下で、連合を強化してゆけば、彼らに敵対する人間の数はさらに減ってゆき、この人肉食という習慣は行なわれなくなり、時がたてばすっかり忘れ去られるだろう」とニュージーランド人に指針を示しながら、食人行為は彼らがこれまでよそ者と交わることがなかったからで相手に捕まれば自分も食われると思うからだ、と彼らの心の動きを推察までしてみせるのだ。クックがどこまではっきりとした食人習慣廃絶のプログラムを持っていたかは確言できないが、それはイギリス国家の下で「連合」し、その働きかけで彼らが文明化するとする将来像と矛盾するものではないことは確かである。「われひとり文明を手にせり」とのヨーロッパ人の独善的見方がここには働いているといっていいだろう。私たちは、ここで、クックに与えられた秘密訓令の文言を想い出さざるを得ない。南方大陸が発見され、そこに住民がいれば「連合」を結べ、とのすすめがそれであり、それが相手の独自性を認めた対等な連合でなかったことは、十五、六世紀以来の、大航海が先導したヨーロッパによるコンキスタの現実が教えてくれている。

ゲオルゲはこのようなクックの見方に異議申し立てを行ない、もう一つの途があり、それは、クックのいう「大南海」においてはいくつかの島ですでに島民たち自身の相互交流によって実現されてきたと語り、他方でヨーロッパの文明がニュージーランド人の食人習慣の非人間性を改めてゆけるだけの人間性を備えているのかと問いかけてゆくのである。

この前者は、南太平洋の島々にゲオルゲが発見した独自の地域「文明圏」の問題とも深くかかわっており、それは第四章であらためて取り上げるつもりであり、ここでは後者の問題に限ってゲオルゲの議論に耳を傾けておくことにする。

ゲオルゲにとってみれば、ヨーロッパ人による文明の強要に島々の未来を賭けることはできなかった。まず彼は食人習慣について彼なりの位置づけを試みる。食人の例がいくつか見られたからといって、人肉を食す楽しみのために人を殺すという行為が一つの民族全体に広がっているとするのは間違いで、それは社会の存続と相容れない。たしかにこれまで些細なことが原因で相手を憎み、復讐しようとする情念が生まれ、ついには食人行為に走った人々もいた。ところがいったん相手を食べつくしてみると人肉が美味で健康に良いと分かり、それがいつしか習慣になったとは充分に考えられる。だから、この行為はそれ自体自然に反することでもなければ犯罪でもない。彼の議論はさらに続いてゆく。「食人が危険なものになるのは、それが相手のことを思いやるという人間的感情を奪いとってしまうという一点だ。実はこの同胞愛こそが文明社会の大切な土台をなすものであり、人々の間に文明化が進んでくると、食人行為がおのずとなくなってくるのはそのためだ。」と、文明化一般に解決の途をたくしていく。しかし、それがヨーロッパ的文明化と等置されるものでないことを、ここでは注意しておかねばならない。

クックとの違いはここから後である。ゲオルゲは、文明化されたと自覚しているヨーロッパ人に向かって、自らを省みるよう促すのだ。あなたたちは、人肉食の非人間性を断罪する資格があるのかと。次に彼の言葉をそのまま引用しておこう。

「たしかに、我々が文明化を大いに進め、今や食人習慣をみることはないという事実は認めよう。しかし、我々は、ただただ君主の野心や妃の気まぐれが原因で戦争を始め何千という相手ののどをかき切っても、それが自然に反することでもないし、野蛮ではないと考えているではないか。我々が、人間の生命を奪っても何ら良心にやましいところがないというのに、生命のない人間の肉を食べるという考えに不快感を示すというのは偏見というものではないか。たしかに人肉食という習慣は人間を冷酷にし、野獣同然に変えてゆくものであり、わが水夫たちの何人かと同じように、文明化された人々は人間が人間を食べると考えただけで吐き気をもよおしたとしても不思議ではない。しかし、実はこの同じ文明人たちがこれまで食人種の間でも見られないような蛮行を犯してきていることを我々は知っている。ただ自分の楽しみのために、母親の胸から引き剝がした幼児を冷血漢よろしく地上に投げ捨て犬に食べさせるヨーロッパ人というものと、殺した敵を食べるニュージーランド人とを同じ人間とみるわけにはゆかない。」こう結んで彼は、あの『インディアスの破壊を弾劾する簡略なる陳述』を書き上げたラス・カサスのことを注記する。「司祭ラス・カサスは、自分の目でアメリカの地でスペインの兵士たちが犯したこの極悪非道な犯罪を見たと陳述している」と。

ここでほんの少し脱線して証言者としてのラス・カサスとつき合っておこう。ゲオルゲの結語が持つ重みを受けとめるためには必要と考えるからである。問題の小冊子は、一五五二年にスペイン語で公刊されるが、以降相次いでヨーロッパ各国で翻訳刊行され、ゲオルゲも、いずれの版かは分からないが、それを手にし、スペイン人でありながら、いやスペイン人キリスト教徒であるがゆえに自国の兵士たちによる「新世界インディアス」の破壊を容赦なく追及してゆくラス・カサスの姿勢と、そこに語られた内容の真実性を深く心にとどめていた一人であったのである。一五二二年にドミニコ会に入会したラス・カサスは、一五四四年から『陳述』刊行直前の一五五〇年までは、新世界布教上の重要拠点の一つチアパで司教位に就くなど「平和的」な布教にも力を入れ、インディオの幸せをこの世で実現してゆくための闘いを生涯手放さなかったが、忘れてならないことは、その彼が、かつて植民者としてエスパニョーラ島征服戦争に参加（一五〇三—

〇五年）し、さらには、キューバ制圧にあたっては一五一二年からほぼ二年間従軍司祭の仕事に就くなど、最も破壊が激しかったコンキスタの最前線に生きたという事実である。その経験が、ラス・カサスに非人間性が最も露に示される戦場のかけがえのない証言者としての責務と加害責任をともに引き受けさせてゆく原点となったのであり、彼は生涯そのことを自覚し、思索を深め、行動を律していったのである。

少し長いが以下に引用するのは、そのラス・カサスが目撃したシーンで、ゲオルゲは食人問題に触発されて、このくだりをはじめとするラス・カサスの現場からの生々しい報告を想起したものと思われる。

「このとき彼ら〔ラス・カサスは『陳述』をとおして加害の主体は「キリスト教徒」もしくは「スペイン人キリスト教徒」と総称する〕は、インディオを一刀両断したり、一撃で首をはねるかと思えば、内蔵を露出させたりして腕を競い合い、それを賭け事として楽しんだ。母親の乳房にしがみついている赤ん坊の足をつかまえて引きはがし、岩にその頭をたたきつけるものもいた。また、げらげら笑いながら面白半分に赤ん坊を仰向けに河に突き落としておいて、水に浮かんでいる格好を見て、「こん畜生、まだピクピク動いていやがる」と嘯《うそぶ》くものもいたかと思えば、幼児を母親もろとも剣でつき殺すものもいた。彼らの目に入るものはすべて、このような運命を免れなかったのである。」（現代企画室刊『陳述』「エスパニョーラ島」の項、二七ページ）

ここで再び本題に戻るが、ゲオルゲが本文中では、あえて問題の「冷血漢」たちをスペイン人と特定せずヨーロッパ人として、彼らが見せた、人肉食をはるかに越えたこのような残虐性を、総じて自分たち文明人の問題として受けとめようとしている点に注目しておきたい。それは、その非人間性をスペイン人特有なものとすることで自分たちを免罪できるとする自国中心主義からも、文明人としての使命感に酔うヨーロッパ人の独善からも解き放たれた立場からなされた発言であり、マヒネとの「対話」もこの立場ゆえに実現したことは間違いない。いや、その立場をマヒネとの対話は、いよいよ確固たるものにしていったのである。両者が積み重ねてきた交わりが促した「発見」が、十五、六世紀にヨーロッパが全世界を対象にコンキスタをはじめて以来、営々としてつくり上げてきたヨーロッパ人を最上位に置いてよしとする「人類の地図」の虚偽性を決定的に打ち砕き、それとは決別した新しい人間の発見を促す役割を果したことを確認してこの章をおわりにする。

第二章　「世界の一市民」として

——イギリス海軍当局とのたたかい

さきの章でマヒネとゲオルゲの魂の交流をとおして見えてきた問題、つまりマヒネに体現される熱帯に暮らす島民たちの豊かな想像力、彼らの人肉食を芟除《さんじょ》すべき悪習と位置づけながらも自らの非人間性には全く気づかないヨーロッパ人の独善性、彼ら自身の加害責任への無感覚ぶりなどにつき、考えてきた。しかし、これらの問題は、両者の関係に限らず、つづいて広くゲオルゲの『周航記』全体を読み解く作業によってさらに深められてゆくはずで、はじめはそのつもりでいた。しかし、すべてを読み終わり、ゲオルゲとの対話がいくらか進んだ今は、その前に、あえてテクスト本体から離れてその「まえがき」とじっくりつきあっていただくのがゲオルゲの方法に近づくのにふさわしいやり方に思えてきたこともあり、後戻りすることにした。

この短い文章は、一七七七年二月二十八日に本文を脱稿した直後に、それを受けて三月一日に執筆されており（『周航記』刊行は三月十七日）、したがって、この「まえがき」は、同時に「あとがき」でもあり、著者ゲオルゲによる脱稿後の本文への解説として読むことができる。つまり、そこに『周航記』執筆・刊行の動機や意図、その方法のエッセンスが読み取れる仕掛けになっている。本文自体も、実は日誌として航海中に書き継がれたものではなく、帰国後、父親ラインホルトが持ち帰った「日誌」(前出ラインホルト著『航海日誌』のこと)や自分の覚書を参看し、旅の間に鮮烈に刻み込まれた記憶に助けられて、一気に書き上げられた作品で、「まえがき」との一体性、連続性は明らかだ。

その点で、たとえばコンキスタの発端に生き、前記『陳述』刊行後その批判をさらに徹底して行なおうとしたラス・カサスの歴史記述『インディアス史』の「序言」と全く違う性格を備えていた。この「序言」は彼が本文に取り組む前に稿が起こされていたために、ほぼ十年間書き継がれ、予定の半ばでひとまずひと区切りがついたときは、それは、もはやその作品の「まえがき」の用は全く果たさなくなっていたのである。つまり、それは、「まえがき」でもなく、いわんや「あとがき」にはなりえない文章となっていた。そのことを誰よりも承知していたのは当のラス・カサスであったが、執筆途中から、精魂こめたこの未完の大作が当面は刊行することがかなわないと見てとった彼は、公刊を断念し、そのためか「序言」の書き改めに取り組むことはなかったのである。しかし、このおかげで、読者は本文を読了後「序言」に立ち戻ったとき、執筆開始時にくらべてラス・カサスの歴史的省察がどれほど広がり深まっていったのかという問題に目を開かせられるという珍しい経験をするのだ。

ゲオルゲの「まえがき」は、さきの成立事情にみるように、『インディアス史』の「序言」とは全く違った位置を主張する。読者に、本文読了後、つづいて「まえがき」を読み返してほしい、と。両者の往還作業を試みたことのある私は、いまその要請が全く当を得たものと考えている。「まえがき」は、たしかにまず読者を作品世界に導き入れる役割を果たしてくれはしたが、本文

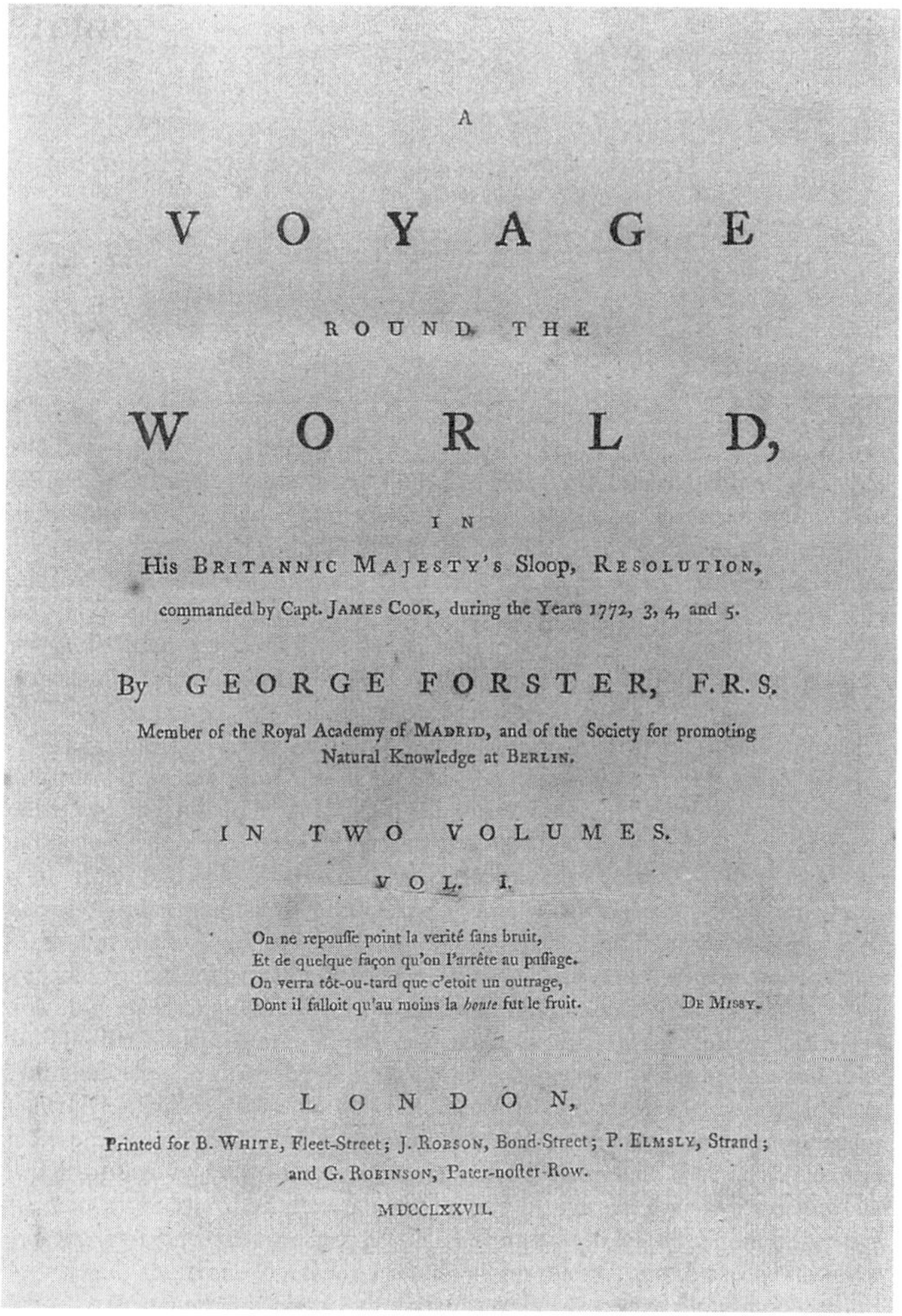
A

VOYAGE

ROUND THE

WORLD,

IN

His BRITANNIC MAJESTY's Sloop, RESOLUTION,

commanded by Capt. JAMES COOK, during the Years 1772, 3, 4, and 5.

By GEORGE FORSTER, F.R.S.

Member of the Royal Academy of MADRID, and of the Society for promoting
Natural Knowledge at BERLIN.

IN TWO VOLUMES.

VOL. I.

On ne repouſſe point la verité ſans bruit,
Et de quelque façon qu'on l'arrête au paſſage.
On verra tôt-ou-tard que c'etoit un outrage,
Dont il falloit qu'au moins la *honte* fut le fruit. DE MISSY.

LONDON,

Printed for B. WHITE, Fleet-Street; J. ROBSON, Bond-Street; P. ELMSLY, Strand;
and G. ROBINSON, Pater-noſter-Row.

MDCCLXXVII.

ゲオルゲ・フォルスター著『世界周航記』初版の扉

読了後あらためてこの「まえがき」を読み返したとき、以前の読みが、いかに浅いものであったか、気づかされたからである。
「まえがき」は全集版で九頁弱のごく短いスペースしかないが、実に多くの問題をはらんでおり、その性格をひとことで言えば、二十数歳の若者の書いたたたかいの文章である。独自の『周航記』をたずさえて、公然と世の権威に立ち向かおうとする青年の気概にまず引きつけられる。権威とは何か。その第一は近々刊行されるはずのキャプテン・クックの「航海日誌」をもとにした『世界周航記』であり、第二はその公刊を後押しし、他方で父ラインホルトが望んでいた「航海記」公刊の計画を台無しにしてしまった海軍当局とその周辺に群れる学者たちであった。

　クックの「航海日誌」は、海軍の承認の下、編者ジョン・ダグラスの推敲を経て、ゲオルゲの作品よりほぼ一カ月後に、航海に参加していた画家ホッジスの絵（実は版画）やクックはじめ他の乗組員たちの手になる地図など多数収めて――ゲオルゲはそれらを使うことは許されなかった――『世界周航記』として刊行（海軍大臣サンドウィッチ卿への「公開詰問状」によればゲオルゲは販売部数を三〇〇〇とみる）されたが、その「序文」は読者にこう語りかけていた。
「南半球の知られざる部分を探索することは学者仲間やヨーロッパの海事国家の長年の課題であり、そこには海洋しかないのか、それとももう一つの大陸があるのかについて決着をつけるために私は陛下によって派遣されたものであり、ここにその探索の次第を報告する」（傍点は筆者）と。

　国家やそれとタイアップした学者の要望にこたえて海洋の空白を埋める仕事に賭けた姿が、明示されており（第一部第二章参照）、先述したように、「人間の発見」は副次的関心事であったことがここにも示唆されている。

ゲオルゲは有力なパトロンを誰一人もたず、南半球周航事業にかかわる全情報を独占するこのようなクックの公的報告に挑戦してゆこうとする。「まえがき」のはじめから、『周航記』執筆に踏み切らせた直接の動機として、出発前には海軍関係者から、帰国後は発見の成果を航海の進行に合わせて書きとどめる航海記を執筆するよう依頼されていた父が、最終的にはその仕事から排除されていったプロセスと、そのように彼をおい込んだ海軍省への憤懣やるかたない思いを書き込んでいるところにも、その姿勢はうかがえる。それをさらに克明に書き綴ったのが、『周航記』刊行の一年あと公けにした小冊子、前記の「公開詰問状」（一七七八年六月一日）であるが、その問題には深入りしない。

ここで注目したいのは、自分の『周航記』が当局のバックアップを受けたクックの公的報告とはどのように異なるのか、その存在価値を主張するやり方である。

そこでは、父親との連帯感を踏まえて、自分たちの方法の独自性がまず強調される。たしかに、さきにもとり出したように、ゲオルゲは、航海が進むにつれて、言いかえれば、先住民たちとの接触が深まるにつれて、彼らをどう認識し、どう関係をもつべきかについて父とは次第に距離を感じるようになっていたのだが、しかし、父と共にたたかう立場を前面に出すこの「まえがき」の性格を考えて、その問題には何一つふれず、主語は「我々」として議論を始める。

はじめに父がなすべきであった仕事についての彼なりの位置づけ方から入るのはそのためであ

る。「私の父」は訓令などに縛られず、生来の「学問への愛」の命ずるままに「あらゆる対象」に観察を拡げ、今回の航海から得られる限りの成果を持ち帰り、帰国後はさきに述べたような「航海記」を書くよう求められていたと、父同様に理解していたゲオルゲは、それをあえて「哲学的航海記」と呼び、その執筆に当っては「偏見」や「俗見」にとらわれず、また根拠のない体系化などには目もくれず、ひたすら「人間の本性」に迫るよう努めねばならず、そのためには人類は皆わが仲間として等しく愛するという立場に立たねばならないのだ、と彼は言い切る。南太平洋上の島々に住む人々に対するこの立場が、住民たちを観察の客体、いいかえれば文明化すべき相手として見る方法から一歩も脱け出ないクックたちの航海記との違いを際だたせており、ゲオルゲはそのことを充分に自覚していた。父が試みようとした航海記は全く新しいジャンルであり、これまでもヨーロッパの学問世界で一度も著されたことがないとは、その夢を引き継いで『周航記』を書き上げたゲオルゲの自負でもあった。

住民をも動植物と同じカテゴリーにとりこむ従来の伝統的自然誌記述との決別の姿勢はゲオルゲに一貫しているが、彼は父に託された仕事もその線上にあったと言いたいのだ。父は単に珍しい動植物の採取のみを期待されていたのではないとの言葉の中に、その思いのほどがうかがえる。それは、具体的にはラインホルトを植物学者や博物学専門家に、さらにはゲオルゲをその助手に押し込めようとする当局への抗議にほかならない。

このような当局の態度の被害者は父だけではなく、ゲオルゲ自身でもあったとの自覚を踏まえて彼は必要に応じて主語に「私」を取り込んでゆく。「この探検旅行の間ずっと、私は父の助手として働くように命じられていたので、そのような記述〔哲学的航海記のこと〕を著してゆくのは、少なくとも私の義務だと考えた。あれこれ考えたあげく、父が自らその仕事をやりとげる権限を奪われてしまった今〔一七七六年四月十三日の当局との取り決めで時間軸に沿った「航海の記述」はクックの独占となったこと〕となっては、いよいよその義務を果たさねばとの思いは募ってきた。それは我々が読者大衆に対して果たすべき責務の遂行であったし、それに私自身、航海の間、そのような記述に必要な材料を充分に集めてきた」と。「私」には父が海軍当局と結んだ契約に縛られず、航海記、他ならぬ哲学的航海記に取り組む自由もあれば、権能もある、と彼は敢然と声を上げたのである。

いまや一個独立の書き手として、なぜ同一の航海に、二つの航海記が必要なのかとの読者の疑問にこたえねばならなくなる。

そこで彼が第一に掲げた理由は、航海の遂行に責任をもつ海軍軍人クックと、自由な旅人である私の立場の違いが生み出す両作品の違いである。彼はここで、航海の参加者は、指揮官をはじめ、天文学者、博物学者、それに画家、それぞれが個別の経験を踏まえて異なった記録を生み出すもので、したがって特定の一個人による記述に集約できるし、そうすべきだとする考えに反対しているのだ。ポジティヴに言えば、本文を脱稿した彼は、クックが発見しえない世界を読者大衆に提供できるとする自負を前面に押し出し、クックと当局にたたかいを挑んだのである。

これがクックの作品とは別に『周航記』を世に問うたすべての理由とも言えたが、彼は他にも、今度は自分の作品のメリットを挙げてその理由づけを強化してゆく。『周航記』は、編者や国家権力の介在なしに完成した自分一個の作品であるとの主張がそれである。国益を考えての削除もされてなければ編者による書き換えもなく、文章も、私の文体がそのまま生かされている、というわけだ。「まえがき」の別の箇所で、文体に欠陥はあると思うが、分かりやすい表現に努めたと自信のほどを隠さない彼である。彼の読者は、専門家集団でもなければ、自国民に限られはしなかった。「世界の一市民」(さきの「公開詰問状」で用いられた言葉)としての自覚の下に、自由な立場で明快な言葉を駆使して、広く地球上に自分たちと同じ仲間が、それぞれ個性的な暮らしを創り出していることを、国境を越えて伝えようとしたのである。

クックの公的報告書との違いを明示したあと、次に彼がとりかかったのは、内容に真偽入り混じり、全体像も見えてこない、同時代に流行していた航海・旅行記の類と、それにふりまわされている哲学者たちを批判し、今回の「哲学的航海記」の意味を明らかにしてゆくことだった。彼らと違って「私」は旅の中で哲学を実践しようとしたのだとの自負を踏まえて、彼は『周航記』が果たしうる役割を予言する。彼のいう哲学的旅行者とは、自分が発見したと思ったことにこだわり抜き、それを踏まえて次なる発見へと進み、多様な事実を結びつける洞察力を磨き、そこから全体的な見方を創り出してゆく人たちのことであった。彼は、これを実践し、その関心は、とりわけ人間の精神とはどのようなものかに向けられてゆく。

注意しておくべきは、彼は自分の旅行記が客観的な唯一の真実を伝えているなどと自惚れてはいなかったことだ。要は読者をさらなる発見へと促すだけの基礎作業の提示であった。しかし、彼は、発見にあたって主観をおそれはしない。

「私は、ときには私の心が強く命じたことにしたがい、私の感情をそのまま言葉にした」と彼は言い切る。自分が色眼鏡をかけていることも認める彼は、しかし、そのために対象が見えなくなるほどそれが黒ずんではいないとも言う。彼がここでいう感情とはなにかを、ひとことで言えば、人類感情といえるかも知れない。彼は旅の中で、南太平洋上の島々に暮らす人々に対等な仲間を発見していくのだが、そこに育まれたこの感情が、彼らの人間性を確認させ、彼の他者認識を深めてゆく大いなる要因となったことは疑いない。

このような自覚をもつかぎり、人生経験が少なく、もの書きとしても認知されず、船乗りとしては素人の彼も、それをハンディキャップとはとらえず、逆にプラスに転化させることができたのだ。私には若者の通例として人類というものを好意的に見すぎるという欠点があるかも知れないが、読者の大半はそのような感情に共感を示してくれるはずとは、本文第二章末尾に書き込まれた彼の言葉である。『周航記』全体をとおして、彼は人類感情をいよいよ強め、そのような彼を裏切ることのない人々の存在を機会あるごとに読者に伝えようとする。『周航記』は人類感情に発し、そこに帰着する彼の人間研究の深化と拡大のプロセスの全記録と言っても過言ではない。

出会った人間集団について記述するにあたっては「私は我々人類全体の進歩と繁栄のことを念頭においていたのであり、個々の民族集団に対する私の好悪の気持に左右されて相手を誉めそやしたり非難したりしたことはない」と、断言することができたのは、彼の心にいよいよ生き生きと働くようになっていた人類感情のせいであろう。大切なことは、以上述べた方法態度が、旅の中で出会った諸集団との交わりの中で身についたものであり、しかも、その人類感情が、マヒネの例を見るまでもなく、彼ら個々人に例外なく向けられていたことである。

このような彼にとって、どうしても言及しておきたい問題が、クックの僚船アドヴェンチャー号がイギリスに連れ帰ったソサエティ諸島出身のオマイに対するイギリスでの処遇の仕方であった。彼は、クックが第三回目の発見航海に出発するとき、故国フアヘイネ島（ソサエティ諸島の一島）に送り返されるまで、ほぼ二年間もロンドンに滞在することになったのである。それは、イギリス人、とりわけロンドンに住む支配層とそれを取り巻く学者たちの人類感情が試されるチャンスであり、ゲオルゲは、それをこそ「まえがき」で問おうとしたのである。彼の「世界の一市民」としてのたたかいは続く。しばらく当の「まえがき」の記述に従うことにする。

オマイがイギリスで受けた二年間の教育とは何であったのか。帰国に際してはどのような仕度をしてもらったのかと、彼はまず設問する。はじめ彼を迎えたのは、宮廷に蝟集する貴顕たちであり、メトロポリス（ロンドン）の爛熟した文化が提供する楽しみから彼が学んだものは、文明社会の虚飾ともいうべき礼儀作法であり、彼が日々接触する人々の習慣や楽しみ方であったと、オマイの暮らしぶりを白日の下にさらしたゲオルゲは、その教育責任を自国民、とりわけロンドン市民が果たしていないことを問題にしてゆく。彼らはオマイの故国でもきっと役立つはずの、文明社会が創り出してきたものの中からすぐれたエセンスを選び取れるだけの能力を育てていく機会を彼に与えず、さらに言えば、帰国後のことなど彼に忘れさせてしまったのであり、その意味でオマイは「文明社会」の被害者というべきである、とはゲオルゲの認識であった。オマイも、マヒネ同様、同じ人類として彼の仲間であり、とりわけ理解力に欠けていたわけでもない。多くのポリネシア人と交わってきたゲオルゲは、「オマイがわが農業、技芸、さらには工場生産などについて何ほどか知ろうとしなかったなどと考えることはほとんど不可能だ」と言い切れたのである。要は、二年間、誰一人彼のこの願いを受けとめ、その能力を磨き、さらに言えば、我々の高い道徳性や啓示宗教の諸原則を伝え、彼を独立した「一市民」として島に送り返すだけの教育をする人が現れなかったということだ、と。彼の痛恨の思いは深かったのである。それは我々との別れを悲しみ帰国するオマイに与えられた贈り物を目にしていよいよ強まってゆく。そこには彼の国で生活に役に立つような物品は何一つ見出せなかったからである。教育すべき責任を放棄し、彼が市民としての知を獲得し、道徳を高め、故国の人々に幸せをもたらし、規範を与える人間となる途を閉ざし、加えるに有用な物品も何一つ持たせないやり方にゲオルゲは失望を隠さない。

私たちはここで彼とクックとを隔てる決定的な溝に思い至るのだ。クックは一七七六年六月二十四日付の『第三回航海日誌』の中でイギリスを離れるオマイの心の動きを推し量りつつ、彼なりの仕方でオマイの帰国を位置づけていた。つまり、オマイは最終的には充分に満ち足りて帰国に臨んだのであり、彼を二年間にわたって処遇し、さらには故国で役に立つと思われる品々をはじめ多くの贈り物を帰国する彼に与えることで、イギリス国の偉大さと寛大さを島の人々に印象づけるという目的――ここで私たちは、タヒチ島民アオトゥルーをフランスに連れ帰ったブーガンヴィルの同様な思惑を想い出す――はみごとに達成されたことを確認しているのである。

ゲオルゲがこのオマイ問題をとりあげたとき、一七八四年に刊行されたクックの第三回『世界周航記』（ダグラス編）を読んでいないことはいうまでもないが、彼はクックに代表されるこのような考え方が、国民の主流をなすものであることを承知していたものと思われる。

それにもかかわらずゲオルゲは、オマイを乗せて前年大航海に出発したクックたちの航海にかすかな希望を託す。それがタヒチの人たちに贈る家畜を積み込んでいたからである。彼はこれまでの経験から家畜が島民たちに役立つことを知っていたのだ。このような思いを込めて、ここから最後までのスペースを使って彼は今後の「発見航海」のあるべき姿を描き出そうとする。それは彼自身が大航海で手にした人間の発見を踏まえてなされた、発見航海の組み替え要求ともいえるものであり、ヨーロッパ人によるヨーロッパのための発見航海からヨーロッパ人による島民たちのためのそれへの転換であり、国家エゴイズムを越え出た地点から構想されたものであったのである。

彼はそのような航海の目的を二つに絞る。第一が家畜を島々に届けることであった。家畜は彼らの生活を豊かにするだけでなく、家畜を飼育してゆく上で必要なさまざまな手続きをこなす中で彼らの知的能力も高められてゆくことが予測されたのだ。島に住む自分たちの仲間が人類の一員として物質的に富み、さらには知的に向上することを約束する航海は、それを組織した人たちに不滅の栄誉を与えるのであって、その意味では、クックの第二回航海の最大の功績はタヒチ、フレンドリー諸島、ニューヘブリディーズ諸島、ニューカレドニアへ、それぞれ土地に向いた家畜を届けたことだともいえる、と。南半球の空白を埋めることに最大のエネルギーを割き、それが達成されたことを自讃するクックへの批判がここに込められていたと想像するのは思い過ごしだろうか。それだけに、今後の発見航海は国益を念頭におかず、しかも心の狭い当局の手から離れて遂行されるべきであり、そのような航海の必要は減じることはない、とは彼の方向づけであった。海軍当局やクックの「発見」航海事業へのたたかいはここでも続いていたのである。

つぎに彼の第二の目的に移ろう。最終的に彼は、ヨーロッパ人読者に未知の空間に住む人間の発見を促すようなたった一つの記述がのこされ、また遠くの島々に住む人々の幸せに貢献できるようなたった一つの行動があれば、大航海の労は報いられるのだと述べているが、この前者、つまり彼が「哲学的航海記」で試みたような省察を生み出す母胎として役立つ大航海を望んでいたことが、ここから推察される。彼は、のちに続く旅人たちが自分の仕事を引き継ぎ発展させてくれることを願い、発見航海の担い手たちに対しては、破壊を避け、彼らを幸せにできる行動をとることを求め続けたのである。

しかし、家畜を送り込み、遠隔地の住民への省察を深めるという、二つの目的に絞り込んだ発見航海が、現実に組織されることなどほとんどありえないことを、彼が知らないはずはなかった。あの「啓蒙的」航海者クックの第二回航海でさえ、島々に数々の破壊をもたらしたことを、彼は目撃してきたのであり、それを組織するのが海軍当局であり、乗組員たちも、その島民認識においてロンドン市民と本質的には何らかかわるところがないとあってみれば、彼のこの組み替え要求は、せめてこれだけは実現してほしいとの願望が、形をなしたものといってよいであろう。

以上が、クックらとのたたかいで始まり、たたかいで終わった「まえがき」の世界であるが、次はこのような文章を『周航記』冒頭に書かせたもう一つの要因である島民たちとの彼の出会いが語り出す具体相に話を移すことにしたい。

第三章　験される「啓蒙的」航海者たち
――タンナ島での十五日間

すでに前章末尾で述べたように、私たちは『周航記』の「まえがき」で、さらなる発見航海はなお必要だが、それを進めるに当っては国益中心主義と手を切るべし、と主張するゲオルゲの立場を知らされた。彼はこのとき、当局が構想する世界戦略の枠の中で「啓蒙的」航海者たちが推進してきたこれまでの発見事業を全否定もせず、丸ごと肯定もせず、第三の途を選べと示唆したのだ。いや、そこにしか発見航海の未来はないと考えていたと言うべきかも知れない。

彼は自らもクックの航海に参加し、発見がそのほとんどの場合、破壊を伴うという現実を、目の当たりにして、加害者としてのヨーロッパ人という自覚をもつようになってきたのである。彼が航海の過程で地形の確定や珍しい動植物の採取という成果に酔うことなく、自分も含めてヨーロッパ人全体の行動を省み、発見された人々の実像に迫ろうと努めたのは、そのためだ。見つめる自分たちも見つめられているという対等な人間同士の緊張した関係をはっきりと自覚した彼にとって、自己省察と他者認識は不可分なものであったのだ。

さきに第一章で述べたマヒネとの出会いは、そのような彼の方法態度を如実に伝えるケースであったが、同様な営みは『周航記』のあちこちで認められる。いや正確に言えば、その方法は南太平洋の住民との交わりの中で彼が身につけていったものであった。その意味で、日を追って深まってゆく自＝他認識を記録する『周航記』は、どこであれ目を離すことはできず、したがってつまみ食いを許さない内容を備えており、特定の空間や集団に問題を限定すべきではない。しかし、タンナ島（ニューヘブリディーズ諸島の一つ）での出来事を記録した箇所（以下、「タンナ章」と呼ぶ）に、とりわけ私は引きつけられたこともまた確かである。タンナは、彼にとっても、『周航記』中、ただ一度だけ初めて「衝撃的な出来事」と表現せざるを得なかった事件を経験した特別な空間であり、帰国後も彼を捉えて離さない島であり続ける。タンナへの立ち寄りが一七七四年八月五日であり、それまでに、ニュージーランド、イースター島、マルケサス諸島、さらにはソサエティ諸島やフレンドリーの島々で磨き上げてきた彼の感性や認識方法のすべてを、タンナ章に投入してゆけたことがそこに大きく作用したといえるだろう。このことがあってか彼は、わずか一回きりの二週間の滞在記に全集版テクストで六十余頁も割いてゆく。私たちが今回、タンナ島に一つの章すべてをあてたのは、このようなタンナの位置を大切にしたからである。

『周航記』は前章で述べたように、そのすべてにわたってクックの航海日誌同様、時間の経過にしたがった記述方式をとり入れており、読者もゲオルゲによる日々の発見をそのまま追体験して旅を進めてゆける仕組みになっていた。たしかに、さきに述べたように作品としては帰国後構想され一気に書き上げられたものであったが、記録された出来事がいつ、どのような順序で起こったことなのかについては、ゆるがせにされず書き込まれていたのである。彼は、南太平洋上での島民たちとの出会いをとおして、必要とあれば自らの感性にゆさぶりをかけ、先入見をただし、人間みな兄弟との認識にゆきつくのだが、その筋みちを、心ある読者（彼の言葉にしたがえば「人類の友」）に納得してもらいたかったのだ。彼にとって肝心なことは発見の成果ではなくプロセスであった。したがって、『周航記』がとり入れたこの記述方式は、クックの航海日誌との対抗上というよりも、このようなゲオルゲの意図が要求した方法に他ならなかったと言えよう。

確かにほとんどの航海記が、コロンの第一回航海記以来、基本的には、日誌方式をとり入れていたが、それらとこれは似て非なるものであった。くり返すが、はじめての他者との出会いにあたっては内省的態度を崩さず、時の経過の中で彼らに対等な仲間を発見してゆくゲオルゲの姿勢を、それらの航海記に見出すことはないからだ。彼が「まえがき」で、父とともに自分が企てた「哲学的航海記」はこれまで一度もお目にかかってないと自負したのもうなずけることである。全く新しい航海記を書き上げることに彼は賭けたのだ。しかもそれは、父の考えていた航海記とも異なる方法に基づくものであることをゲオルゲははっきりと自覚していたものと思われる。その主題は、「自然」とは区別された人間の発見であった。そこでは、自分も含めたヨーロッパ人と島民たち相互の交わり方がたえず問われたのであり、当然のことながらそれは双方のおかれた情況により違った様相を呈するものであった。イースター、マルケサス、そしてタヒチへと旅の経過とともに出会う人々はそれぞれ固有の自然環境と歴史的文脈の中で生きており、当のゲオルゲ自身も、経験を重ねる中で相手を見る目を変えてゆくのだ。それは、同一空間内においても同様に起こることであり、彼は、見つめ見つめられる関係の中で、双方の関係が日を追って変わってゆくプロセスを見逃さない。

タンナ章はその最たるサンプルであった。ここでゲオルゲは、武力を誇示して上陸してくるクック一行に対峙して、はじめは彼らを「侵略者」とみなし、不安におののき、一人残らず武装し、警戒をゆるめなかった島民たちが、基本的には最後までその集団対集団の緊張は続く中で、ゲオルゲたちが集団とは別行動をとるときには、それまでと違い、次第に、いや急速にというべきか、心を開いてゆく経緯に着目し、それを心躍らせる発見として、日々記録してゆく。

しかし、タンナ章が私を引きつけたのは、ゲオルゲのみが開示しえたこのプロセスを再現した「滞在記」に限られるものではなかった。彼はそこで、タンナという一地域で二週間の間に起こった出来事をとおして、十八世紀後半に登場した新しい大航海者たちが例外なく受けとめてゆかねばならない深刻な問題を提起してゆくのだ。私が、タンナ章における「二つの省察」としてとり出す箇所がそれに当るが、いずれもタンナ滞在の最終日に書き込まれていた。一つはゲオルゲによって現実的根拠をもたない「間違った省察」とされ、もう一つはこれに対して真実の省察ともいうべきものだが、読者はいやおうなしに、ここで二つの省察を読みくらべながら、ヨーロッパの進めてきた発見事業全体を問い直すことを要求される仕掛けとなっている。滞在記部分にくらべてごく短いものだが、これまた見逃すことのできないパートを構成する。島の自然誌記述については彼もタンナ章の最後にまとめているが、ことこの箇所については父ラインホルトの観察(前記『省察』や『航海日誌』)と大差はない。

以上が、ゲオルゲの方法に即したタンナ章の構成とねらいであるが、前おきはこのくらいにして、問題の滞在記に移りたい。その主題は島民たちとクック一行、とりわけ前者とゲオルゲ自身とのかかわり方を対象化することであり、それは、ラス・カサスがあの膨大な歴史書『インディアス史』で主題とした、自然誌（「イストリア・ナトゥラール」）と区別された「イストリア・ヘネラール」との取り組みを想い出させるものがあった（『世界史への道』後篇参照）。

このすべてをここで再現することはできないし、その必要もないので、ゲオルゲ独自の方法を伝えるうえで注目すべき箇所のみ取り出すことにする。なお、そのとき大切なことは問題の出来事が何日目に起こったことかという点であり、あえて日付は記さない。

まずは上陸直後の記述に目を向ける。彼が気づいたのは、一人のこらず武装し、不安なまなざしをイギリス人に向けた島民たちの存在だが、それに対するクックの対応も見逃さない。大砲の威嚇射撃を手始めに、給水地への通路を確保すべく、住民に二項目の命令を出すクックが登場する。それは武器を捨て地面に坐り、自分たちが砂浜に引いた二本の線の内側には入らないように、というものだった。タヒチなどでは見られなかった一方的要求である。

クックのこの島民対策はさらにエスカレートし、翌日になると、島民への警戒心から先の線引きだけでは不安とみて、打ち込んだ棒にロープを張り、両側に兵を立ててゆくのであるが、ゲオルゲはといえば、相手の中に、ひと握りではあるが、自分たちに好意を寄せる島民を目ざとく感知する。このように両者の対照的姿勢は上陸直後から明らかであるが、それは滞在が長びくにつれ、いよいよはっきりしてくる。全体としてはクック一行の島民への警戒心は最後までゆるまず、住民側も一日も早い出帆を望む関係は続くのだ。私たちはここで、ブーガンヴィルたちを歓待しながらも、彼の野営の日数をできるだけ減らそうとしたというタヒチ島民の姿勢を想い起こす

（ブーガンヴィル『世界周航記』一七六八年四月七日）が、ゲオルゲはその関係を六日目にして、彼らの行動をとおしてはっきりと気づいてゆく。そのような緊張の中で、彼は、島民の対応の変化に応じて、彼らについての自分の見方を修正してゆく。こんな野蛮な人々の中にも、よそ者を客人とみなす精神が生きているとは思わなかったとの告白は、早くも三日目に記録されている。さきの二日目の直感が確かめられてゆくのである。彼は考えてゆく。このような人々となら自分たちの対応次第で彼らとの関係は変えてゆける、彼らはただ観察されるだけの、動かない客体ではない、と。

　五日目ともなると、彼はマヒネを思わせる島の若者ファノッコと出会い、船内でクックからもらった贈り物に満ち足りた表情を見せる彼のよろこびを、わがよろこびとし、友情を確認するのだ。これまでソサエティ諸島などで経験してきた人間関係がここでも創り出せることに彼は自信をもつ。このようなよろこびは、彼にとっては植物の珍しい種を見出したときのよろこびにはるかに勝るものであった。両陣営の警戒心が続く中でも父が進める博物学研究には助手として働いたが、彼はこのときもその枠を踏み出し、父からは自立した人間の探究者として行動してゆく。

　七日目に入っても地質調査のため父ラインホルトと共に火山に登るゲオルゲたちに対してほら貝を吹き警戒する姿勢をかえず、特定の場所には近づけまいと脅す島民もいたが、他方では、家族全員が客人として歓待してくれるという新しい事態も起こる。ゲオルゲは、それをその日の最大の収穫とみて、彼らのおかげで自分たちの心も開かれたことに喜ぶのだ。しかし、問題は、このような島民たちとの心の交わりがそのまま、クック一行に共有されることがなかったことであり、しかも、その対応の落差を島民たちが見逃さなかったことだ。差し出された椰子の果汁が海岸の野生のそれよりはるかに美味だと知り、そこに島民たちの格別の配慮を感じることのできたゲオルゲのよろこびは、彼らにも届いたからである。いうまでもないことだが、島民以上にゲオルゲは、自分のよろこびが、クック一行の多数と共有されていないことに誰よりもよく気づいており、滞在記の中心も次第に集団対集団の関係よりも、自分も含まれた少数の者、いや、ときには自分一人と島民たちとの交わり方へと移ってゆく。それこそが、記録し、読者に届けたい主題であると考えたからである。あえて主語を「私」とする記述が増えてくるのはそのためだ。現実にほとんどの場合、ゲオルゲはクックと行を共にしていなかったのであり、ゲオルゲの経験はクックのあずかり知らない世界であったことを忘れてはならない。

九日目の夕方ともなると島内への散策はシュパルマン博士と二人だけでおこなわれ、ゲオルゲにとって画期的な出来事が記録される。しかし、同じ日、それに先立ってラインホルトとともに島内調査に参加しての経験も、これまでにないものがあったのだ。堅果を石で割り、果肉をきれいな葉で包んで差し出すといった子供たちの親切なもてなしを受け、思わず彼が「我々の第二の故郷」と呼んだあのタヒチ（次章一五七ページ以下参照）のもてなしぶりと比較し、彼らのやり方は私心のない点でタヒチ人に勝るとまで言い切っている。もてなしの精神は必ずしも自然の豊かさに比例するものではなく、なけなしのものを分かち合う彼らの中にこそ、真の人類感情は発揮されていると見るべきだとの彼のこれまでの考え方は、過酷な自然条件の下にあるイースターやマルケサスの島々だけでなく、ここでも実証されたのである。そうだとすれば、彼らのよそ者への警戒心と憎悪感はどこからくるのか、彼は自問自答し、答えを出してゆく。それは彼らの生来の性向ではなく、これまで絶えず外から攻撃を受け侮蔑もされてきたという過去がそうさせたのだ、と。つまり、彼らが心を開くか否かは、我々の対応ひとつで決まってゆくのであり、現に彼らは自分や植物や地質の調査に島内に入ったひと握りのイギリス人には、かくも親切ではなかったかと、発見航海者側の責任を明確に押し出してゆく。注目すべきは島民との間に一歩一歩ゲオルゲが築いていったお互い仲間という感覚は、そのときすでに両者の間で共有されたと思われたことである。このこともあってか、九日目の夕方におこなわれたさきのシュパルマンと二人の島内散策は武器ひとつ身に着けずにおこなわれたのだ。

　しばらく『周航記』にしたがいながら、その日の夕方、「私」が味わった豊かな体験に耳を傾けてみよう。散策で出会った家族は夕食の準備中で、すべて初対面であり、島民の案内してくれる道もこれまでとは違っており、彼らが自分たちの質問に快く応じてくれたことにもゲオルゲは喜びを隠さない。双方が満たされたのだ。しかし、ことはそれで終わりはしなかった。近くの農園から集まってきた人たちも加わって多勢となった彼らが、「私」が歌を口ずさむのを耳にし、ぜひ歌をと所望したのだ。しかもこちらがそれに応じたのがきっかけで、歌の応酬が起こる。双方にとってその交流は心楽しかっただけでなく、ゲオルゲにとっては彼らの心を知る得がたい経験となったのだ。彼らは陽気な曲が大好きで、とくにシュパルマンの歌うスウェーデンの曲には拍手喝采し、彼らの好みがこれまでの熱帯の島民たちと違う個性をもつことを分からせてくれたし、彼らが聞かせてくれた歌の調子もそれを裏づけるものであった。しかしそれ以上に忘れがたかったのは、めったに心から笑うことなどない彼らが、このとき見せた楽しげな表情であった、と。この歌の応酬が、島民を楽しませたことは、その日の夕食後におこなわれた二人の散策でも、再び歌うよう求められたことから、確かな事実である。このとき彼らは、二人の曲の違いに気づき、理由を知りたがり、それが生国による違いと分かると、隣の島イロマンガから来ていた人に歌わせ、彼がこれに応じていったことも、書きとどめられていた。このような日常的な、しかも個人的な交わりの積み上げが、ゲオルゲのタンナ像を大幅に変えていったことは想像に難くない。しかし、それがクック一行と島民との関係全体に影響を及ぼしていったとは思われないのである。集団対集団の間の緊張がなお続いていたことは、翌十日目に火山の調査に出かけたクック一行に対して、十二人ほどの武装した島民が阻止する行動に出たことからも明らかだ。

この動きに対してゲオルゲが出した結論は、正当な根拠をもたず、流血を伴うような博物学研究は断念すべしというものであり、このときクックが採った撤退方針は正しく、事なきを得たのは幸いだったとの記録を残す。しかしこのときのクックの基本的立場は、ゲオルゲの方向とは似て非なるものであったことを忘れてはならない。島々に光を運びこむ「啓蒙的」航海者たることを自負するクックによれば新しい土地に上陸したときの方針はこうである。島民による上陸阻止は我々の意図が分からないためであり、我々は侵略者ではなく、流血はできるだけ避けるが、最終的には無知な彼らへの裁き手としての役割を果たすべきであり、火器の優越性によって強行突破もやむをえないと考える、というものだった（『航海日誌』一七七四年八月十四日）。これはクックに与えられた秘密訓令の方針でもあり、第一部第三章で取り上げたラ・ペルーズへの訓令にみるように、当時のフランス国家の基本的立場であったことも、ここで想い起こしていただければよい。

彼らは我々の意図など知るわけがないし、自分たちはそのような彼らの思いを知り願いを尊重する必要などないとするのは傲慢以外のなにものでもないが、事実クックのこの思い上がりが十二日目に両者の対立を生んでいる。島民の同意なしに木を切り倒したことが原因だが、それがタンナでは稀少なため、隣の島から取り寄せねばならない木であったとのゲオルゲの理解はクックの耳に届いてはいなかったようだ（『航海日誌』一七七四年八月十六日）。

のこる十三日目と十四日目は、ことゲオルゲについて言えば、一人歩きさえも何ら心配なくなったときの行動の記録で、いまや最も警戒心の強かった女性が自分たちだけで、果物をもって我々の雑貨との交換に現れるようになったが、それはそうした品物が欲しいからではなく、善意を示したかったのだとの観察を残すかと思えば、出発の前日にもシュパルマンと二人でなじみの住民と歌を応酬して楽しく過ごしているのである。

以上が、最後の十五日目に至るまでの「滞在記」に即してのゲオルゲの発見のおおよその軌跡だが、わずか十四日間で彼がどれほど深く相手の内懐にまで入っていっていたか、タンナ人が、どれほど客人をもてなす精神を豊かに分かちもっており、それを現実に発揮するようになっていったかについては、ほぼ了解されたと思う。問題はこのようなゲオルゲの営みにもかかわらず、島民とクック一行という集団的な関係は基本的には変わることがなかった点、さらに言えばクック一行とゲオルゲとの裂け目が埋まることがなかったことである。これが、十五日目の衝撃的事件を生む遠因となったのであるが、十五日目の記録はそれまでの「滞在記」とひとまず切り離し、単独でその構造と狙いにアプローチしてゆく方法をとることにする。それは第一の「間違った省察」、衝撃的な出来事、第二の省察という三つのパートを含みこんでおり、それまでの記述とは違った読みを要求されているからである。

出発予定日の十五日目、一七七四年八月十九日、朝から風向きが悪く、出発が延ばされたため、ゲオルゲは一人で森の中を散策する機会を楽しむ。集団対集団の緊張は解けなかったものの、個人レヴェルでは、あれだけよそ者を信用しなかった島民たちと心ゆるした交わりを二週間にわたって積み重ね、彼らの中にタヒチ島民以上に客人をもてなす精神を発見することのできたゲオルゲは、この時これまでの旅でも経験することのなかった心の安らぎと至福のおもいにふけることができたのだ。それまで気にも留めなかった自然の美しさが目に飛びこんできたのであり、近くの農園で働く人たちの会話や楽しげな歌声が、それに拍車をかけてゆく。まるで桃源郷に迷い込んだかのような描写がひとしきり続くのだが、これが終わったあと、かれは、二週間を回顧して、それが「間違った」総括であったとの形容句をつけて、一つの「省察」を書き加える。奇妙な構成であるが、それがなぜここに挿入されたのかを考える前に、以下少し長いが、その内容を引用しておく。

「我々はこれまで二週間というもの、我々に対するこの上ない不信感を隠さず、我々が少しでも敵対的行動をとりでもすれば、全力をあげて我々を追い払おうと身構えている人たちの間で過ごしてきた。〔しかしながら〕我々の冷静かつ慎重な行動や抑制された対応、さらにはすべての処置において見せた一貫した態度が、生命財産を失うのではないかとの彼らの恐れを一掃したのだった。思うに、十中八九彼らは、攻撃的ではなく、ことを好むわけでもなく、そうかといって侮るわけにもゆかない我々のような相手とこれまで交わったことがなく、よそ者といえば例外なくさもしく裏切りをしでかす敵と見なすことが慣わしとなっていたのであるが、我々を知った今ではよそ者を今まで考えていたよりずっと立派な人だと考えるようになった。啓蒙的航海者たちならば備えている慎重な行動原理が、自分たちの身の安全を守ろうと身構えていた彼らの野蛮な本能を眠り込ませてしまうと、代わりにそれに劣らず強力なもう一つの本能が彼らの心の中にたちどころに芽生え、彼らに相互に交わることの楽しさを教えたのだ。彼らは豊かな物産を、新しく知り合いになった人々に、彼らがそれらを奪ったりする心配はもうないと分かると、分かち与えてくれたのだ。彼らは日陰になった奥まった場所に、我々が入ってゆくのを認めてくれ、われわれも彼らの家族的な輪に入ってゆき大家族の一員になり切って坐りこんだのだ。数日もすると彼らは、我々と話しをするのを楽しむようになり、彼らの心を世俗的な欲得計算ぬきの、この世のものとも思えない感情、いや友情と呼ぶべきものが満たすようになった。このような二週間を回顧することによって、人間に備わった本性がいかに素晴らしいものかを納得し、我々は数多くの民に恩恵を与える役を果たしているのだと考えるにいたった。このようにあれこれと想いをめぐらしている間に、私は卓越したわが文明という幻想《レヴェリー》に陥っていた。」

みられるように、彼はこの省察において「私」とクック一行の裂け目は全く無視し、「啓蒙的」

航海者の率いる一枚岩の集団としての「我々」と彼ら島民との関係を回顧し、我々一行はその行動によって自分たちの卓越した位置を論証してきたと言い切っている。問題は、その最後で彼が、それが自分自身の陥った「幻想」だと述べている点だ。たしかに、ゲオルゲの個人的行動と観察に焦点を合わせて滞在記を読み進んできた私たちもまた、それは島で実際におこった真実を覆い隠すことになる「間違った省察」だ、とこの省察に入る前に言い切っているゲオルゲとともに、そのような回顧は、根も葉もない考察だと言い切ることができるのだ。つまり、これはゲオルゲがあえてつくり出したフィクション、ゲオルゲならば行なったはずのない省察であるとみるべきだ、と。

だとするならばここで、当然のことながら、なぜ彼が最終日の冒頭にそのような省察を幻想と知りつつ書き加えたのかが問われなければならない。

ゲオルゲ自身、直接それに答えてくれてはいないのだが、彼はその省察のすぐ後に、最終日に彼が見聞した出来事と、それに続くもう一つの、ゲオルゲならではの、自分たちの行動を対象化する省察を提示し、その答えを用意していた。まずは、彼に衝撃的との形容詞を用いさせた海岸で起きた出来事について、クックやラインホルトからは聞き取ることのできない彼独自の説明を聞くことにする。

彼がその出来事に直接立ち会うことはなかったという事実をまず確認して次に進もう。一人でさきの幻想《レヴェリー》に陥っていたおり、彼の前に姿を現し、その省察を中断させたシュパルマン博士と一緒に帰途につき、彼はその幻想を打ち砕く現実に直面してゆくのである。まずは途中出会った島民たちが二人から身を隠そうとする対応の異様さに気づき、次いで、死者一人を抱えた二人の島民と出会い、彼らが発した「この男は殺されたのだ」とのひと言で、事態の深刻さを二人は早くも覚る。マスケット銃で撃たれたその男の傷口を見せられたとき、彼らの示した表情がゲオルゲの心をゆさぶったのだ。息せき切って、出発を待って海岸に集結していたイギリス人のもとへと帰り、彼らから「この衝撃的な出来事」がどのようにして起こったかを聞き出そうとしたのはいうまでもないことだった。以下は、そのときの聞き取りをとおして彼が再現した事件の経緯と、彼のみのなし得るコメントである。ある意味でそれは滞在記最終日のハイライトともいうべき出来事であり、クック一行と島民との間に蓄積されていた矛盾が一挙に爆発したものであった。それまでの島々と違い、タンナではそれまで誰一人殺されることがなかったことからしても、それは特記されるべき事件であったのである。

水汲み場確保のために引かれていたロープは十三日目にはすでに取り払われており、この日も衛兵一人のみが通路の立ち番となっていたところ、おそらくこのとき海岸にはじめて出かけてきたため事情の分からない島民の一人が、この立ち入り禁止区域に入り込んできたことがことの発端となる。上官の命令に忠実な衛兵はあくまでその彼を排除しようとしたのである。ここでゲオルゲのコメントがはじまる。他の島民たちはそのような規制が不法不当だとはじめから分かってはいたが、しぶしぶ従ってきただけだと考えていたゲオルゲは、この島民はこのとき正当な権利を公然と主張しただけで、彼は自分の島がよそ者の言いなりに支配されるのを拒んだのであり、思うに彼は自分の土地を好きなように歩きまわろうとしただけなのだ、と。滞在記の冒頭から書き込まれていたイギリス人は侵略者だとの島民の立場に、ここでもゲオルゲは立つのである。彼の記述は続く。このときの衛兵の執拗かつ乱暴な排除ぶりは、その島民を怒らせるに充分で「彼は、自分の権利を擁護するために、弓に矢をつがえ、その侵略者〔衛兵のこと〕に狙いをつけた」のだが、衛兵はこれに直ちに反応し、マスケット銃を発射し、その島民を殺す。これを見た島民の多くは、「それまでずっと彼らの島を汚染してきた、残忍で油断のならない人々」〔イギリス人のこと〕の目の届かないところへと走り去ったのだ。以上が、ゲオルゲによる一件報告であった。

ゲオルゲはそのように事件の経緯を書きとどめながら、このような危機的情況の中でも、島民たちが見せる対応の素晴らしさと賢明さに目を注ぐことを忘れない。「それまでもホスピタリティの法〔ひとをもてなす精神〕をこんなにもひどく踏みにじってきた連中〔クック一行〕」に対して無差別に報復を加えるのではなく「抑制心」を働かせて、それまでの彼らへの対応の仕方を見てイギリス人を選別してゆく。このとき、さきの「省察」が「啓蒙的」航海者たち、つまり「卓越したわが文明」の光を未開と野蛮の人々に届ける役割を買って出た人々が自分たちの行動原理に数え上げていた「抑制心」のイニシアティヴは完全に島民によってとられていたことが、明示されてゆく。さきに述べたように、事件を知ったあとでも、ゲオルゲたち二人が、そしてまた水夫一人を連れて別行動をとっていたラインホルトも、島民たちから何ら害を受けずに、海岸にたどり着けたことがそれを裏づけた、というわけである。

ここまで衝撃的事件と、それをめぐってなされたゲオルゲのコメントを見てくると、なぜこの事件の前に、「私」が陥った「幻想」、言い換えれば「間違った省察」を彼が挟み込んだかが分かるはずである。十四日までの「滞在記」でもみられたことだが、とりわけこの最終日におこった出来事は、イギリス側が不当に島民を殺したという事実によって、「啓蒙的」航海者たち全体を称えるその省察がどんなに現実的根拠を持たないものであったかを白日の下にさらしたのだ。「抑制」方針に基づき、慎重に行動し、島民の隠れていた本能を覚醒させ、人と交わることの楽しみを教えたとの「啓蒙的」航海者たちの自負は、ここに完全に打ち砕かれたのである。クックが誇る「人間的」かつ「平和的」な方針、ラ・ペルーズへの訓令にも書き込まれていた「抑制」の原理、それを実践したのは島民の側であったとのさきのゲオルゲの記述は、島民を教化の対象としか見ない独善的な啓蒙的航海者たちへの痛烈な批判以外のなにものでもない。

以上でさきの問いへの答えは出されたと思う。ゲオルゲは、同時代の、クックをはじめとする啓蒙的航海者の独善が描き出す自＝他認識がどれほど現実を反映せず、ゆがんだイメージとなっているかを、「私」自身が最終日で思い描いた「幻想」というかたちで読者に伝えようとしたのであり、実はその標的はクックに代表される啓蒙的航海者たちであったのだ。それを、彼自身も、そのときまでこの冷厳な現実を見抜くことはできず、このときはじめて目が覚めたのだとする自己批判として書き込まれているのだとみなすのは、それまでの「滞在記」とつき合ってきた読者には納得がゆかないであろう。

大切なことは、ゲオルゲが、ここで啓蒙的航海者たちの無知・無感覚ぶりが二重に働いていることを取り出してみせていることだ。一つは、すでに述べたことだが、自分たちの役割と島民たちへの認識について、もう一つは、そのような自らを卓越した文明社会の一員と自負しておきながら、この射殺事件を衝撃として受けとめようとしない態度についてであった。集団対集団の緊張と対立が消えない状況下でも、島民たちにわが仲間を発見し、彼らとの交わりを深める努力を止めなかったゲオルゲ以外には、その事件は衝撃ではなかったのである。くり返すが、自分たちを侵略者とみるのは彼らがこちらの意図を知らないために生じた間違った見方であるとの一貫した立場をとるクックは、犯罪は衛兵一人の問題であり、その非人間的行為に驚愕はしても、彼を処罰すればすむことで、事件後も一部の島民が「説得」に応じてその場にとどまり、彼らの畑からココナッツなどを持参し足元においてくれたことを記録し、それを「へりくだった」対応とみなして一件落着とするのだ（『航海日誌』一七七四年八月一九日）。クックは、これがどのような状況下にあってもよそものをもてなそうとする心を忘れない彼らの行動だったのではないか、と想像力を働かせることはなかったのである。こうしてクックは犯人探しも衛兵一人で終えるのであり、その背後に、命令を発した士官をはじめ自分たち啓蒙的航海者たちがすすめてきた発見事業全体とそれを支える思想が働いていたことを少しも感知することはないのだ。

これに対して、ゲオルゲは、この事件の真犯人は、啓蒙的航海者たちが進める航海事業と彼らの認識方法にあると見立てたのであり、第一の省察は、その彼らが抱く歪んだ認識を読者に印象づけるために創作されたものであった。くり返すが、それはその時現実に「私」が抱いた幻想ではなかったのだ。しかも、これはフィクションではあったが、現実的根拠をしっかりと持つものであり、現実の発見航海者たちの姿勢を見事に言い当てていたことも同時に忘れてはならない。

それは、広くヨーロッパ人を、いやゲオルゲをさえ、引き込みかねない魔力を秘めた考え方であったと言えるだろう。

この問題をさらに深く考えてゆくために、ゲオルゲは、続けて、その事件をめぐって、さらには今回の大航海全体について今度は自分にしかできない考察を深めてゆく作業を引き受ける。これこそ、彼のみがなしえた、啓蒙的航海者たちの立場に与することのできない「私」の省察そのものだった。最初の「間違った省察」を批判しきるには、住民自身が下したはずの判断を踏まえた私自身の「真実の省察」をこれに対置しておく必要があったからである。

それは次の一文ではじまる。「こうして、私がこの島に滞在中ずっと心ひそかに抱き続けてきた明るい見通しのすべてが、たった一つの凶悪で忌むべき行動によって灰燼に帰したのだ。住民たちは以後、我々一行が他のよそ者とは違って立派な人たちなんだと考えたりはせず、まことしやかに友人の仮面をかぶって自分たちを破滅させにやってきた連中で、今までのよそ者よりもさらに悪質であると考えてよい理由を手にしたことになる。」

彼は言いたかったのだ。住民たちは、直感的にこの一件でさきの省察で描き出された啓蒙的航海者の自負が、全く根拠のないことを見抜いてしまったのであり、それは正当な理由をもつ、と。

しかし、ゲオルゲにとって、いや少数の心あるイギリス人にとっては、ここで島民たちの見方に頷くだけではすまされないものがあった。そこに自分たちの責任が問われていたからだ。これまでの航海をふりかえってみれば、我々一行はほとんどどの島でも、無分別な行動を多数積み重ねてきたとの認識をもつゲオルゲは、この島ではなんとしてもその埋め合わせをしようと考えていたのであり、その可能性もあったと彼はみていた。それだけに逆に我々一行が理不尽にもここで無残な殺戮を行ない、せっかくのチャンスを逃したことが悔やまれてならなかったのである。

十五日目の惨劇がゲオルゲにとってまさしく衝撃として受けとめられたには二重の理由があったことが、ここで明らかになる。十四日間の個人レヴェルでの努力の積み重ねの末に見えてきた道すじが崩されたことに加えて、これまでの航海中で犯してきた加害行為の埋め合わせをする掛け替えのないチャンスを取り逃がしたことがそれである。

この、自己にきびしいゲオルゲの態度はタンナ章のおわりにもくり返される。タンナの人々がヨーロッパ人と交わったことが原因で、幸福になり、彼らが文明化をさらに進め、たとえば人食いを止めるようになるだろうと主張するには大前提が必要であると述べ、「それは、原住民たちがヨーロッパ人に対してつくり上げてきていた好印象を、最後の最後まで持ち続け、ヨーロッパ人が無分別な行動でそれを台無しにしない」ということだと、彼は言い切る。しかし、現実には、それは最終日の衝撃的な事件にみるようにほとんど現実的根拠を持たない大前提であった。さらに深刻なのは、彼がそのような我々と彼らの相互交渉が彼らの文明化を進めるというヴィジョンそのものに疑いをもつようになっていたことだ。その代わりにというべきか、彼は、「ホスピタリティの精神」をもつ彼ら島民たちが相互に交わりながら文明化してゆく途に確かな未来を感知し、そこに賭けようとしたのである（次章参照）。もし、我々の役割があるとするならば、それは、独善的な態度、つまり、「第一の省察」から手を切り、対等な相手として彼らに力を貸すことであり、家畜の導入などは、その重要な働きをなすものとして位置づけられていた（前章参照）。長年にわたる航海は、彼に南太平洋上の島民たちが島相互の交わりをとおして自立し、文明化してゆく力量を備えていることを確信させていったのである。孤絶し、よそ者を寄せつけない島と思われていたタンナでさえ、隣の島イロマンガの人々との交流があったことを発見したときのゲオルゲの喜びを想い出す。タンナ島での彼の経験もまた、「発見」された島民たちが等しく人間として仲間であるとの彼のそれまでの認識を強めていったことは間違いない。

第四章　ヨーロッパ文明至上主義との訣別

ゲオルゲの作品がなぜ新しいのかについては、すでにこれまで三つの章でそれぞれ別の角度から取り上げてきた。たしかに、これ以上、彼との対話を重ねるのは屋上屋を架すことになりはしないかと恐れもするが、私には、いまだ彼の発しているメッセージを伝え切れていないとの思いが強い。最後に、もう一つの章を設けたのはそのためである。したがってこの最終章では、特定の個人や島に問題を絞らず、『周航記』全体に目配りをし、今一歩彼の新しさに迫ってみたい。さまざまな箇所で、発見航海事業に対する彼の内省的態度に出会うのだが、それと同時に、そのような営みを彼に促した発見、つまり南太平洋上に暮らすいくつもの島民集団がそれぞれの個性を備えつつも、自分たちと同じ主体的な人間として生きているという彼の認識に出くわすからである。

まず前者の問題だが、これはこれまでも折にふれて取り上げてきたので、ごくごく簡略に扱うことにする。第二回目の航海へ旅立ったクックたちが、はじめて住民と交渉をもったのは、ニュージーランドであるが、はじめダスキー湾、ついでクイーン・シャーロット湾へと進んだところで見逃せないコメントをゲオルゲは書き込んでいた（一七七三年五月二十九日）。

これまでのヨーロッパ人による発見航海事業は、結果として例外なく無辜の民を殺傷してきており、それ自体重大な犯罪だが、それはヨーロッパ人が、いまだ「文明化」されていない小集団の道徳を堕落させてきたという取り返しのつかない罪に較べれば取るに足りないと言いたくもなるとまで述べたゲオルゲは、もしいくらかでも彼ら集団に利益をもたらしたり、彼らの悪しき習慣を根絶するようなことがあったとしても、自分たちの犯した罪は帳消しにできるものではないのではないかと問い、そのような事態に深い危惧を表明したのである。

注意すべきは彼が、ここで、つまり『周航記』のごく始まりの部分で、ウォリスやカートレット、さらにはブーガンヴィルやクックの第一回世界周航のみならず、自分も参加した今回の発見航海を含めて、それらのすべてを総括しながらヨーロッパ人の発見航海を対象化していたことであり、『周航記』は、それを裏づけてゆく旅の記録として、読者に提示されてゆくことになる。

次に取り上げるクイーン・シャーロット湾でのヨーロッパ人の醜行をめぐる記述（一七七三年五月二九日）は、この文脈の中で読まれるべきものであった。

乗組員が女性を求め、その土地の男性は彼女らを強要してそれに応じるように仕向け、彼女らは仕方なく従うという光景を目撃して、ゲオルゲは双方の男性たちへの嫌悪感を隠さず、また、その場で女性たちの涙を目にしたり嘆きを耳にしても、お構いなしに欲望に身を任せたイギリス人の無感覚・鈍感さを指摘するのを忘れない。そのような「文明社会の一員」と、「野蛮人」の男性を比較し、「どちらが嫌悪の極みと言うべきかは容易に決めがたい」とは彼の言である。ここでの彼のメッセージははっきりしていた。破壊を必ず伴う発見事業への痛恨のおもい、文明人の行なう恥ずべき行為や、女性の悲しみや嘆きに無感覚なイギリス人の破廉恥ぶりをこそ彼はわがこととして読者に受けとめてもらいたかったのである。

しかし、それ以上に彼が問おうとしたのは、イギリス人のさらに深刻な、もう一つの加害責任であった。両者の交渉の中で、島の人たちの道徳が崩されていったのである。たしかにニュージーランド人は、もともと未婚の女性の貞節などは意に介さなかったのだが、もし自分たちが鉄器など持ち込んで、男性の欲望を刺激することがなければ、彼らは女性を供するなどという行為に出はしなかったはずだと、彼は推測する。私たちはこのような彼の内省的省察にその後もしばしば出会うのだが、彼が読者にいち早くここでその問題に目を向けさせようとしたことに注目する。

ゲオルゲはしかし、島民を被害者としてのみ見ることはしなかった。さきの文章に続いて彼はこう述べている。「我々から害を受けることが最も少なかったのは、用心深い性向からしてわが水夫たちとあまり親しく交わることのないように距離を保ってきた共同体の人々」であり、それは彼らがイギリス人の表情からそのはしたなさや放蕩三昧振りを見抜いていたからだ、と。彼ら島民は身を守るために的確な判断を下すだけの力を備えており、ヨーロッパ人は航海中、「発見」した民族集団からたえず見つめられているのだとの認識は、他の航海者たちには見られない方法態度であったが、これがさきの文章を彼に書かせたともいえるだろう。

たしかに、第三章でも見てきたように、ヨーロッパ人の加害責任へのコメント、さらにはヨーロッパ文明の対象化については、ニュージーランド後に書き込まれていくゲオルゲの省察に聞くべき問題は多くあるが、それらは、スペースの関係もあり、そしてまた、『周航記』の主題は

「人間の発見」にあるとする考えからしても、ここでは割愛する。本章がさきの一文が喚起している問題、つまりゲオルゲが描き上げた島民像の内実、つまり彼の他者認識のありように重点をおいて、『周航記』を読み進めるのはそのためだ。

タヒチを去るとき、彼は「少数の個々人が試みる知識獲得のための努力が、諸民族の幸福を台無しにしてしまうのであれば、発見者にとっても発見される側にとっても南海〔南太平洋と同義〕がずっとヨーロッパのせわしない人たちに知られないままでいた方がよかったといえる」（一七七三年九月一日）とまで思わず書き込み、ときには航海中に先住民との衝突で殺された息子の死を悲しみ、発見事業を支える「進取の精神」を呪う母親に共苦する（一七七五年七月一日）など、未知の世界の発見を無条件に称えるヨーロッパ人ではなかったが、他ならぬそのような発見航海が彼に人間への関心を呼びさましたのであり、彼はその貴重な経験を生かして旅の途中で出会った住民たちについて、その実像を正確に読者に届けようと精魂込める。それは、前述もしたが彼のいう「哲学的航海記」の主題であったからである。

この彼の作業を助けたのが例えばマヒネであり、タヒチやタンナなどの島民たちであった。彼らは一方的に観察される客体ではなく、対等な仲間として彼の感性や見方を日々新たにしてゆく教師の役を果たしてくれたのであり、彼はそのことを感謝し続けるのだ。帰国後の彼は、とりわけその人間認識において出発前のゲオルゲではなかったことを私たちは知らなければならない。

帰路の大西洋上の島、ポルトガル領ファイヤルで、息子がクイーン・シャーロット湾内で島民に殺されたニュースを聞き発見事業を呪うさきの母親と会ったときも、彼は広くヨーロッパや南海において息子を失った多くの母親たちの悲しみへと想像力を働かせるのであるが、そのときゲオルゲが、頭部を切り取られたニュージーランドの若者の両親の悲しみを想いわっと泣き出し、彼の想像力をいたく刺激したあのマヒネを想い起こしていたことは間違いない。他の箇所でゲオルゲは、口先だけで思いやり《ヒューマニティ》を説きながら、偏見にみち、せっかちな文明化されたヨーロッパ人に向かって、あのマヒネの涙を想い恥じ入るべし、と言い切ってもいた。これもまたマヒネを介しての他者認識が、自己内省を深める契機となった証左である。

次はいよいよマヒネから離れて、彼に人間発見を促した島民集団に目を移す番だ。彼は南アメリカ南端に住むペシュレ人を一方の極にタヒチ人をもう一方の極に配し、その間に文明度がそれぞれ違いながら実はさまざまな個性を備えた人々を数え上げてゆく。彼らと接触することなしには、従来の自然誌研究の枠組みからは自立した、自己内省への契機ともなる人間研究は、一歩も進まなかったことは確かだ。その積み重ねが、ヨーロッパ文明圏とは違った固有の文明圏の発見へと彼を導いたのであり、これが前者を相対化してゆく方法に途を拓いてゆくのである。

一つのまとまりをもつ文明圏は、いずれも対等に並存するとするゲオルゲの考えは、ヨーロッパ人としての自己の尺度を普遍視し、自分たちが発見した人々の価値を上下に分類して「人類の地図」を描いてゆく方法を退けるのだ。例えば、それまでのポリネシアの島々とは区別される集団、マリコロ島(ニューヘブリディーズ諸島中の島)の住民たち(メラネシア人)の記述において、彼はその立場を次のように明確に打ち出していた。

彼らマリコロの島民たちの姿形は均斉をひどく欠き、醜いが、とても陽気で分かりが早いと述べたあと、諸集団の道徳や美的観念などを比較するに当っては、普遍的尺度はないのであって、ヨーロッパ人が価値をおく慎ましさや貞節さなどという倫理は、幼いときからの教育でヨーロッパ人にだけ教え込まれてきたもので、それは自然のままの状態に暮らす人々には無縁なのだと気がついた、と述懐する。なにを美しいと考えるかの尺度はより多様であることを南太平洋の島々の間で彼自身気づかされてきたのだった。

彼の南太平洋を一つの文明圏ととらえ、それをフィールドとする人間研究は、したがって、相手をその固有の歴史的文脈と自然条件の中に位置づけながら、同時にそれらを相互に比較してその差異と共通性を取り出してゆく方法を採る。しかしこの作業の核となったのが、タヒチ島であり、ヨーロッパではなかったことが、まず私たちの目を引く。ソサエティ諸島の中の一島ではあるが、彼は多くの場合、それを独立した一個の島としてとり出し、南太平洋においては、最も文明化の進んだ最も豊かな空間として特別な位置を与えていたのである。

タヒチは、ゲオルゲにとっては初めから「魅力的な土地」であった。ヨーロッパ同様、特権階級も存在し、船に上がってくる「身分の低い女たち」がまるで動物のように欲情に身を任せる光景を目にしても、「地上で人々が最も幸せに暮らす土地の一つ」との判断を滞在七日目にして書き込むことができたのだ。しかし彼が最も心動かされたのは、よそ者のヨーロッパ人を親切にもてなす島民たちの態度であった。それは、文明を誇る「我々ヨーロッパ人」に欠けていた精神だったからである。彼がヨーロッパ文明を参照項目にもち出すときは、その卓越性を独善的に誇るためではなく、主として「わが文明」が抱えもつ問題性を島々との比較であぶり出してゆくためであったことが、ここでも読みとれるであろう。

しかし、彼は、ブーガンヴィルやコメルソンなどの報告にみるようにタヒチを性の楽園としてバラ色に描いたりはしなかった(第三部第二章第一節参照)。彼がことさら嫌悪する男尊女卑や身分差が、さらには上層階級の怠惰や人々の野心や妬みが厳存していたからである。しかし肝心なことは、それらが島民の幸福感を害うほどのものではなく、身分差もイギリスほどではなく、社会の仕組みは島民すべてがまるで一家族のようだ、としてタヒチへの高い評価を変えなかったことである。しかも、このタヒチ・イメージは、南太平洋の高緯度海域での苦難の航海のあと、次の目標である南大西洋を目指して東航することなく、太平洋の熱帯の海へと北上し、イースター、マルケサスの島々を経たあと、タヒチを再訪したときも、変わることはなかったのだ。しかし、これらの島々での見聞に加えて、それ以前に第一回目のタヒチ訪問のあとそこから西航してフレンドリー諸島で住民たちと接触することのあったゲオルゲが、このタヒチ再訪時にはタヒチとそれらの島々を比較する視点を新たに獲得していたことを無視してはならない(五〇ページの地図参照)。

「我々の第二の故郷」、「熱帯の島々のクイーン」、「その豊かさと活力において第一位」の島との位置づけは、この再訪時になされたものであった。しかし、このような比較に基づくタヒチ像でゲオルゲが満足するはずはない。住民たちのさらなる発見へと彼は探索を止めない。そのとき彼が最も有効と考えた方法は、武器を携えず、少人数で、できれば一人で、つまり相手と一対一で向き合う立場で彼らと交わってゆくことであり、それはのちにタンナでも実践されたことはさきに見てきたとおりである。病のためしばらく上陸できなかった彼も、十一日目にはシュパルマンと二人で上陸し、前回に出くわした島内での戦いも終わり平和が回復した島で、住民との心あたたまる交歓を味わうことができたと書き記すことができたのである。彼のタヒチ讃歌のオクターヴは上がってゆく。最終日ともなると、その魅力をいくつもいくつも数え上げることができたのである。「彼らは簡素な生活スタイルで満ち足り、快適な環境に身を置き、心配ごとはなく、知には無縁な幸福な生活を送っている」とは、その総括であった。それは理想郷を思わせる記述であったが、忘れてならないのは、その核心におかれたのが人間が誇りうる「よそ者をもてなす」という「高貴な感情」であり、「性の楽園」という虚構に基づくイメージはあくまで排除したことである。しかも、彼がこの島を南太平洋上の島々の中で幸福度において最上位に位置づけることはなかったことも見逃してはならないことだった。人々の幸福感は相対的なものであり、民族集団ごとに様々だということを彼のこれまでの見聞は教えていたからである。

タヒチとは別個に扱われたソサエティ諸島について言えば、その島民像はタヒチと基本的に違いはなく、つぎに取り上げるべきはフレンドリー諸島の人々とゲオルゲの関係のとり方とその認識の内実である。彼はここに二度訪れるが、第一回目（一七七三年十月二日—七日）はその南のグループで、第二回目（一七七四年六月二十五日—二十九日）が北のグループと、厳密に言えばタヒチと違い再訪とは言いがたいが、タヒチやソサエティ諸島と比較するに足る、一つのまとまりをもつ地域として位置づけられたのである。

このときもクックたちとは別行動をとったゲオルゲは、その島々が私有地を囲い込むなど総じて予想を越えて文明化が進んだ地域であることを確認したうえで、ソサエティ諸島との比較を進めている。技芸や音楽はより洗練されているが、食料となる豚は乏しく、主食はヤムイモなど根菜類とバナナで、衣服はタヒチにその精緻さにおいて劣るし、家屋も狭く不便だ、等々、誰しも気づく差異を述べたあと、彼は大事な問題、つまり、自然の恵みはタヒチに劣るがタヒチと違い島民は平等な配分を享受している事実を発見する。彼はここで島々の間の比較においても尺度は多様であることを実践してみせたのである。

二度目のフレンドリー訪問では彼は、その比較を島民たちが外来者に見せる反応に及ぼしてゆく。フレンドリーの住民は活動的で勤勉、タヒチにくらべてよそ者にはより礼儀正しく親切、しかし、これは物々交換が生きてゆく条件となっている彼らの習性がそうさせたのであり、タヒチ人の親切さとは対蹠的だ、と。ここでフレンドリーとの出会いは、あとに残してきたタヒチの人々のイメージをより鮮明にしてゆく働きをしていることが見てとれる。「第二の故郷」と目したタヒチでの人々のゆったりとした生活、真の友情をここフレンドリーで彼はあらためて貴重なものとして想起したのである。

しかし、このタヒチへの執着は、他の島々で悲惨な暮らしを送る人々への蔑視へとゆきつくことはなかったことは注目すべきであろう。タヒチやフレンドリーを再訪したあと再び目にしたニュージーランド人は、自分たちが与えた家畜を育てることもせず、文明度からすればきわめて低い水準にあることを彼は認めざるを得ない。しかし、それにもかかわらず彼は、この島民たちの感覚の鋭さに感嘆し、それが文明化の度合いに反比例することにも気づいてゆくのである。

実はこのような「人間発見」の方法を彼は、いずこの集団に対しても貫いてゆく。自然に恵まれないイースターやマルケサスの住民たち、さらには、彼がそれまで広く南太平洋で出会ってきた島民たちとは一線を画しつつも、等しく「人間」として対応していった「ペシュレ人」についてのゲオルゲのアプローチは、それを証言するものであり、さいごにはその問題を取り上げておきたい。

困難な南太平洋の高緯度海域への本格的探索を終えたあと、北上したクック隊が最初に出会ったのがイースター島であった。それが貧しい島であり新鮮な水もなく補給基地としては不適格とみなし、自身探索しようともしないクックに対してゲオルゲは、悲惨な情況におかれているにもかかわらずよそ者に対して島民がみせた親切なもてなしを特記し、彼らと困っている仲間を救《たす》けようとしないヨーロッパの文明民族をここでも対比する。私たちはそこで、近年の火山の噴火ですべてを失い打ちのめされている彼らに、マヒネとともに、同じ人間仲間として哀れみの心を注ぐゲオルゲと出会うのだ。

その次に訪れたマルケサスでも島民は皆、イギリス人を兄弟として迎えてくれたことを記録し、よそ者への彼らの感情は、島民同士が日頃育てている思いやりの延長線上にあるのだ、と推測する。この「もてなしの精神」こそ、南太平洋が一つの文明圏をなしている重要な指標とみたゲオルゲは、島々の間に厳存する文明度の差を認めつつも、住民の間に価値の優劣を導き入れない。この島で、住民がみな活動的で健康に恵まれ、自然の声に耳を傾けて暮らす幸福な生活を感じとったゲオルゲは、思わずそこをタヒチと較べてゆく。たしかにタヒチは衣食住の便に恵まれ、技術にもすぐれているが、他人の労働に寄食している人間がおり、両者のどちらが幸福かは容易に決めがたいと思い知らされたからである。彼が、タヒチにすべての点で他の島々に優越する地位を与えなかったのは、このような多様な人間集団と彼が出会えたことによるといえるだろう。それは一つの尺度に執着しない限り発見可能な世界であった。

最後に残ったのが南アメリカ最南端の太平洋岸で出会った集団で、彼がブーガンヴィルにならってペシュレと呼んだ人々（ブーガンヴィル著『世界周航記』参照）である。南太平洋に入る直前に彼らと出会ったブーガンヴィルや第一回航海のクックと違い、ゲオルゲは、その海域を広く旅して多様な島民たちと交わってきたあと、つまり旅の最終段階に彼らと会ったのであり、そのことが重要な意味をもつことになる。彼は南太平洋での人間研究

ペシュレ人の肖像（1777年、ホッジスの原画をもとに描かれた。原画は住民の特徴をよく捉えているが、版画家の腕前も見事、とはゲオルゲの評である）

の成果を総動員して彼らにアプローチできるという利点をもったのであり、別の言葉で言えばそこで彼の人間認識、つまり人類感情が試されることになったと言えるからである。

ペシュレ人は最初の出会いからゲオルゲを戸惑わせる。それまで交わってきたどの集団とも違い、近づいてくる彼らが発する言葉といえば一言ペシュレのみで、よそ者に好奇心のひとかけらも示さず、どんな身振りをみせても全く通じなかったのである。これは果たして人間か、獣とほとんど変わらないのではないか、と彼は一瞬判断停止する。これまでどんな悲惨な状況下で生きている人々に出会っても——例えば猿と較べる気にさせたニューヘブリディーズ諸島のマリコロ島の人々にも——そこに鋭い判断力を認知したゲオルゲにとっても、勝手がちがっていた。しかし、ここからが彼の本領であり、言葉は交わせない接触の中でも、彼はペシュレ人を蔑視したり、人間集団から排除したりはせず、彼らの厳しい自然環境とその下での悲惨な生活ぶりに共苦する姿勢を示してゆく。『周航記』の最後を締めくくるに当っても、ペシュレ人も含め彼が発見した人間集団を、上下のヒエラルキーに分類せず、それぞれが与えられた状況下で精一杯生きている人間としてタヒチ島民と横並びに位置づけたのは、そのあらわれであった。

ここでしばらく彼のペシュレ認識とつきあいながらその人間認識のありようを吟味してこの章を閉じたい。この点でクックやブーガンヴィルの記録との読み合わせは興味深いのだが、ここでは省略し、『周航記』の記述にのみ限定する。

たしかに彼はペシュレ人の特徴を、「愚昧、好奇心の欠如、意欲の無さ」と言い切っているが、裸のままで寒さに凍えながらカヌーの中で火のまわりにかたまっている子供たちの発するペシュレという言葉が、ときに親しみを伝える単語と聞こえたり、ときに苦痛を訴えているとも受けとれると想像力を働かせる。それだけではない。船に上がってきた大人たちが、ペシュレ以外にも、いくつかの単語を発音したことも聞き逃さない。しかも同時にそれは、自分たちが彼らの発音についてゆけなかったために聞き分けることが全然できなかったのだと、問題を自分たちの能力に返したりもしているのである。

最後に彼は、彼らの悲惨な生活と文明の恩恵を受けている生活を較べ、その点ではためらうことなく自分たち文明人の幸福に軍配を上げており、ペシュレたちの生活苦などお構いなしに野生を礼賛し文明状態を貶める哲学者たちに異議申し立てをおこなっている。しかしこれもまた、ヨーロッパ文明の現実を至上とみなしていたためではなく、文明を誇る自分たちヨーロッパ人の生き方を問う姿勢から出たものであった。道徳を改良してゆくのに最もめぐまれた条件にありながら、ペシュレ人には見られない極悪非道さと悪徳にまみれている我々は恥じ入るべし、との彼の叫びがここには書き込まれていたのである。ここでも、ヨーロッパ文明に卓越した地位を無条件に与えてよしとする独善から、彼がいかに自由であったか、ペシュレたちが較べられるべきは、他の南太平洋の島民たちであるとの方法態度がはっきりと見てとれる。以上で、ゲオルゲに人間研究の対象を拡げ、自己内省を促す存在として、ペシュレ人にもかけがえのない位置が与えられていることが分かっていただけると思う。

ここまで試みてきたゲオルゲとの対話はなお未完であるが、その意味を受けとめるためにも、私たちは次のディドロやスウィフトとの対話へと入ってゆかねばならない。独自の架空旅行記を構想することによって、彼らはともにそれぞれの方法で人間研究と自己対象化を深めてゆく営みを、私たちに遺してくれているからである。

第三部　架空旅行記の挑戦

第一章　世界諸国遍歴者ガリヴァーの登場

プロローグ　苛立つ書き手ガリヴァー

「ヤフーたちの批難に憮然とすることがあるとすれば、この旅行記は私の頭の中から紡ぎ出されたフィクションに過ぎないと断じ、フウイヌムもヤフーも、ユートピアの住民と同じで、何処にも実在するわけがないと臭わせる者までいるということで、これには大いに文句を言いたくなる。」これは旅行記の初版が世に出てから九年あとの一七三五年、スウィフトが初版に手を入れた、いわばその決定版を収めた著作集が刊行されたとき、彼が冒頭に新しく付け加えた「ガリヴァー船長から従兄シンプソンへの手紙」(一七二七年四月二日)から引用したものである。(以下、引用はすべて富山太佳夫訳『ガリヴァー旅行記』による。「ユートピア旅行記叢書」第六巻所収。傍点も原書のイタリックを再現した訳書による。但し、ときに用いた〔　〕は筆者による補い。)

ここで彼が、当の手紙を、なぜ巻末におかず、本篇がはじまる前に置いたかについて考えておかねばならない。私の推測はこうだ。これは、スウィフトがいわば「改訂版への序」として書き下ろしたものであり、読者にはまずはじめにこの手紙を読んでもらい、全編を読みおわったあと、再びここへ帰って著者が旅行記に託した意図を反芻してほしいとの思いがそこにはこめられていた、と。彼は、それを単なる付け足しとして扱ってほしくはなかったのである。私自身、そのように考えて、手紙と本篇をいくどか往還し、この仮説がスウィフトの意に沿うものだとの確信を得ており、ここでも「手紙」から読みはじめることにする。

しかし、初版(一七二六年十月二十八日刊)への読者の反応を見とどけたうえで一年もたたないうちにこの手紙が執筆されたとする建て前をとっていることもあり、本文と無関係に読み解くことはできないことも確かで、以下は本篇全体を読みとおしたあと、手紙に立ち返ってきた一読者の読解の試みとして読んでいただきたい。

早速だが、引用文中にみられるフウイヌムとは、『旅行記』の最終第四篇で説明されているように馬を指し、語源的には「自然の完成」を意味するもので、人間ではない。これに対してヤフーとは、広く人間を意味する呼称である。しかし、旅人ガリヴァーにとっては、それは初めて耳にする言葉であって、フウイヌムが支配する国に上陸した直後に自分を襲った「醜悪な怪物」にフウイヌムがつけていた名前で、ガリヴァー自身がそれを広く自分をも含む人間一般をさすものだと理解するようになるのは、その国に滞在してしばらくしてのことであった。ガリヴァーは最終的には了解する。自分がフウイヌム国のヤフーと同じ種であること、つまりヤフー・カインドとは、マン・カインドと同義であり、しかもヤフーにはさまざまな種《カインド》があり、大きくは二つの種、フウイヌム国に住む「普通《コモン》のヤフー」と呼ばれるヤフーと、ガリヴァーが属する文明ヤフーとに分けられ、後者にはイングランドヤフーもいればフランスヤフーもおり、さらに言えば日本ヤフーも含まれる、と。

いうまでもないことだが、『旅行記』の読者は、今や広大な海域に勢力を延ばし、世界中の「羨望」の的、ヨーロッパの「裁定者」（『旅行記』第二篇第3章、以下二―3と略記）と自負するまでになったイングランドヤフーであり、広くは文明を誇るヨーロッパヤフーであった。それだけにその彼らが、自分たちと同種のヤフーがフウイヌム（馬）に使役されている国などこの地球上にあるはずはなく、第四篇はどこにもない国《ユートピア》を描いたにすぎないと見なしたのは無理からぬことではあった。しかし、このような受けとめ方は『旅行記』全体はすべてが実録であるとする書き手ガリヴァーの立場を蔑《ないがしろ》にするだけでなく、フウイヌム国での旅人ガリヴァーの経験を最も重視する彼の執筆意図を全く顧慮しないものであって、ガリヴァーの怒りの矛先はまずそこに向けられたのである。

ここで少々唐突に、必要あって旅人と区別して書き手ガリヴァーを登場させてしまったので、その理由を書いておかねばならない。しかし、エピローグで「書き手ガリヴァーの誕生」を取り上げるので、ここではただ一言述べるにとどめておく。書き手ガリヴァーがはっきりと姿をあらわすのは、フウイヌム国への旅も含めてすべての旅を終えて帰国したあと、イングランドヤフーと五年間も交わる中で、彼らの「矯正」のために『旅行記』執筆を思い立ったときであり、この時彼は、「万病の塊り」となっていながら、「高慢ちきな顔」をして横行している彼らヤフーの群れにかこまれて暮らすことには耐えられなくなっていたのだ、と。

もとに戻るが、書き手ガリヴァーの読者への異議申し立ては核心に入ってゆく。曰く「正直な話、リリパット〔第一篇小人国のこと〕、ブロブディンラグ（これが正しい名称で、ブロブディンナグは誤植です）〔第二篇大人国のこと〕、ラピュタ〔第三篇で最初に訪れた国〕の人々については、その存在もしくは私の語った事実に疑念を呈するほど思い上ったヤフーがいるという話を聞きませんが、それはその真実がただちにすべての読者を納得させるからです。それなのに、フウイヌムとヤフーの説明がなぜ信じてもらえないのでしょうか？　後者については疑う余地などありません、現にこのシティには何千という数がいますし、わけの分からない言葉を喋り、裸ではないという以外にフウイヌム国の同輩の獣〔「普通のヤフー」と呼ばれる〕とどこも違いはしません。彼ら〔文明ヤフー、とりわけイングランドヤフー〕に誉めてもらう必要はない、彼らを矯正するために私はこれを書いたのです。」

ここでまず私の目を引いたのは、著者が読者に向かって、貴方たちはヤフーそのもので、フウイヌム国のヤフーと違うのは、ただ「わけの分からない言葉を喋」っている点だけだと判断を下しているところだ。ここには世界の中心に自らを位置づける独善的なイングランドヤフー、とりわけメトロポリス、ロンドンに蝟集する人々への痛烈な批判がこめられており、別のところでガリヴァーが彼らが喋る言語、つまり英語を「野蛮」視していた（四―5）ことを想い出す。

このような認識は、フウイヌム国で彼が寄寓した家の主《あるじ》との会話をとおして手にしたものであった。彼は主の議論や表現が英語では充分に伝え切れないと思い知らされる一方で、フウイヌムたちが、「権力、統治、戦争、法律、刑罰等」にかんする「余りにも多くのことを表現する言葉」を持っていないこと（四―4）、そしてまた、彼らは嘘とか偽りの表現を知らず、邪悪さや高慢さをあらわす言葉をもたないこと（四―9、四―12）に彼は次第に気がついてゆくのである。お喋りだが、肝心なことは伝えられないイングランドヤフーが、ここでは槍玉にあげられているのだ。

主と対話をはじめても相互の了解に至らず苦労したのはこの野蛮な言語で育ってきたせいだと、ガリヴァーは責任を自分に引きうける。それはフウイヌムたちのせいではなかったのだ。彼らは逆に、生来の理性をつかい相手を直截に得心させる力をもっており、実は豊かな言語能力を備えているのであって、文明ヤフーのように「ああでもないこうでもないともっともらしく議論」する必要のないところに生まれた（四―9）のであり、第四篇で展開される対話は、このコントラストを鮮やかに照し出す。このことは、フウイヌム国での滞在がながびく間に「簡潔をきわめる、しかも奥深い意味のある言葉」でのやりとりを味わう力を育て、「少し話の途切れる方が話の質が上る」ことに気づくまでになった旅人ガリヴァーの貴重な発見（四―10）の成果であり、書き手ガリヴァーは、それを第四篇の中で特筆大書し、読者の注意をうながしている。

しかし、この言語問題で彼が明らかにしたかった本当のねらいは、イングランドの言語状況への批判ではなく、旅人ガリヴァーの洗脳問題であったことを忘れてはならない。ここでいう洗脳とは、「自らの脳にこびりついていた偏見や思いこみの埃《ほこり》を洗い落」とすこと（「渡辺一夫著作集」第二巻所収「ルネサンス的『洗脳』の一例――ホセ・デ・アコスタについて」参照）という意味で使っているが、さきの旅人ガリヴァーの「発見」は、いわばフウイヌム国での彼自身の洗脳経験があってはじめて可能であったのである。帰国後の彼は、くり返すが、そのように「野蛮」な言葉でお喋りをする文明ヤフーたちが、身につけてしまっている偏見、独善、つまり唯我独尊を洗い落とすこと、つまり彼のいう文明ヤフーの「矯正」を願って、五年後に『旅行記』の執筆を思い立ってゆくのである。

書き手ガリヴァーは読者に第四篇で『旅行記』の主人公がはじめて直面した洗脳問題を、わがこととしてリアリティーをもって受けとめてほしかったのであり、それだけにお喋りにうつつを抜かす連中によってフウイヌム国の実在が否定され、せっかくの問題提起が棚上げされることは、許しがたいことであったのである。

ヨーロッパ種のお喋りの無意味さを覚り、彼らの「魂の奥に巣食う虚無、虚偽、欺瞞、瞞着の悪習」に耐えがたい思いをいだいてイングランドに暮らす書き手ガリヴァーにとって、さきの旅人ガリヴァーの洗脳経験はどうしても記録しておかねばならないことであった。第四篇の重要性は明らかである。

その第四篇を無視・黙殺しようとする読者の『旅行記』への集中攻撃に彼の怒りは爆発する。「書物を刊行して「すでに六ヶ月余、我が一書が狙い通りの効果をひとつとして生んだ例はありません」との言葉にそれが凝集されていた。刊行者シンプソンはその怒りをまともに受ける。「貴方が公益のためを力説されたとき、私は何度も〔文明〕ヤフーには教訓、手本の類で向上する能力が皆無であることを念頭におくべきであると申し上げたことを今一度想起していただきたい、その通りではありませんでしたか。」

だれしもここに読者の反応に憤懣やる方ないガリヴァーを見出すであろうが、実はその激しい苛立ちは間違いなく作家スウィフトのものであったことも確かである。彼は書き手ガリヴァーに托して、自分のおもいを増幅してみせているのだ。

それが、問題の手紙を初版刊行からそれほど時間をおかないで六、七カ月後、書き手ガリヴァーが認めたものと読者に思わせるスウィフトの仕掛けとなってあらわれる。律儀な研究者は、この手紙が実際はいつ頃書かれたのか詮索しようとするかも知れないが、肝心なことは、スウィフトがなぜそれをその時期に設定したのかである。

すでに旅行記を読みおえている今、ここで想い出すのが、作品全体のエピローグ、第四篇最終第十二章の末尾に唐突ともいうべきかたちで書きこまれていた一文である。それは、「高慢」という「愚劣な悪徳」に感染しているイングランドヤフーに対する書き手ガリヴァーの絶交宣言であったが、さきの手紙はこれに直接呼応する内容となっており、私はここにスウィフトの巧みな作為を感じとるのだ。つまり、手紙に充満している書き手の苛立ちや絶望は、早くも本文執筆時から芽生えていたもので、読者の反応がそれを加速し、あの激した表現となったのだと、スウィフトは人々に納得させようとしたのである。

絶望と紙一重のところで踏みとどまり、ヤフーの矯正へと打って出たものの、その効果がすこしもあらわれないとなれば、書物の絶版しかないのであり、わずか六カ月余でガリヴァーがそこまで追いこまれていたことを手紙の末尾は私たちに思い知らせてくれるのだ。

「ただひとつ、正直に申し上げますと、先般の帰国以来、貴方の種の少数の者と、とりわけ我が家族の者と万やむを得ず交流するうちに、ヤフー的性格につきものの腐敗が多少ぶり返してしまいました。そうでなければ、この王国のヤフー族を改良しようなどという馬鹿げた計画にどうして手などつけましょうか。しかし、そんな夢幻とはもう永久に訣別です。」

ガリヴァーにとって、六カ月は耐えがたく長いものだったのだ。彼にとってみれば、まだ六カ月しかたっていないではないかと悠長に構えておれなかったからだ。いいかえれば、書き手ガリヴァーは、イングランドヤフーに包囲され、追い込まれ、最終的には彼らを改良してゆくという計画を放棄させられたわけである。しかし、ここで謎が残ることは否定できない。半年が限度とまで思いつめシンプソンに抗議していたガリヴァーがなぜ九年後に改訂版まで出したのか、との問いが読者から直ちに発せられるからである。

しかし、さすがはスウィフト、彼は改訂版の冒頭に付した版元の「告」で、読者にその謎解きをみせてくれる。この版は著者ガリヴァーの親友が彼の自筆稿と初版本を照合・訂正したもので、出版は著者の意志とは全くかかわりないとする説明がそれである。ここで私たちは、旅人ガリヴァーと書き手ガリヴァーに加えてスウィフトという三者の関係をあらためて問わなければならなくなる。そこで気づくのは、書き手ガリヴァーの絶望にも深く共鳴しながらも、彼とは違い、九年後になっても先のような細工をほどこして改訂版を出し、ヤフー種の改良に引きつづき取り組もうとするスウィフトのしたたかな構えである。スウィフトに書き手ガリヴァーを造型させたのが、十八世紀イングランドの現実、わけてもそのメトロポリス・ロンドンに住むヤフー種の生態であってみれば、両者が危機意識を共有するのはごく自然の成りゆきである。問題は、書き手ガリヴァーに托してその危機意識をより鋭くより激しく表現させ、しかも、ヤフー種とのたたかいにおいては、その困難を自覚しつつもそれを手放さず、空に石を投げる思いで『旅行記』を世に問いつづけたスウィフトのメッセージをまっとうに聞きとどけることである。

彼は『旅行記』を、とりわけ第四篇を無視・黙殺し、棚上げする読者に、あえて呼びかけていたのである。手紙にあらわれたガリヴァーの苛立ちを鎮めてほしい、彼を虚言を弄する狂人と見なさず、狂人にこそ真実が見えるのではないか、彼を狂わせたのは君たちヤフーではないか、いや彼は狂人ではないし、フウイヌム国もどこにもない国ではない、要は、この作品をとおして、読者がどこまで自己省察を深めてゆけるかであり、第四篇でみせた旅人ガリヴァーの「洗脳」とフウイヌム国追放に至るその後の衝撃的な経験をわがこととして読みこんでほしいのだ、と。

つづく、三つの節は、私なりに書き手ガリヴァーの苛立ちを静めるための『旅行記』へのアプローチであり、二人のガリヴァーとの、ひいては演出家スウィフトとの対話のこころみである。

第一節　なぜ旅行記か？

——ダンピア著『最新世界周航記』を向こうに回して

プロローグでいささか問題を先取りして、旅人ガリヴァーの「洗脳」経験、書き手ガリヴァーによる高慢ちきなイングランドヤフーへの苛立ち、さらには、そのような二人のガリヴァーを造型しなければならなかった生身のスウィフトの現実との対峙の姿勢などについて考えてきたが、その作業の中で私はスウィフトに問いかけたくなった。絶望的なまでの、しかし、どうしても手放せないたたかいに打って出ようとするとき、なぜ旅行記というジャンルを選んだのか、しかも、あれほどまでに、ガリヴァーの『旅行記』が実録だということにこだわり抜いたのか、と。

ここでダンピアの作品を取り上げるのは、それがこの問いにいくらかでも応えてくれると考えたからである。

ところでそのダンピアであるが、彼は、さきの書き手ガリヴァーの手紙の中で「従兄ダンピア」として言及された当人で、実在の人物（一六五二―一七一五）であった。一六九七年刊の彼の旅行記は、出版後わずか数カ月で四回も版を重ねるなど、多くの読者を魅了し、十七、八世紀の旅行記ブームの中でも屹立する作品となった。彼が旅の間肌身離さず保存してきた日記――パナマ地峡の河川渡渉にあたっては、それを竹の筒に入れ両端をワックスで封印していたという――を基にして帰国後書き上げられたその作品は、確かな伝聞以外は自分の感覚で確認したものしか記述しないとする彼の原則がそのまま信頼されて、実録中の実録として読者に受け入れられていたのである。

彼は主として私掠船（イギリス海軍には所属しないが、国策に沿って当時イギリスの敵国スペインの勢力圏を攻撃・掠奪することを許された船）に乗り込み、二度にわたって往来した「南の海」（本節では中米から南米の太平洋沿岸海域の意）への航海を手始めに、その海域を出てからは北太平洋を横断し、ミンダナオ島から東南アジア周辺海域、果てはオーストラリアの北西海岸へと足を伸ばし、十二年半という長期にわたる旅を続け、「東西両インド」（もともとスペイン・ポルトガルが教皇の裁定によって地球を東西に分割領有しようとしたときに発する地域概念）の「辺地」にあたる空間で発見することになった、とりわけイギリス人にとっては物珍しい自然（動植物や住民たち）の姿を読者に届けようとしたのである。

この旅行記の中でダンピアは二つの顔を見せる。一つは発見航海者、一つは自然の記録者であるが、まず、最初の問題から入ってゆく。未知な海域や陸地については、彼は後続の航海者に貴重な情報を届ける役を買って出る。太平洋上ではこれまで存在するとされていたいくつかの島が地図上から抹消され、代りに新しい島々が書き加えられていき、加えて南太平洋の高緯度にあるとされていた「南の地《テラ・アウストラーリス》」（クックがその存在を否定したあの「南方大陸」）の位置を示唆する（第十三章）かと思えば、他方で北太平洋についてはアメリカ大陸西海岸からヨーロッパへの近道となるはずの北西航路（第一部参照）の発見可能性に言及するなどしたのは、そのためだ。同時代の地理的情報の空白へのダンピアの挑戦であり、それは航海者にとどまらず未知の空間に夢を馳せる読者の要望にこたえる途だと彼は見越していたといえよう。事実、彼の旅行記はウッズ・ロジャーズの航海（一七〇八年出帆、ダンピアも参加。「十七・十八世紀大旅行記叢書」第二期第六巻）への呼び水となってゆくのであり、その影響力はさらに後代にも及ぶ。彼の航海は、十八世紀後半に始まる国家的事業としての大航海への橋渡しとなったのである。彼に遅れること半世紀たって世界周航を果たし、第二のドレイクともてはやされたアンソンよりも、ダンピアの方がブーガンヴィルやクックにより近い位置を占めていると言えるのはそのためだ（次ページ地図参照）。

しかし、この問題にはこれ以上深入りせず、ここでは自然の記録者としてのダンピアの働きとその意味を問う作業に集中したい。実はスウィフトもまた、そこに注目し、自らの旅行記を、そ

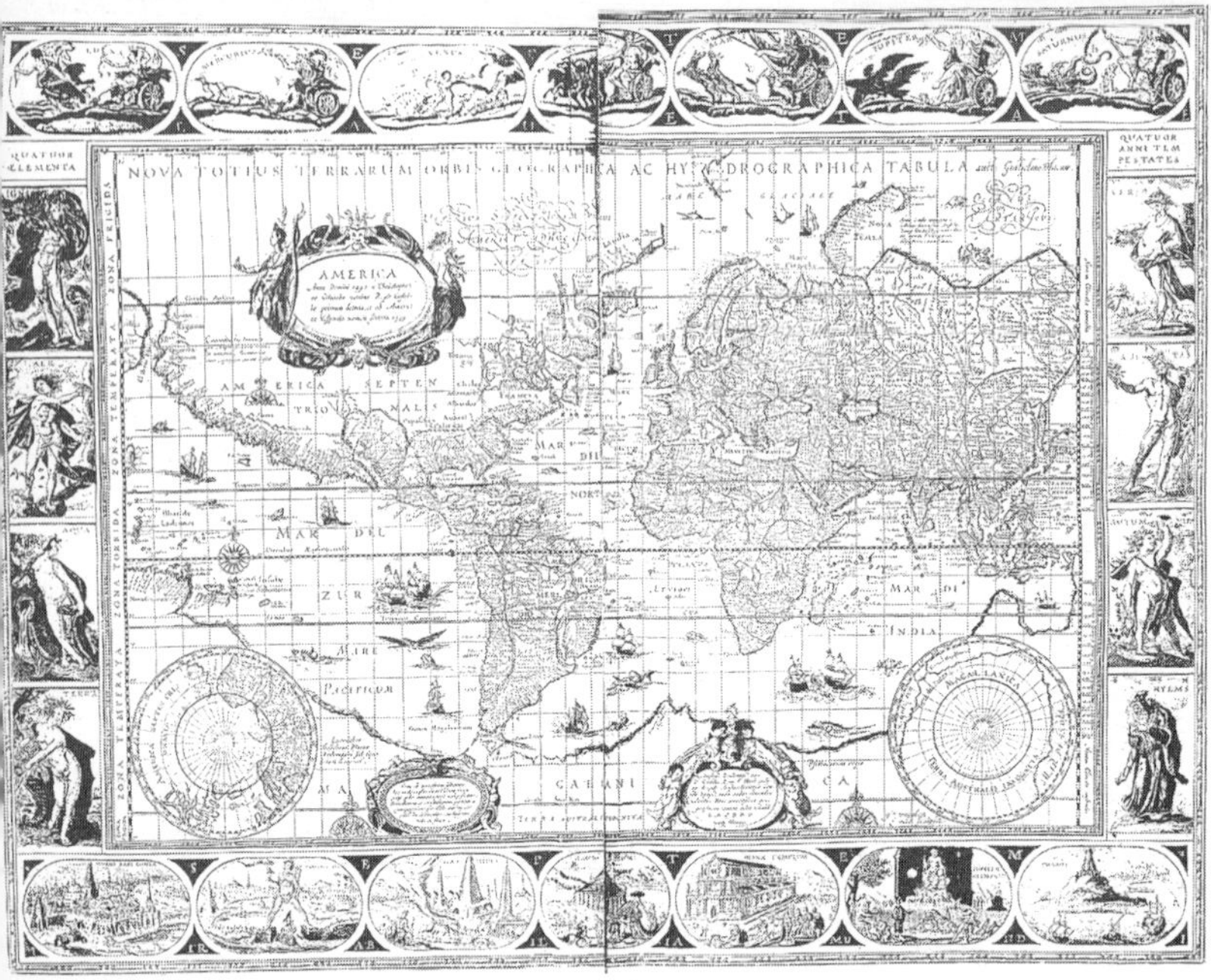
NOVA TOTIUS TERRARUM ORBIS GEOGRAPHICA AC HYDROGRAPHICA TABULA
AMERICA
QUATUOR ELEMENTA
QUATUOR ANNI TEMPESTATES
MAR DEL ZUR
MARE PACIFICUM
MAR DI INDIA

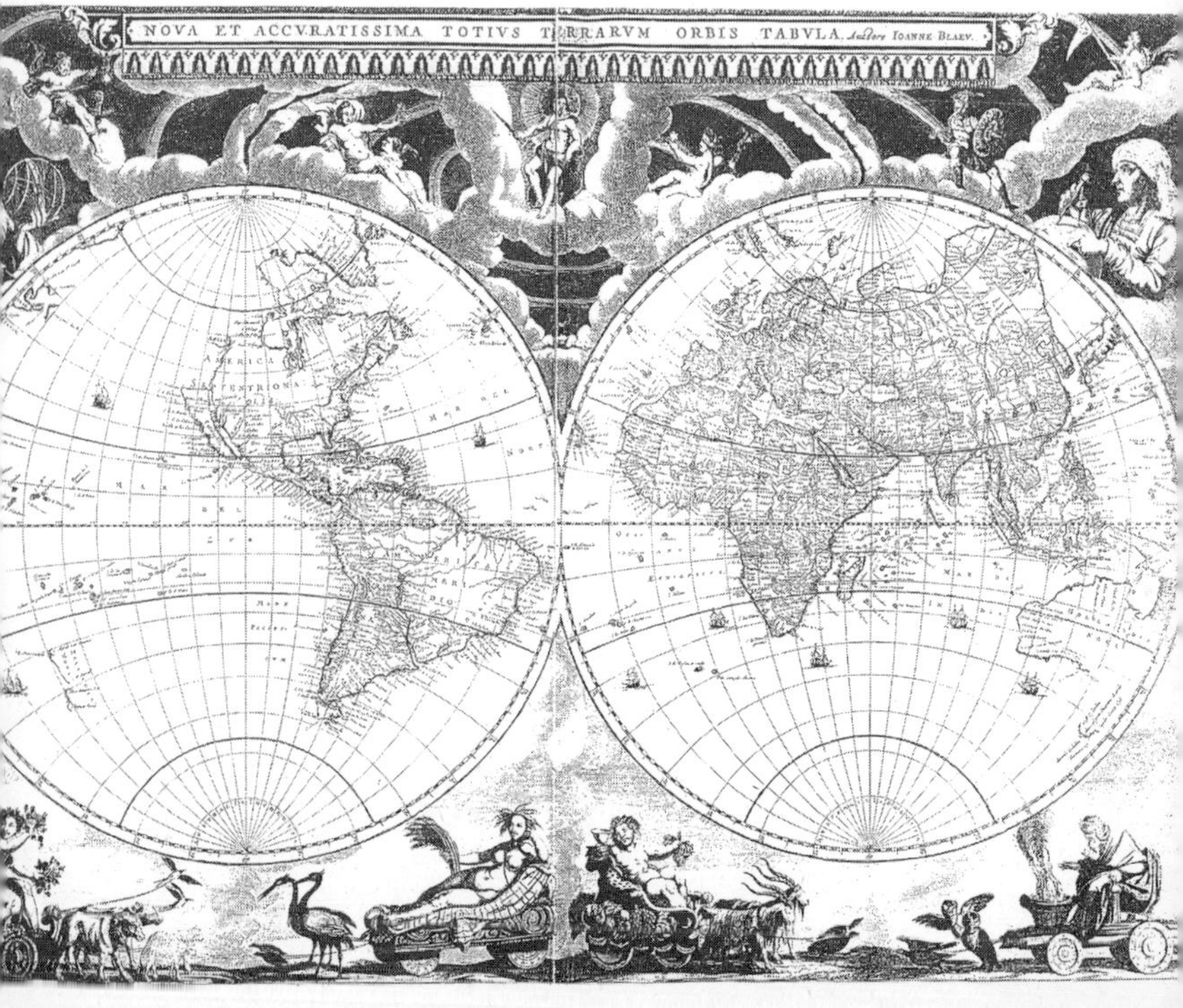
NOVA ET ACCVRATISSIMA TOTIUS TERRARUM ORBIS TABULA. Auctore IOANNE BLAEU.
AMERICA SEPTENTRIONALIS

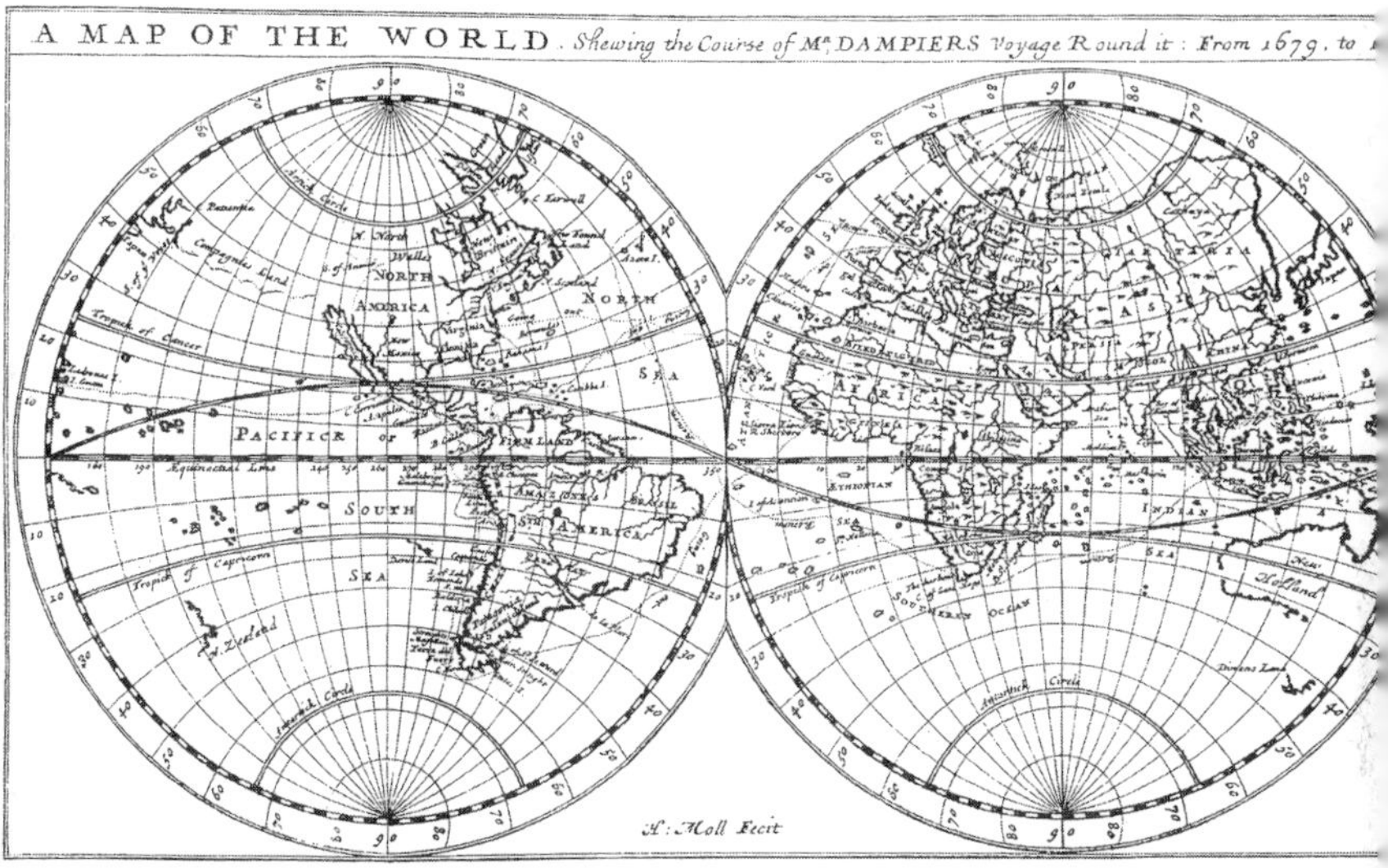

上の地図はダンピア著『最新世界周航記』(1697年刊)に掲載された世界地図(ハーマン・モル製作)。右上(1630年刊)、右下(1662年刊)のブラウによる世界地図同様、この地図でも太平洋の南北の空白はのこったままである。

ついでにつけ加えておくと、この3枚の地図でとくに注目すべきは右上の地図には南半球、とくに南太平洋に大きく張り出す巨大な陸塊、いわゆる「南方大陸」が書きこまれているが、早くも右下の地図ではそれは消え去り、わずかにニュージーランドの西海岸がその可能性を示唆するものとしてかきこまれていることである。スウィフトが『旅行記』の舞台として設定したのもこれら南北太平洋海域であり、その空白が埋められてゆくのは、クックやラ・ペルーズの航海をまたねばならなかったのである。

れに対峙させようとしたのである。

ダンピアにとっても、それこそ本領発揮すべきフィールドであり、それは見事に成功する。彼が実見した世界各地の「植物、果実、動物および住民」についての彼ならではの描写は、当時の読書人を多数引きつけただけでなく、そのファンは後を絶たないのである。「全体を通して読者の印象に強く残るのは、驚くほど緻密で丹念な、観察の克明きわまる描写である。冒険談でなく、むしろ自然観察のいわばフィールド・ノートに近いのである」とは『最新世界周航記』(「十七・十八世紀大旅行記叢書」第一巻)の訳者、平野敬一の言葉である(『英語青年』、一九九五年八月号)。

そこでまずは、このような観察を彼に可能にさせた手立てとしての私掠船と彼の関係について触れておこう。当時の私掠船員といえば、例えばエスケメリン著『アメリカの海賊たち』(初版は一六七八年のオランダ語版、英語版初版は一六八四年)の描き出す掠奪と内紛に明け暮れるその日暮らしの海賊たちを思い浮かべる読者にとっては記録者ダンピアの肖像は納得しにくいからである。

一六八〇年に始まった彼のパナマ地峡を越えての旅、すなわちスペインが領海とする「南の海」への第一回航海は、私掠船仲間に誘われてのものであったが、その海域への第二回目の旅立ちは、彼が自ら選び取ったうえでの私掠船乗船にはじまる。私掠船特有の行動半径の広さに加えて、食費だけは自己負担だが、特定の船に縛られず、途中船を乗り換えることも、陸に上ることも自由という、『周航記』が伝える私掠船仲間の約束ごとは、物珍しい自然の宝庫ともいうべき「南の海」から東インディーズの「辺地」への観察旅行にはうってつけであったのである。そのとき彼は私掠船に記録者として乗り込んだのであり、掠奪を目的とする仲間から見れば異分子であったことは間違いない。たしかに彼は、私掠活動にも参加し、その内容についても記述している。しかし、それで読者を楽しませようと考えたりしたからでもないし、「ましてそれを語るのが楽しいから触れている訳でもない」と言い切り、自分の「足跡」を記すことで『周航記』の話に筋道をつけ、記述内容の真実性を納得してもらおうとしてのことだったと、「はじめに」で記している。彼は自然の観察に集中し、その成果を読者に伝えようとする。「ある土地をぶらぶら歩き回っている人の方が街道から一歩もそれることなく、ひたすら駅亭から駅亭へと駆けてゆく飛脚より、通常、実のある観察記を書けるものだ」とのダンピアの言は、この間の事情を的確に説明してくれている（前掲「はじめに」、平野訳。以下引用はすべて同書による）。

旅人ガリヴァーがこの旅行者心得に共感を示したことは容易に想像できる。遭難、海賊との遭遇、仲間による置き去りなどが契機となって始まるガリヴァーの遍歴は、結果的にはダンピアのいう「実のある観察記」を生み出す最も恵まれた条件の下で行なわれたのである。問題はしかし、ダンピアが残した観察記の内容であり方法なのだが、これは後にまわすことにして、ここでは、「実のある観察記」を書こうとした二人の書き手の類縁性の指摘にとどめておく。いずれにせよダンピアのこの姿勢は、基本的には飛脚の比喩がふさわしい十八世紀後半の世界周航者たちが残した観察とは異質な成果を生み出してゆく。

記録者ダンピアの誕生にあたって、私掠船が果たした決定的な役割についてはこのくらいにして、次は彼の主題である自然誌記述と具体的につき合い、その方法を問う作業に入りたい。いくつもの例を引きたい誘惑に駆られはするが、これは禁欲せざるを得ないので、ここは見事な訳文で刊行されている前記叢書で補っていただきたい。

マナティ（五五―五六ページ、ページは平野訳、以下同様）、ブービー（七三ページ）、マングローブ（七八―七九ページ）、ペンギン（一二五ページ）、ウミガメ（一三一―一三八ページ）、ワタの木とキャベツヤシ（一九七ページ）、グアバの実（二六〇ページ）、プランティン（二五五ページ）など、彼の記述の順序にしたがって主な動植物を列挙してみると、それぞれの種が地域差を見せながら地球上に拡がっている実相が見事に描き分けられていることが分かる。「南の海」にとどまらず、カリブ海域から東インディーズ各地へと伸びてゆく彼の行動半径の広さと鋭い観察眼が、この方法を可能にしたのである。したがって、各地に分布する同一種を一つの箇所でまとめて記述してゆく手法が取り込まれ、発見の順序にはこだわることがない。

十六世紀の自然誌記述者として著名なスペイン人植民者オビエードがカリブ海域ではじめて目にとめ、聞いたこともない魚として紹介したマナティ（『インディアスの自然誌および発見征服史』第十三巻第十章）についても、ダンピアは、西インディーズ（オビエードのいうインディアスと同義で、南北アメリカ大陸とカリブ海域）のみならずミンダナオやオーストラリア海岸などでもそれを実見していたため、相互に比較可能であり、記述内容はより明確となり、実体に迫ってゆくことができたのだ。ウミガメの記述なども、まるで世界中の「ウミガメ大鑑」を見る思いがする。

しかし、ここで私たちが見落としてはいけないのは、彼が記述対象とする「自然」の中に旅の途中に出会ったそれぞれの土地の住民たちが含まれていたことである。彼にしてみれば基本的には彼らは動植物と同じく物珍しく観察・記述すべき客体であり、したがって彼らとの接触が彼の自己内省を引き起こす契機になるはずはなかった。ダンピアが彼らを向き合うべき対等な主体と見なさない限り、それは起こりえないことであった。

しかし、彼が十六世紀以来ヨーロッパ人が蓄積してきた人間種についての情報を豊かにしていったことは否定できない。広大な未知の地域をぶらぶら歩きまわる旅が、それを可能にしていったのであるが、彼の『周航記』は、ヨーロッパ人が自分たちの文明を普遍的尺度にして自らに卓越した地位を与え、そのヒエラルキーに従って相手を位置づけ、地球上に広がる人間種の地図を完成してゆく運動において重要な情報源となっていったのである。

たしかに、ダンピアは人間についても見たものしか信じないとの原則を貫き「私は人食い人種というものにお目にかかったことは一度もない」と言い切り、オビエードに発する〝人食い伝説〟（第二部第一章参照）を拒むのだが、それもまたヨーロッパのコンキスタが創り出してきた「未開」諸民族全体に対する蔑視、偏見を打ち崩す方向には作用しなかったのだ。自分たちとは違う人間に対する蔑視、差別は、素朴に自分の好みを押し出してゆく動植物の観察にあたっては見られなかった方法態度であったのであり、彼は、いわば二つの尺度を使い分けて自然誌記述をすすめていたといえるだろう。

オーストラリア沿岸や南アフリカ南端のケープで出会った先住民についての観察にそれは如実にあらわれていた。後者について言えば、ダンピアは「勤勉」なイギリス人と対照的に「怠惰なホッテントット」を描き出し、「彼らは快適な、耕作に非常に適した地域に住み、しかも全員に行き渡るだけの十分の広さの土地があるにもかかわらず、豊かさを求めてあくせく働くくらいなら、先祖代々そうしてきたように、怠けて貧乏でみじめな生活を送る方がましだと考えるのである」(前掲訳書、五八八ページ)と切ってすてる。ペシュレ人の悲惨な生活に共苦したゲオルゲとの違いは明白である(第二部第四章参照)。蔑視の対象に愛情や「哀れみ」の心が働くはずはないのであり、オーストラリアの住民に対して発砲し、強制連行しても、ダンピアはなんの痛みも感じていない(同上、五〇九―五一二ページ)。

彼が私掠船の行動を対象化する姿勢を見せなかったのも、根っこは同じであった。彼が利用した私掠船は、スペイン人の船や彼らの基地を攻撃するだけではなく、途中出会った先住民に対しても、必要とあればいつでも掠奪・破壊に及んだのであるが、それらは私掠船の「自由」を享受できさえすればよかったダンピアにとっては、責任が問われるべき出来事ではなかった。西インディーズの先住民から食糧を奪いとっても、自分たちが生き延びるにはそれしか手がなかったとしてこの「現地調達」という方法を正当化するのも(同上、第九章)、イギリスの国益をはかるためにに有効なミンダナオへの植民をすすめるにあたっては、私掠船員は打ってつけだとさえ述べる(同上、第十三章)のも、ダンピアその人であった。

ここまでくると、記録者ダンピアと、書き手ガリヴァー、ひいてはスウィフトとの落差はいうまでもないが、諸国遍歴者ガリヴァーとの違いも明白となるであろう。

先の書き手ガリヴァーの姿勢、さらにこれから私たちがつきあう旅人ガリヴァーが明るみに出す旅先での観察の数々がそれを証言してくれるのでここで多くを語る必要もない。しかし、スウィフトがもう一つの実録として旅行記を構想したとき、対峙すべき相手として以上述べたような「人間」観察者ダンピアが目の前にあったことだけは確かである。

自分の親戚であり、世人の注目を引いた旅行記を書いたダンピアが誇る発見など発見の名に値しない、それは発見すべき真実をなんら伝えていないではないか、遠隔の地への旅という、そのためにまたとない手段を彼は生かしていない、自分がこころみるのは、読者に媚びることなく、旅をとおして人間種（ヤフー種）の真実、とりわけヤフー中のヤフーたる自分たちイングランド種の正体を明るみに出し、彼らに「洗脳」を迫ることだ、そのためには未開野蛮な国々への旅で満足していてはならない、文明諸国への旅こそが必要なのだ。……耳をすませば、書き手ガリヴァーのダンピア批判が聞こえてくるのである。

書き手ガリヴァーが「イングランド人や他のヨーロッパ人が滅多に訪れることのない遠い国々に旅行する者にとっては、海や陸の不思議な動物のことを記述するのは何でもない。」（四―12）と言い切り、「私はひたすら真実につく」（同上）とあえてイタリック体で強調したのは、以上述べたような意味でのダンピアとの対決を意識してのことであったのである。

つぎの私たちの作業は、書き手ガリヴァーが自負する発見、これまでダンピアも含めてどの旅人もなし得なかった発見とは何であったのかをその『旅行記』全四篇に問うことであり、以下の三節でそれを試みたい。

第二節　遍歴を楽しむガリヴァー

i　愛国者ガリヴァーの数奇な旅

『ガリヴァー旅行記』を開き、主人公が経験する旅の面白さに引き込まれ、他方で著者スウィフトが展開する鋭い風刺を楽しんだことのある読者にとって、これまで試みてきた、本体を脇においてのいわば搦め手からの作品へのアプローチはいささか異様にうつるかも知れない。旅人と書き手のガリヴァー、さらに著者スウィフトという三者関係などには目を向けず、直接著者と向き合えばいいのであって、ガリヴァーは実在した元船長だ、したがって、この旅行記は実録なのだという書き手ガリヴァーの、ひいてはスウィフトの言い分などにいちいちつき合う必要はない、要は『旅行記』に込められたスウィフトその人の批判精神を当時のイングランドの政治的・社会的文脈の中で読み解くことにかかっている、というのが大方の考えだからだ。彼らにとって旅人ガリヴァーの影はまことに薄く、彼は、いわばスウィフトの操り人形そのもので、そのようなリアリティを欠くガリヴァーによる架空の冒険に入れこんで、そのひとつひとつに一喜一憂したりすることなどナンセンスとなるのである。

しかし、いまの私は、そうは考えない。ダンピアたちを向こうに回して自国から遠くへだたった文明諸国へと旅する実在の人物としてガリヴァーとつき合い、彼がいかなる旅人であったのかを作品全体から見届ける作業こそが求められており、書き手ガリヴァーのさきの苛立ちを鎮めるには、それは必要だと考えているからである。

これに対して、あれはどこにもない国々への遍歴譚であり、実録と同じ土俵で競合させるのは筋違いというもので、そのような仮説はスウィフトに誑かされた者の戯言《たわごと》だとの反論が直ちに予測されるが、それに対して私は答えておく。誑かされてはじめてスウィフトのメッセージのアクチュアリティは聞きとれるのであり、彼が構想した架空旅行記の本領はそこにある、と（ディドロの架空旅行記を主題とする次の第二章も参照）。

今の私には、祖国を得意になって賛美する愛国者ガリヴァーや、大人国《たいじんこく》の陛下からイングランド国民は「虫けら」と裁定され、むきになって反論する彼（第二篇）も、不死人間が存在すると聞き、心躍らせるガリヴァー（第三篇）や、フウイヌム国で「洗脳」をなしとげたガリヴァー（第四篇）も生身の旅人の経験として実にリアリティをもって迫ってくるのである。

『旅行記』が第一篇から第四篇へと不可逆的に配置されているのも、そのためであり、スウィフトは、作品のつまみ食いを許さない構成をたくみに実現している。わがこととしてガリヴァーと旅をともにした読者でなければ、旅の最後に彼がたどり着いたフウイヌム国での人間種（マン・カインド）の発見、とりわけ自分がヤフー種の中でも最も醜悪で高慢、かつ危険なイングランドヤフーの一人だったと自己覚醒してゆくプロセスの重みを了解することができない仕組みは、その最たるものである。

前置きはこのくらいにして、『旅行記』の順序にしたがって読みを進めたい。

まずはじめに取り上げるのは、小人国（第一篇）と大人国（第二篇）と相次いで行なわれる二回の旅である。ここでそれぞれを別箇に読まずセットにしたのは、それらがガリヴァーにとって分かちがたく結びついた二つにして一つの旅だから、とひとまず答えておく。

ここでまず注目されるのは、これらの旅でガリヴァーが獲得した相対感覚である。大人国（ブロブディンナグ）に身をおくことになったガリヴァーが、今の自分はかつて訪れた小人国（リリパット）の住民の一人がイングランドにいるようなものだと気がつくところに、それはあらわれている。つまり、本人が伸びたり縮んだりしたわけではなく、比較する相手との関係によって自分は小さくも大きくもなるのだと分かってゆくのだ。自分たちこそが発見し、記述する唯一の主体と考え、己れの尺度を絶対視し、裁定者よろしく発見された相手を評定し、平然と蔑視し、ときにはその存在を無視してはばからない当代のヨーロッパ人旅行者の、とりわけ彼らが「未開・野蛮」と目する国々への旅人の通念が、ここで揺らいでゆく。対蹠的な二つの国、しかもヨーロッパから遠く離れた、「野蛮」な土地ならざる文明諸国への相次ぐ旅で彼は目を開かせられたのである。ここで、このブロブディンナグには、リリパット同様、宮廷もあれば市場もあり、法律や規律正しい軍隊も備わっており、立派な「文明」国であったことを忘れないでいたい。以降ガリヴァーの訪れるのが、すべて「未開・野蛮」な国々でないのは、ヨーロッパ人による同時代の発見航海の多くと彼の旅の違いを際立たせるためのスウィフトの仕掛けであったことは明らかだ。

この旅人ガリヴァーにみる目覚めのプロセスについての詳細は訳書を読んでいただくしかない

が、その触《さわ》りをすこしとり出しておく。

大人国で、のっけから連れてゆかれた農家で赤ん坊に乳を飲ませていた乳母の「怪物的な乳房」に胸が悪くなったガリヴァーはかつて小人国で学者と交わした会話を想い出し、いまの自分の感覚を修正する。彼は次のように語ってくれたのである。曰く、「地面から見上げたときにはあなたの顔は美しくてつるつるに見えたのに」、手に乗せてもらって近くでまじまじと顔を見つめたときには「体に衝撃が走った」、と（二―1）。また、ガリヴァーを見世物にしてひと儲けしていたさきの農家の主から国王によって買いとられたものの、王宮に住む女官たちによって彼は「意味無きものの如くに扱」われ、ときには虚仮《こけ》にされ屈辱的な扱いをうけるのだが（二―5）、それはただただ彼が極端に小さかったからだと納得してゆくのも、両国での体験から学んだ成果であった。そうこうしている内に、大人国の陛下に、「こんなちっぽけな虫けら」も威厳をとりつくろうものよと嘲笑されて憤激したものの、彼自身が知らず知らず大人たちの感性を身につけるようになり、あげくは「気取って歩き、礼をし、喋る」ちっぽけなイングランドの貴族たちを笑いとばしたくなっていることに思いいたるのだ（二―3）。

たしかに旅の中で、この立場をとりかえて見るという方法が自己省察にとっていかに必要かを伝えるガリヴァーの旅は、ダンピアの『周航記』からはうかがいえない新しい旅の地平を開いていた。問題はしかし、旅人ガリヴァーがいまだその相対化の方法を存分に使い切っていないところにあった。つまり、同時代の「発見航海者」のほとんどが陥っていた自己絶対化の軛から一歩踏み出したガリヴァーも、こと祖国イングランドの政治社会の仕組みについては称讃を止めなかったのである。

ここで私たちは、自己中心主義の根強さとその原因を思い知らされることになる。それをひとことで言えば「祖国への偏愛」にあったのであり、他ならぬ祖国の現実への旅人ガリヴァーの「無知」がその偏愛を育てている関係が、鮮やかに浮かび上がる仕掛けになっていた。

しかし、ここでもし、私たちがガリヴァーを見下し嘲笑する大人国の陛下の側に立って、彼に反論してゆくガリヴァーを陛下のまっとうなイングランド批判の格好の餌食となる道化役に見立てて笑いとばしてよしとするならば、ガリヴァーの無知、いいかえれば独善はひとごとととなる。スウィフトは、そのような読み方をこそ問題にする。笑われているのは、あなた方ですよ、と彼は言いたかったのである。

次に、スウィフトの手の込んだ仕掛けとすこしつき合ってみるのは、そのためだ。陛下を前にしてガリヴァーは、「庶民院」と「貴族院」に言及してそこに集う人々は「優れた能力と祖国愛のゆえに、民衆の手で自由に選り抜かれたジェントルマンの鑑ともいうべき人々であり、全国民の叡智を代表」し、しかもこの二つの団体が「ヨーロッパ随一の権威」をもつと語ってゆくのだが、それが問題の出発点となる。陛下はこれを聞き逃さず、辛辣を極める的確な批判を展開してゆく。彼らは「暗愚」の王と「腐敗した閣僚」と一緒になって「公けの利益を犠牲」にしている、とはこのときの陛下の言葉であり、書き手ガリヴァーは問題の隅々に及んだ彼の語り口をそのまま再現してくれているが、ここでそれを詳述するわけにもゆかない。ただひと言、ここに陛下によるよる最後の宣告だけをとり出しておく。曰く、「お前の国の住民の大半は、自然に許されてこの大地の表面を這いずりまわるおぞましい虫けらの族」だ、と（二―6）。

この陛下の裁決に、もし旅人ガリヴァーが動揺でもしたならば両者の「会話」は実りあるものとなり、彼はそれを自分の祖国への「無知」と訣別してゆく第一歩とすることができたのだが、ことはそれほど簡単ではなかった。このあとの旅人ガリヴァーのモノローグがそれを明らかにする。つまり、「対話」は成立しないのだ。彼はこの裁決を聞きながらひたすら耐えたとつぶやき、「祖国への偏愛」はむしろ「褒むべき」態度としたうえで、逆にブロブディンナグの政治や学問を批判してゆく。この王の「偏見」、考えの狭さは明白で、自分たちヨーロッパの「教養ある諸国」とこの国は違うのであり、「この君主の善悪観が全人類の標準として持ち出されたら、それこそきついことになるだろう」と言い切る（二―7）。自分が、イングランドの政治を世界随一と誇り、それを全人類に押しつけようとしていることを忘れての独り言であった。スウィフトは、ここで問題はガリヴァーによる大人国への批判の当否ではないと思わせてゆく。陛下の的確な批判に耳を傾けることなく反論してゆくガリヴァーの独善の根深さをこそ知ってほしいとのメッセージを、スウィフトはここにひそかに仕込んでおいたのである。

さいごに確認できるのは、二つの国への旅で彼の愛国心が揺るぎもしなかったことである。大人国で日々屈辱に耐えるよりも死を願うようになり、その国を出るチャンスをねらい、偶発した出来事のおかげで祖国イングランドにたどり着いたガリヴァーは、イングランド人との「対等」な話を楽しみ、「私と家族と知り合いの三者は正しい相互理解に達し」たと語ることができた（二―8）のである。

ii　新しい出会いを求めて
――問い直される「わが現代」

「人間の尊厳」に「ふさわしいレヴェル」以下の扱いに屈辱感をいだくようになり、大人国からようやく脱出したガリヴァーではあるが、対蹠的な二つの文明国への相次ぐ旅の経験の中で彼は、同時代のヨーロッパ人旅行者には珍しい相対感覚を習得していったこと、しかし他方で自己中心主義から完全に自由になれないままに祖国への偏愛にとらわれ続けたことについてはすでに触れておいたが、いまひとつ変わることのなかったのは「世の中を見たい渇望」であった。彼はそれを抑えることができず、またもや旅に出るのである。いまや大旅行家と自認しての旅立ちであったが、今回の旅も、前回同様、太平洋上にあるさまざまな文明諸国への旅となったのである。しかしいずれもが、途中海賊に襲われカヌーでたどり着いた最初の訪問国ラピュタを除けば、自ら選び取った目的地への旅の積み重ねであり、彼の発見は多彩となり、それぞれが今もなお読者を引きつけて止まない。

とはいっても、ここで彼が歴訪した国々での経験を総ざらいすることはかなわないので、とくに第四篇でみる旅人ガリヴァーの「洗脳」、つまり自己省察の深化にかかわる次の二つの発見に問題を絞ることにする。第一が、グラブダブドリップ（魔術師の島）での死者との会話、つまり旅人ガリヴァーがこころみる歴史の発見のくだり（三―7、8）、第二が、ラグナグ王国での「不死人間」との衝撃的な出会い（三―10）である。いずれもが旅人ガリヴァーのそれまでの感性や認識がいやおうなく問われてゆく内実を備えており、しばらくこの二つの国への彼の旅とつき合ってみたい。それは、自分が目で見たか手で触れた対象しか記述しないとするダンピア風の実録からは決して発せられるはずもない問いかけをはらんでおり、これだけでも、ガリヴァーの旅が見せるおくゆきの深さが了解できるものであった。

　まず第一の問題から。魔術師と出会ったガリヴァーは、彼に頼み込み、自分が会ってみたいと思う過去に盛名をはせた人々を呼び出してもらい、彼らと話を交わしながら、それまで隠されていた歴史の真実に迫ろうとする。いわば過去への旅が始まるのだ。しかし、そのとき、彼の最大の関心は現代に向けられる。遠くてもせいぜい三〇〇年前から、近くは過去一〇〇年間が彼のいう現代であるが、時間的には八日間の内、現代に先行する古代に五日を割くなど、いわゆる古代人との会話も彼はこころみている。しかし、それは現代をよりよく知るためであった。ここで注意すべきは、現代こそ問題といいつつも彼は、はじめから、現在ただ今のことは避け、しかも、問題によっては自国と関係ある人々は呼び出さないよう配慮していることであり、いまだ祖国への偏愛を持ちつづけているガリヴァーは健在であることを示すのだ。したがって、この会話の最大の山場は、このバリアーが壊れ、やむなく自分たちイングランド人のいまを俎上に乗せざるを得なくなるときだが、その前にしばらく彼が行なう歴史の発見とつき合ってみよう。

「知性と学識で名高い古代の人々」との会話を終えたあと、いよいよ彼は本題の現代の歴史に踏み込むのだが、そこでまずは、それまで自分が「大いに崇拝していた」「古き名家」をたずねてゆく。そこで彼は、「残忍、虚偽、臆病」こそが彼らの特徴であるという実態を知る。彼らの家系図がその理由を彼に納得させるのだが、その探究は、さらに現在に近い過去一〇〇年間のヨーロッパ諸国の宮廷人に向かう。そこで彼は、その歴史がいかに「おぞましい」ものかを思い知らされてゆく。こうして世の人々は、曲学阿世の歴史家にだまされているだけで、大事業と称えられているものも動機を知れば呆れ返ること受けあいだと分かった彼は、ここで「人間の知恵や廉直などというものにはほとほと愛想が尽きてしまった」と言わざるを得なくなる。いや、その想いは、さらにごく近い時代に限って、高い地位を獲得し領地を拡げていった支配層の実情を知ってみると一段と高じてきて、ついには「暗澹」たる気分に落ちこんでゆくのだが、その果ての結論は「人類の退化」への確信であった。

ここで話を前に戻して、この彼の確信にもう一つ裏づけを与える、それに先行した旅の経験にもほんの少し触れておこう。飛ぶ島ラピュタからバルニバービの首都ラガードへと旅したおりの見聞がそれである。ラピュタでは宮廷人は、数学と音楽にしか関心がなく、いつも瞑想にのめり込んでしまっており、それでいてのべつ不安にとりつかれているなど、ガリヴァーにとっては「不愉快」この上ない連中で、彼らと会話を楽しめるはずもなく、ほとほと嫌気がさした彼は、ラピュタが支配する下界の島バルニバービに吊り降ろしてもらう（三―1―3）。そこで彼は、まさしくさきのラピュタに発する新しい動き、つまり「学術、言語、技術のすべてを新しく土台から作り直す計画」が人々の心をとらえ、古きよきものは破壊され、技術革新に血道をあげる「ベンチャー事業者」たちが幅を利かせている現実を目にする。ここで私たちは、彼らの英知を集めた「大研究院」の内実を克明に語り出す旅人ガリヴァーにつき合わされるのだが、私の注意を引いたのは、旅に出る前、つまり若い頃の自分もまた「ある種のベンチャー事業屋」として、このトレンドの中に生きていたことを彼が認めるくだりである（三―4）。

私たちは、そこに、かつてガリヴァーがはまっていた新しい動きの究極の姿を自分の目で見とどける旅として、大研究院訪問を組み込もうとしたスウィフトの企みを見出すのだ。つまり、この時はじめてガリヴァーは、研究院に席を占める事業者たちや彼らが推し進める新しいトレンドとはっきりと手を切って、技術革新の現在と未来を見すえる機会を与えられたわけである。

問題は、さきの死者との会話による過去への遡及が、このいわば現代の最尖端を代表する研究院への探訪につづいて行なわれたことであり、実は、さきの人類退化のイメージは、両者があいまって、いよいよ確かなものとなっていったのである。

ここで話を歴史を見直す作業に戻すと、そのゆきつくところは、「憂鬱」な気分に追いこまれたガリヴァーによる人間一般への愛想づかしであった。しかしここで忘れてはならないことは、それがつまるところひとごととして観察され語られていることだ。たしかに旅人ガリヴァーは、くりかえせば、かつての自分をも突き放して眺める方法を手にしてはいたが、それが旅人としての今を直接問い直そうとする方向には働かず、他方自国イングランドを偏愛する姿勢にも変化をもたらすことはなく、その現在は無傷のまま残される。いま現在の「私」にも「国家」にも彼は何らおぞましさを感じることはなかったのである。

それだけに、その会話の最後でガリヴァーがみせた狼狽ぶりは見逃せない。ついつい調子にのって自らに課した禁を破って彼が「イングランドの古いタイプの自作農」を呼び出してもらったことが、きっかけとなったのである。ここで彼は、「その作法、食事、身なりの質実さゆえに、その行ないの正しさゆえに、真の自由の精神ゆえに、その勇気と祖国愛ゆえに名をとどろかせた」彼らと、「今生きている」子孫と見較べてしまったのだ。そこで分かってきたことは、宮廷人の「腐敗」と「悪徳」に発する現在のイングランド政治の腐敗であり、ここまでくると彼はもはや「人類」一般の歴史の観察者に徹するわけにはゆかなくなる。彼は思わず告白する。このことを知ったときは「我ながら心穏やかではいられなかった」と。

私たちは、これまでの旅の中で、度を失い、いささか取り乱すガリヴァーに出会ったことがないだけに、今回の死者との会話が果たした重要な意味を思い知るのである。

しかしこの問題はこれでおわりにして、次の第二の問題、「不死人間」との出会いに移りたい。これもまた、彼にとってきわめて衝撃的な経験となってゆくのであるが、そこで彼は長年いだいてきた強い不死願望の空しさをいやというほど思い知らされてゆく。いうまでもないが、それがヤフー・カインド、とりわけヨーロッパヤフー・カインドに共通した願いと知ってのスウィフトの深い企みがそこには隠されていたのである。ここは訳書を読み込むに如くはないがひと言、言及しておけばこうなる。

「終りなき命と現世の幸福」を人並みに願い、古今の死者との会話で確認せざるを得なかった「人間性の不断の退歩」という「人類史」の流れを、できることならば「不死人間」の「知恵と知識」を借りてすこしでも阻止したいと考えるガリヴァーは、それまで一度も会ったことのない「不死人間」がラグナグ国にいるとの話に飛びつき、心は高ぶり、そのイメージを勝手にふくらませてゆく。あれほど諸国遍歴を楽しんできた彼が、彼らと会話を交わすことができるのならば彼らの許にこれからもずっと留まりたいと思うまでになるのである。それは人類の進歩を信奉する当時のヨーロッパヤフー一般とは一味ちがった願望であった。彼ら不死人間の精神は「自由闊達」で、「死の不安がもたらす心の重圧も暗澹も感じることのない人間」にちがいない、と彼は勝手に想像をふくらませる。しかし、彼らとの出会いは、この期待を打ち砕いてゆく。ラグナグ国の人々から聞く不死人間の実態は、その第一歩であり、それによれば彼らは「人間の尊厳を全て奪われて不快で悲惨な生」を送っているというのであった。しかし、ことはそれでおわりはしなかったのである。現実に彼らと直接会うまではその話に納得できないガリヴァーは、さらに踏み込み、彼らとの会見を実現させる。

しかし、目の前に現れた彼らは、これまで彼がつみ重ねてきた旅の話にも何の関心も示さず、生ける屍《しかばね》同然の老醜をさらすのみであり、ことここに至って彼は、自分の「永生願望」が「錯覚」であったことを覚り、その無知に恥じてゆくのである。これまた大旅行家ガリヴァーのはじめて味わう体験というべきものであった。これほど心躍らせたのもはじめてなら、これほど夢が完膚なきまでに打ち砕かれたのも経験することがなかったのだ。

それは、祖国への偏愛ゆえに大人国での陛下の的確なイングランド人への裁決にも決して承服せず、自己省察への途を閉ざしたあのかたくななガリヴァーではなかった。他ならぬ旅をとおしての数々の人間観察が、第三篇もおわりに近づくにつれて、少しずつわがこととして受けとめられるようになってゆくプロセスが、そこには書き込まれていたのである。

しかし、このガリヴァーにして、祖国への偏愛だけは完全には捨て切れず、「人間の尊厳」にこだわる人間中心主義も根柢では揺るぎもしないまま帰国したことを見逃してはならない。しかも、なんでも見てやろうの志向は強まりこそすれ、衰えることはなかった。遍歴は楽しいものであり続けたのである。これが、彼に最終的には旅を断念させることになるフウイヌム国へと彼をゆきつかせるのだが、この問題は次節にゆずる。

第三節　洗脳へと踏み出す旅人ガリヴァー

――逆転される秩序

いよいよ書き手ガリヴァーが、最もこだわるほぼ五年間に及ぶフウイヌム国への旅を残すのみとなった。出発は一七一〇年九月七日、帰国は一七一五年十二月五日とあるが、これがガリヴァー最後の旅となったのだ。それはおそらく、さきの「手紙」からも類推できることだが、スウィフトも、書き手ガリヴァーと共に、人間的真実に、とりわけ「ヨーロッパ種」の実像に迫るにはここをこそ読めと読者に語りかけるパートとなったのである。

その旅は、海賊に船を乗っ取られ、とある国に置き去りにされたところから始まるのだが、その土地でガリヴァーはのっけから度肝を抜かれる。プロローグで前もってふれておいたが、目の前に現れたのは「異様で醜い」動物の群れ（ヤフー）であり、二頭の馬（フウイヌム）であり、出会うはずの人間はどこにもいなかったのである。

死者との会話で「人類の退化」を突きつけられながらもなお、人間中心主義を捨て切れなかったガリヴァーにしてみれば、人間、しかも文明国の人々しか眼中になかったのであるが、この国にはどこを探しても、結局、彼の期待した相手は見つからず、フウイヌムたちと彼らに使役されているヤフーがいるだけであったが、舞台に登場する役者は、これで出揃うのだ。

スペースもないので、全く勝手の違う異様な国でまずガリヴァーがおこなった第一の自己発見から入る。「所作動作」は「人間にも似ていた」馬フウイヌムに案内されてフウイヌムをそのように教育したはずの「人間」を求めて彼らの住まいに案内されたおり、そこでフウイヌムに飼われていたヤフー種の一匹と並べられ、よくよくその相手を見ると、姿形は自分そっくりだと分かり、「恐怖と驚愕」を覚える。すべてはそこから始まったのである。

しかし、ヤフーと彼をぴたりと並ばせたその家の主人（フウイヌム）は、他方で彼をヤフーたちとは別の小屋に住まわせ、好遇する。準フウイヌムへの途が用意されたのである。ガリヴァーもまた、ヤフーは自分と形状は似ていても、彼らは「野蛮な民族」そのもので、文明からは縁遠い連中だと勝手に思い込み、辛うじて衝撃から立ち直る。主人とガリヴァーの会話がはじまる大前提はここにつくられたと言えるだろう。

ガリヴァーは直ちにフウイヌムの言葉を覚えようと努め、三カ月もたつと主《あるじ》の質問に対して返事はまずまずというところまで進む。このことが、その後とある偶然で主に裸身をさらすことになったため彼に「完全なヤフー」と認知されたあとも、フウイヌムに使役されているヤフーとガリヴァーを区別させる指標となる。ヤフーとフウイヌムの間には一切会話は成立せず、フウイヌムにとって、ヤフーは「凶悪な動物」であり、「すべての獣の中でいちばん教育がしづらい」相手であったからである。主《あるじ》はヤフーとの姿形の類似にこだわらず、ガリヴァーの「言語能力と理性」に驚き、言葉を学ばせ、会話の相手としようとする。彼は、主から見て最早「普通《コモン》のヤフー」ではなくなっていたのである。

しかし、それまで両者が、全く逆の秩序を当たり前のこととして信じてきただけに、会話をとおして相互了解に達するのは至難の業であった。彼らが用いる言葉をめぐる大いなる溝についてはすでにプロローグで述べておいたが、相手をよく知りたいとする主の好奇心のみが支えで、彼らの良好な関係は続くのである。日頃目にしていたヤフーとは違うヤフーを目の前にした主と、人間を使役している馬（フウイヌム）に驚くガリヴァー、この二人が、当初存在していた不信と当惑をのりこえてゆくプロセス、とりわけガリヴァーが経験してゆく自己発見の深まり、最終的には彼が「洗脳」へと踏み出してゆくプロセスと最後の逆転劇はこれまでの彼のどの旅にも見られない新しい質を備えていた。第四篇を主として両者の対話を軸にして読み進めるのはこのためである。

対話の手順は、はじめ主の問いかけがあり、ガリヴァーがそれに答えてゆく。主はもっぱら聞き役にまわり、ときに鋭い介入を示し、その「卓抜な理解力」が会談の内容を豊かにする。

話題は、並みのヤフーではないヤフー（あえて以降文明ヤフーと呼ぶことにする）が我が物顔にふるまうヨーロッパ、とりわけ祖国イングランドに絞られてゆく。主の要求は、最善と最悪を話してくれというものだったが、真実を愛するフウイヌムを相手としたためガリヴァーは、とりつくろうわけにもゆかず、最悪の現実を明るみに出してゆく破目になる。ここでは両者は対等に向かい合い真実を求める姿勢を共有するのだ。かつて大人国で六回に及ぶ陛下の「謁見」を受けたときと決定的に違うのは、この両者の関係である。それに加えて、フウイヌム国の「並みのヤフー」についての主の深い認識が、対話の深化に加勢する。ヤフー種一般、とりわけヨーロッパヤフーの正体をどう見届けるかに対話の成否はかかっており、まぎれもない文明ヤフーであるガリヴァーとこの主の対話がなければ、ガリヴァーによる自国認識、ひいては彼自身の「洗脳」への踏み出しはありえなかったのである。卓抜な組み合わせであった。

　ここで語られるのはヨーロッパ諸国の内戦や相互に行なう戦争の動機とそれがもたらす悲惨な現実である（四―5）。他国を侵略し、半数を殺し、半数を奴隷にしても、後者を野蛮な生活から引き出し文明化してゆけばその戦争は正当化されるのであり、その結果はと言えば「貧しい民族は飢え、富める民族は傲慢」になる、とはガリヴァーの言であった（同上）。

　これこそ、フウイヌムたちの全く知らない現実であり、主はここで無知をさらけ出す。戦争についての語りとなればガリヴァーの独壇場、彼は主の無知を正そうとし、戦争の悲惨さを滔々と語ってゆくのである。もともと目の前の並みのヤフーへの嫌悪感をいだいていた主だが、それを聞いて彼は文明ヤフーへの嫌悪を募らせてゆく。彼は問いかける、「理性を持つと称する生き物がかかる残虐非道をなし得るとするならば、その能力が堕落したあかつきには、獣性よりもひどいことになりはしないか。ここにあるのは理性ではなくて、なにか生まれつきの悪徳に拍車をかけるような性質に過ぎないのではないのか」と。

つづく第四篇第六章も同じだが、並みではないヤフー、つまり文明ヤフーの実態を伝えるガリヴァーの語りが、主《あるじ》のヤフー認識をひろげ、確かなものとしてゆくプロセスがそこには読みとれるのだ。

しかし、ここで肝心なのは旅人ガリヴァー自身の内的省察であり、「対話」をとおして彼の自己認識はどう変わっていったのか、いかなかったのか、が問われなければならない。大人国での「謁見」の場と違い、ここでは彼はすすんでイングランドの弁護士や裁判官がいかに正義や「人類の普遍的な理性」にそむいた行動をしているかを鮮やかに描き出す。ここで注意しておきたいことは、彼はフウイヌムの理性を判断基準に持ち出さず、「人間」に普遍的な理性によって法律家など特定のグループを裁くという手法をとっていることだ。祖国への批判へと一歩進み出たガリヴァーだが、「人間」中心主義はいまだ微動だにしていないことがよく分かる。ガリヴァーの話を聞きながら、ヤフー種、とりわけ並みでないヤフーたち全体への嫌悪感をいだくようになった主との落差はいまだ大きいものがあったのである。

文明ヤフーの実態を知らない主の疑問は尽きることがなく、新しい話題に移るたびに、彼に納得してもらおうとするガリヴァーの苦労はつづく。お金が万能という文明社会も、主には不可解であった。貧富の差がなく自給自足で暮らすフウイヌムたちにとって、人口の一〇〇〇分の一という少数者が金持ちとなって実権を握り、生活必需品を輸出し、代りに「病気と愚行と悪徳の材料」を持ち込むという貿易システムも納得がゆかなかったのである（四―6）。その他、医者や政治家・貴族の生態などすべてが主の想像力を越えるものばかりだった。しかし、賢明な主はガリヴァーの現実暴露——とくに貴族たちへの罵倒は並みはずれていた——によってヤフー種への判断を深めてゆく。つまり、ガリヴァーは真実を愛する主に感化され、知らず知らず彼の文明ヤフー認識に協力していたのである。しかし、ここでもガリヴァーはあくまで人間の目で一部の人間を裁くという方法をとりつづける。それを可能にしたのは、自分は「庶民」だとする彼の感性であった。あのラピュタの島で、不愉快な思いをしながら二カ月間滞在している間に、自分に「まともな返事」をしてくれたのは「女、商人、叩き人〔貴人の召使い〕、宮廷の小姓」であり、彼ら「庶民」は貴人に較べると「とらわれのない頭と思考力」をもっていると語っていたガリヴァーは健在であったのだ。

これに対して、対話がひとまず終わった後、「峻厳な審問官」として主が下す文明ヤフーについての最終的判決は、あくまで非人間のフウイヌムの立場からなされたものであり、その省察のひろがりと深さにおいて人間に備った普遍的理性にこだわるガリヴァーを圧倒してゆく。その方法は自分が知り尽くしている並みのヤフーのイメージを下敷きにして、ガリヴァーの語りを踏まえて文明ヤフーの実態、とりわけ精神構造に迫るというものだった。

ここでほんの少し脱線して注記しておきたいことがある。対話が続いている間、イングランドヤフーの名誉などどうでもよくなったのだと、書き手ガリヴァーが述懐しているところだ（四―7）。たしかに文明ヤフーとしての優越感は捨て切れなくても祖国への偏愛からは次第に脱け出ている旅人ガリヴァーの語りがなければ、主も判決文を書き得なかったと思われる。しかし、ここで見逃してはならないのは、このようにガリヴァーを変えた第一の原因は、フウイヌムたちに備わった「数多の美徳」を「人間の腐敗に対置」しながら、文明ヤフーであるガリヴァー自身が全く気づきもしていない自分たち同族の欠陥を次々と指摘してゆく主《あるじ》の力量にあったことだ。このような関係の中で、ガリヴァーは自由に祖国の恥をも語ったのである。いや彼はそれを隠すことが出来なくなったというべきかも知れない。この滞在して一年もたたない内におこった旅人ガリヴァーの心境の変化を書き手ガリヴァーはこう説き明かしている（四―7）。曰く「私はここの住民を強く敬愛するようになり、もう人間のところへは帰るまい、悪の手本も悪の誘惑もないこの素晴らしいフウイヌムに混じって、美徳を観想し実践しながら余生を送りたいと、堅く決意してしまったのである」と。

このガリヴァーの述懐は、さきの「手紙」での「ヨーロッパ種の魂に巣食う悪習」を二年の内に除去しえたとする書き手ガリヴァーの言を想い起こさせる。この「一年もたたない内に」は、フウイヌムたちの感化力の強さを伝えようとするスウィフトのレトリックとみるべきであるが、この決意の意味は重く、そこに早くも私たちは旅人たることを放棄したガリヴァーの姿を発見するのである。

ここで再び旅人ガリヴァーと主の関係に戻って、主が文明ヤフーに下した最終判決をとり上げてみる。

その判決の基盤には、くりかえすが目の前で見慣れてきたヤフーたちについての主の認識があり、それが、ガリヴァーの語ってくれた文明ヤフーの「精神のあり方」を照らし出してゆくという構図が見てとれる。文明ヤフーは並みのヤフー同様、一種の動物にかわりないが、偶然身につけた「ごくわずかの理性」をつかって「生来の腐敗」を助長し、「自然」が与えなかったものを身につけ、「自然」が与えてくれたわずかの能力を捨てた動物だ、と。語源からして「自然の完成」との含意をもつフウイヌムならではの宣告である（四―7）。これは、「対話」とそれにつづく判決がおわったあと、フウイヌム国で主を手本として幸福な生活を送るようになったガリヴァー自身が、至極もっともな結論と追認してゆく内容でもあった（四―10）。

ここで話を、主による文明ヤフーの実態暴露と、それに対するガリヴァーの反応に話を戻すが、ボス・ヤフーの「お気に入り」の地位をめぐっての争いは「お前の国の宮廷や寵臣や大臣たち」の中でも見られることではないか、とまで言われてみると、ガリヴァーはそれこそ「意地の悪いあてこすり」と考えざるをえず、あえて答えず沈黙する。貪欲の原理にしても、文明ヤフーと並みのヤフーとの違いはないという言い分は、ガリヴァーにとってみれば「双方のうちに対応のみを見ようとする」方法に根ざしたゆきすぎだというわけだ（四―7）。

両者の対話は、新しい段階に入ってゆくのである。これまでと違い、ガリヴァーの知ることのない「並みの」ヤフー、私たちから見ると原ヤフーについての主の指摘が、文明ヤフー発見をリードするのだ。しかし、ここでも私たちの目は、その対話をとおしてガリヴァーが試みる独自な文明ヤフーへのアプローチの方法に向かう。それは、主が「並みの」ヤフーが罹るある種の病について語ったおり、その原因がどうしても説明がつかないとお手上げしたときに明らかになる。ここでガリヴァーは原ヤフーから文明ヤフーを類推する主の方法からだけでは見えてこない問題があることを語り出す。ガリヴァーがとり入れたのは、問題となっている原ヤフーの精神状況を、文明ヤフーのそれの萌芽としてみる方法、つまり、文明ヤフーから原ヤフーを照射する方法であった。萌芽の内は誰も気づかない病の原因が、全面的に開花した状況を知り尽くした者から見れば、はっきりとつかめる、というわけだ。ここで彼が持ち出した例は、主が原ヤフーに見出すという、引きこもったあげく「横になったまま咆えたり唸ったり、近よるものを蹴とばしたりする」状態であり、これをガリヴァーは、文明社会につきものの「懶惰な者、贅沢三昧の者、金余りの者だけを襲う憂鬱病」の萌芽として診断する。彼はここで、主のさきの最終判決を自分なりの方法で受けとめ返したことになる。文明ヤフーは原ヤフーがより病的になった存在だ、と。

ついでにふれておくと、この主に優越する旅人ガリヴァーのヤフー種認識の方法は、第四篇第十二章でも書き手ガリヴァーによってはっきりと明示されている。それは帰国後の彼が最も耐えられなかったイングランドヤフーの「高慢さ」にふれた次のくだりだ。曰く、「それにしても〔普通の〕ヤフーにこのような高慢さがあるのを見抜けないのは、この動物が支配する他の国々〔ヨーロッパ諸国をさす〕の場合のように人間性が露呈することがなく、その理解が徹底しないからである。しかし私にはもっと経験があるから、あの野生のヤフーの中にその芽をはっきりと認めることができたのである。」萌芽の状態で早くも気づくガリヴァーとそれは見逃してしまうフウイヌムの主との対比である。

話を元に戻すが、主の語りを聞きながらガリヴァーは、さきの自分が発見した原ヤフーと文明ヤフーの関係については、あえて黙して語らず、自分の心にしまいこむ。いまだに完全に手が切れていない文明ヤフーの「仲間に肩入れ」してのことであり、このくだりはガリヴァーのモノローグとして書き込まれているのである。

こうして、文明ヤフーの立場から原ヤフーを認識してゆくという方法が総じてヤフー種の認識に有効であると実感したガリヴァーは、今度は自力で、このフウイヌム国のヤフー(原ヤフー)についてよりよく知ろうとする。主との「対話」から、戸外での新しい冒険へと彼は一歩踏み出してゆく。あくまで自分の目で原ヤフーを観察するという方法がそれである。

幸い彼の頼みは、それを申し出るたびに聞き届けられ、主の召使のフウイヌムの中から力の強い栗毛を護衛につけてくれさえした。ガリヴァーの原ヤフーたちへの恐怖、反感、さらには嫌悪はあのはじめての出会いのときからのものであったが、それは、彼らに同様の感情をもつ主の許でフウイヌムと一緒に暮らす内にいよいよ強まってきており、この冒険はそれをさらに加速していくことになる。ヤフーの子供の体から発散する異臭に胸を悪くし、衣服にかけられた黄色い液体状の排泄物に辟易する彼である。しかし、この度重なる冒険で得た収穫は大きかった。そこで彼の下した原ヤフーへの最終判断はこうだ。「動物全体の中でもヤフーくらい教育しがたいものはない」と。つづいて彼はヤフーの欠陥についての原因究明にうつる。それは「主として強情かつ反抗的な性向に起因する。なにしろ狡猾にして邪悪、裏切りと復讐が大好きなのだ、身体は強くて逞しいのだが、根は臆病、そのために傲慢、卑屈、残忍となる」と。これは、フウイヌムたちのヤフー認識の確認ともいえるものであった。しかし、最大の問題は、この原ヤフー発見がいまだ文明ヤフーとしての自負を捨て切れないでいた自分に返ってきたことである。この冒険行の途中、水浴中に原ヤフーの牝に抱きつかれるというハプニングに出会い、自分がまぎれもなくヤフー種であることを覚らざるを得なくなったためである。これは、主によってはじめヤフーと並べられ、姿形が「普通のヤフー」と同じと自認せざるを得なかったとき、つづいて偶然に主に裸身をさらす破目になり、ヤフーそのものと見破られたときを、はるかに上まわる衝撃となったのである。主との対話で、原ヤフー像を確かめ、二種のヤフー像をつきあわせながらヤフー種全体についての認識も深めていったあと、さらに原ヤフーを直接観察しようと願い出ての冒険で、原ヤフーの正体をいやというほど実感してゆく中での出来事だったことを忘れてはならない。

しかし、この衝撃をうけ、原ヤフーにとどまらずヤフー種全体への嫌悪感もいよいよ本物となってきた旅人ガリヴァーは、その後のフウイヌムたちの中での暮らしでその国の住民に対しては敬愛の念をいよいよ強め、新しい旅人として生まれ変わってゆく。いや、旅人たることを完全に放棄する生活へと入ってゆくのであり、ここに、彼の旅は新しい局面を迎えることになる。

さきの冒険もおわり、自分の位置がはっきりと見えてきたガリヴァーにとって、いまや主との「対話」は必要なくなっていた。文明ヤフーについての判決を下しえた主についても同じことが言えたが、ヤフーが主人公である文明諸国へと旅をくり返そうとする内的衝動もまたガリヴァーの中から消えうせてしまったのである。のこる願いは、ひたすらフウイヌムたちを手本にして彼らにすこしでも近づくべく自己修練に励み、彼らが交わす会話を、かたわらで慎ましく聞き入る生活をこれからも楽しんでゆくことであった。このように思い定めたガリヴァーにとって、さらなる自己対象化へのこころみなど意味をもたないことは明らかであり、「対話」と「冒険」をとおしての自己認識は、ここに最終局面を迎えたのである。

彼の次の独白（四—10）は、それを端的に伝えていた。曰く、「私は家族のこと、友人のこと、国の同胞のこと、人間という種族一般のことを思い出しては、その真の姿を直視してみるのだが、どう考えてもその姿形と性向はヤフーであり、少しの文明を持ち、喋る能力に恵まれてはいるのに、自然が割りあてた悪徳に染まっているだけのこの国の仲間と較べてみても、それを助長し増加させるためにのみ理性を活用しているとしか思えないのだ。たまたま湖や泉に映った自分の姿が目に入ろうものなら、恐怖と自己嫌悪のために顔をそむけてしまい、われとわが身を見るよりも、まだしも普通のヤフーの姿の方が我慢できるくらいであった」と。いまや彼は、フウイヌムたちと話をし、その姿をながめているとつい彼らの歩き方や身振りまで真似するようになったと、自分の心境をなんの屈託もなく語ることができたのである。

たしかに私たちはここにヤフー種の真の姿を見とどけ、フウイヌム国で準フウイヌムとして生きることに満足している新生ガリヴァーに出会うのだ。水面に映る醜悪な姿は文明ヤフーの姿であり、この語りは、いわばかつての独善的な自分との訣別を告げるモノローグとなっていた。それはフウイヌム国への旅が、当時の、そしてまたクックを含めて十八世紀後半のヨーロッパ人旅行者が誰一人として経験することのなかった自己発見をなす契機となったことを私たち読者の脳裏に鮮烈に刻み込む。私もながらく、この旅人ガリヴァーの「洗脳」をもってドラマはおわる、と考えてきたのはこのためだ。

しかし、この読み方は、このモノローグの直後に彼を直撃することになるガリヴァー追放というスウィフトが用意したどんでん返しの意味を見抜けなかったことを証言するものに他ならない。

そこに至るくだりを注意深く読みさえすれば、フウイヌムの主の助けもあって独自の自己省察を深めてきたガリヴァーすら免れ得なかった自己対象化の不徹底さを、私たち文明ヤフーがわがこととして受けとめるよう促すスウィフトの仕掛けが見えてくるからである。

　そこで、問題のガリヴァー追放劇に目を転じるわけだが、私たちはこのときの主役がフウイヌムたちの衆議であり、もはや主一人の考えではないことに気づくのだ。たしかに主は、これまでのガリヴァーの自己発見にあたって、彼の「対話」の相手をつとめ、最後は「峻厳な審問官」として彼に立ち向かい、彼の「洗脳」への手助けもしてくれたが、主の役割はそこまでであったのである。いや、新生ガリヴァーの自己対象化がさらにすすむには、新しい主役があらわれる必要があったというべきだろう。

　その役を引き受けたのが、四年に一度、春分の時期に開かれるフウイヌム国の「全民族代表者会議」であり、そこでの決議であった。代表者たちはガリヴァーは不在のまま彼を審問の対象としてゆく。両者の間に「対話」など介在する余地はなく、しかもその審問は主のそれにくらべてより峻厳であり、いわば、準フウイヌムとして満ち足りていたいまのガリヴァーの存在そのものを全面的に否定してゆくものであった。つまり、さきの「洗脳」で自己吟味の運動に終止符を打ち、幸福の絶頂にあって、他者への関心もなくしてしまったガリヴァーにとって、それは思いもかけない審問となったのである。彼はこのとき、あらためて自分になお巣食う救いがたいヤフー的性格を突きつけられることになる。

　精一杯フウイヌムの「真似」をしようとし、ヤフーにつきものの「習慣や性向を幾分なりとも治した」と、ガリヴァーの努力を主が認めてくれたとしても、またガリヴァー自身が文明ヤフーとしては前例のないような深い自己省察に到達していたとしても、それらは会議に集《つど》うフウイヌムたちにとっては問題ではなく、ガリヴァーがフウイヌム国にとっては危険な異分子であることにかわりはなかったのである。私たち文明ヤフーにとって画期的な「洗脳」とみえるものも、それはヤフーの本性までもつくりかえるものではないと、彼らは冷厳に突き放す。そのような自己認識がこれまでのガリヴァーに決定的に欠落していただけに、そこでの議論は彼にとって唐突で、直ちに納得できるものではなかったのである。他方、ガリヴァーを特別視し、彼の「洗脳」への努力を多とし彼を特別待遇してきた主も、この衆議は予期せざるものであり、苦境に立つ。

　しかし、ガリヴァーにことの次第を話してくれたのは、他ならぬこの主であり、以後彼は、なおガリヴァーに好意的な情報提供者として振舞ってゆくことになる。以下は彼の口を通して再現されたフウイヌムたちの衆議の内容であり、これは見逃すことの出来ない重要な問題をはらんでおり、旅人ガリヴァーのさきの「洗脳」で話が終わらないことを読者に思い知らせてゆく。

　まずは、彼らが日々目にしている並みのヤフー種への断罪から話は始まる。そこで行なわれたヤフー種絶滅の提言は多くの議員の賛同を得るが、それは「迫力満点の重大な議論」と主も認めるものとなる。ヤフー種はたとえ一匹でもフウイヌムには危険な存在だとの彼らの主張を裏付けたのは、「伝説」、つまり彼らの歴史的想像力の産物であった。

　その伝説によれば、昔、山上になにから生まれたかは分からなかったが、二匹のヤフーが出現し、その子孫はあっという間に増殖し、全土に悪をもたらしたので大規模な除去作戦が行なわれ、いまは全フウイヌムがそれぞれ二匹だけ飼いならし、労働力として使役するようになっている、と。要は、ヤフーがこの土地の住民ではなく、外来種であり、ほっておけば危険と見なされていたことだ。害をなすよそ者への彼らの警戒心の根がこの伝説に由来するものであることは明らかだ。

この場に出席した主はといえば、この伝説に基づくヤフー種認識に賛同しただけでなく、そこでは分からないとされていたところを、自分の手元にいる文明ヤフー（ガリヴァーのこと）からこれまで聞いてきた話で明らかにし、新しい提言まで行なう。はじめ姿を現した二匹のヤフーは海から打ち上げられ」、仲間には見捨てられたあげく山岳に逃げ込み退化を重ね、彼らの生国のヤフーよりも「凶暴化」した――後に書き手ガリヴァーの描き出す「呪うべき虐殺者の群れ」としての「現代の植民者」の伏線がここにある――ものであるが、手元のヤフー（ガリヴァー）はフウイヌムには劣るが、この国のヤフーよりはましで、彼から聞いた文明ヤフーの国での「去勢」の術はいまなお残る並みのヤフーたちを根絶やしにするには好都合の方法だとまで話したと、主はガリヴァーに報告してくれたのである。

注意すべきは、主がはじめは会議の主題はヤフー種一般についてであったように装い、実はそのときの争点がガリヴァーの処遇をめぐる問題であったことを、ガリヴァーによかれと思い隠していた点だ。幸福に浸り切っていたガリヴァーを思いやってのことだった。このおかげでというべきか、ガリヴァーは会議が続いている間も、わが人生の安定が将来にわたって続くことをなんら疑うことはなかったのである。

しかし、主もさいごまで衆議を隠しとおすことはできず、ガリヴァーに、彼を追放すべしとの会議の決定を告げざるを得なくなり、それを聞いたガリヴァーは「底無しの悲嘆と絶望に襲われて、あまりの苦悶に耐えることができなくなり」気絶してしまうのである。それが、水面に映った自分の姿を眺めたときにも勝る衝撃を彼に与えたことは容易に想像できることであった。すでに自己対象化の運動を閉ざしてしまっていた彼にしてみれば、予期せぬ事態であったからである。衆議が明るみに出した真実は、ガリヴァーを好遇し「対話」を楽しんでくれた主からも、ガリヴァー自身の内省からもみえてこなかっただけに事態は深刻であった。ガリヴァーが突如として、いわば外側から、自己対象化の不徹底を突きつけられたわけであり、このとき判断停止に陥ったとしてもなんの不思議でもないが、その審問は、実はさきにガリヴァー自身の洗脳に画期的な意味を認め、それを到達点とみていた私自身にも及んでくるものであったのである。

問題の核心は、並みのヤフー種ではない文明ヤフー種の一人ガリヴァーの処遇を最終的に決めたのが、主の家などでガリヴァーを直接知っていたフウイヌムたちであったことである。並みのヤフー同様に働かせるか、もと来た土地に泳いで帰らせるか、いずれかを決めるとき、彼らは一致して前者に反対したのだが、それは彼らが、他の代表たちと違って外からやってきた文明ヤフーの危険性をより鋭く感知していたからである。彼らの眼はたしかであり、これまた「現代の植民者」の尖兵となりうるガリヴァーをしかと捉えるものであった。

主が伝えてくれた彼らの判断は、「おまえには理性の礎らしきものがある上に、ヤフー特有の生来的な堕落が具わっているから、下手をするとあの動物どもを山岳の森林地帯に誘い込み、フウイヌムの家畜を殺すため、群れをなして夜討ちをかけてくる恐れがある、もともと掠奪好きの性格で、しかも仕事嫌いときているのだから」というものであった。

私たちはここで気づかされる。たしかに、この衆議は旅人ガリヴァーには予期せぬ衝撃であったが、書き手ガリヴァーによってしっかりと受けとめられていることを。彼は第四篇の最後にして、かつ全体のエピローグでもある第十二章において、大集会でフウイヌムたちが示した文明ヤフーの危険性が、根拠をもつものであることを明るみに出してゆく。

書き手ガリヴァーは十五、六世紀にはじまるコンキスタの現実をしかと見とどけていたのである。一握りのヨーロッパ人が嵐に流されてある土地を「発見」したとき彼らは一方的に掠奪に走り、その土地に新しい名前をつけ自国の領土と宣言し、「見本と称して一組の男女」を掠奪するなどして、歓迎してくれた住民たちには恩を仇で返したあげく、一旦帰国すると、彼らの情報が本国を動かし、そこから本格的な植民がはじまり、そのとき「およそ人間のものとは思えない残酷かつ貪婪な行為もすべて公認され、大地は原住民の血煙に蔽われ」る結果を見せてきたこと、を。この「呪うべき虐殺者の群れ」が、思い上がって本末転倒して、文明化の名の下にガリヴァーの発見したフウイヌムの国を襲い不幸をもたらすことは容易に考えられるのであり、書き手ガリヴァーは、さきのフウイヌムたちの問題直感の正しさをここで裏書しているとも言えるのだ。いや正確には、書き手ガリヴァーは旅人ガリヴァーの追放を決定したフウイヌムの衆議を反芻しながらこの「現代の植民」運動の先頭に立つ自国イングランドへの批判を深めていったというべきかも知れない。それは旅人ガリヴァーがつみ重ねてきた自己対象化を、この衝撃をうけとめてさらにすすめたはてにゆきついた文明ヤフーの運動に対する文明ヤフー自身による歴史的省察であり、コンキスタの発端に生きた十六世紀人ラス・カサスが『インディアス史』でみせた「歴史の発見」(『道』後篇、第四章参照)に呼応するものであった。

書き手ガリヴァーが旅人ガリヴァーと違い、後者の「洗脳」の限界を知り尽くしていたことも明らかにされてゆく。彼は、完全に除去することは出来ない「ヤフー的性格につきものの腐敗」(「シンプソンへの手紙」)が文明ヤフーの中に暮らす内にぶり返してくる危険を肌で感じるようになっていたからである。これまた、あのフウイヌムの衆議と重なり合う問題ではないだろうか。あのフウイヌム国で満ち足りて、対話も放棄し、幸福に浸り切っていたガリヴァーと、この文明ヤフーの国にあって危機意識を手放さない書き手ガリヴァーとの距離は決定的であった。フウイヌムたちの厳しい目もとりこみ、フウイヌムの主との対話などをとおして自分でなしとげた洗脳の成果をせめて文明ヤフーの矯正の仕事に生かしてゆくことが、自分を救うみちでもあると考える書き手ガリヴァー誕生の問題は以下にゆずり、旅人ガリヴァーの〝洗脳〟をめぐっての探究はこれでおわりたい。

エピローグ　書き手ガリヴァーの誕生

旅人ガリヴァーの生まれかわり、つまり彼独自の洗脳の次第とその問題性については前節で縷々述べてきたが、皮肉なことに、そこで旅への内的欲求を彼から奪い去ることになった当のフウイヌムたちによって国外追放され、彼は全く不本意にも旅に出発する破目になる。しかも、その最後の航海となった手段はと言えば、主の助力で作ったヤフーの皮を全体に張りつけた手製のボート一隻しかなく、前途に希望はなく、運を天にまかせての旅というほかなかった。

このとき彼が願ったことはただ一つ、無人島にたどりつき、一人でフウイヌム国での幸福な生活を反芻して時を過ごす生活であった。祖国はもはや誇るべき愛する国ではなくなっており、家族もまた再会を楽しみにする相手ではなかったのである。イングランドヤフーの都にしてヤフー世界のメトロポリス、ロンドンへ逆戻りするようなことにでもなれば、彼らがつくり出している「腐敗」の真直中に、フウイヌムという「手本」もないままに投げ出され、せっかくの「洗脳」の成果も台無しになると直感したガリヴァーは、そこでの暮らしを考えるだけでも恐ろしく、「背筋が寒く」なるのであった。途中、ニューホラント付近で「野蛮人」の攻撃を受けたときも、イングランドへ戻るよりは、彼らの下に入ってゆくことを選ぼうとしたのはそのためであった。

しかし、彼が現実に辿った旅といえば、その願いに反して、「野蛮人」に襲われたあとは海上でポルトガル船に見つかり拘束されたあげく、「思いやりのある」船長によって、最も忌避していたイングランドへと送り返される。書き手ガリヴァー誕生はこの祖国への帰還にはじまるのだが、それはすべて、旅人ガリヴァーが出発時のガリヴァーではなく、新しく生まれかわっていたことに起因するのである。

最後のドラマは、彼の家族との再会で幕が開く。それは、これまでくり返された帰国時のそれと全く違っていた。そこには、家族の健康を喜び、遠隔の地への旅がつくり出す彼らとの間に生じた認識の落差を調整したあとは、最終的には「正しい相互了解」に達するガリヴァーはいない。抱きつき接吻して離れない妻に、彼は一時間も悶絶してしまうのだ。「もう何年もこんなおぞましい動物と接触していなかった」からだとは彼の言い分であった。しかも、これは一時《いっとき》のものではなく、『旅行記』を執筆している五年後のいまに至るまで、彼はヤフーたる家族の悪臭に耐えられず、彼らが触《さわ》った食べ物や食器を拒む生活を続けるのだ。

ここで私たちは知る。すでにプロローグでも言及したことだが、彼がこのような生活を文明ヤフーの間で五年間も耐え続けたこと、さらには『旅行記』執筆もその中で思い立ったことを。ここで問題は、フウイヌム国ではただただ準フウイヌムとして生き抜こうとし、彼らが交わす会話をかたわらでつつましく聞き入るだけで満ち足り、他者への働きかけに一切関心をなくしたガリヴァーが、ヤフーの国においては、なぜ語りかけるべき相手として読者を発見したのかを彼から聞きだすことに絞られてゆく。しかし、五年間の空白、つまりイングランドヤフーの重圧の下でのガリヴァーの暮らしぶりと苦悩の日々については、それらが旅そのものではないこともあって、『旅行記』は具体的に語ってくれてはいない。

そこで唯一の手がかりとなるのが、プロローグでとり上げた「手紙」と、「旅の物語」を終えたあとの記述となった最終第四篇十二章の二箇所、つまり書き手として登場したガリヴァーの肉声を伝える箇所である。

私たちはそこで、ロンドンに暮らすガリヴァーを襲う内面の危機感がどれほど深いものだったかを思い知らされる。

フウイヌムの国から追放されたときの旅人ガリヴァーと違い、ロンドン在のガリヴァーは、フウイヌム国での「衆議」を冷静に、わがこととして受けとめられるようになっており、そのうえ自分のおかれている情況にも目が向かうようになっていたのである。かつての「洗脳」も、着物を脱ぎ捨てるように悪習を洗い落としただけのことで中身はすこしも変わることはなかったのだが、フウイヌムたちに囲まれていたおかげで心の安らぎを得ることができただけのことで、いまやその情況が全く違っていることに彼は気づいてゆかざるを得なくなる。現に、まわりを「卑劣な悪徳」に染まったヤフーに取り囲まれている日々の暮らしの中で、くりかえすが自分の中の「ヤフー的性格につきものの腐敗」が早くも「多少ぶり返」すという事態に直面する。ヤフー種に一般的にみられる「悪習」に染まり、「万病の塊」りとなっていないながら、その上「高慢ちきな顔」をしてシティーを横行するヤフーの群れを前にして彼は、「洗脳」後のフウイヌム国でみせた、あのひたすら自省する受動的なライフスタイルを放棄する。一人の力で「洗脳」の成果を守りぬき、「美徳の教えを実践する」ことなど不可能である以上、彼は、打って出るしかないと覚るのだ。ガリヴァーはここで、再び変身する。フウイヌムたちの間で獲得した利点をふまえて、いまや和解しがたくなり、目にするだけで「堪忍袋の緒が切れる」までになった文明ヤフーに働きかけ、彼らの矯正へと踏み出す書き手として生まれかわったガリヴァーがそこに登場してくるのだ。それは、彼らの悪徳を矯正することによって、自分自身を汚染する源を絶つという止むにやまれぬ戦略に基づく行動であった。

しかし、プロローグや第三節でも述べておいたが、ヨーロッパヤフーは、原ヤフーにもまして教育しづらい、いやそもそも教育不可能な存在ではないのか、矯正のための「旅行記」刊行などは、独善で凝り固まっている不遜な文明ヤフーが相手では無意味ではないのか、との思いに書き手ガリヴァーはたえずつきまとわれる。「手紙」で宣言されたヤフー改良計画の断念は、そのような心のゆれをかかえた彼のゆきついた結論であったのだ。しかも、このアポリアは、ここで本章のプロローグに帰るが、実はスウィフトのそれでもあった。しかし、二枚腰のスウィフトは書き手ガリヴァーではなかったのである。彼にしてみれば、書き手ガリヴァーがとり組もうとした課題は、六カ月やそこらで、いや十年、五十年単位で解決できるものではなかったのだ。ここで私たちは、スウィフトの、この人間種、とりわけ独善という罠に陥ってしまった文明ヤフー種に注ぐ絶望的なまでの厳しい眼差しから、いまなお免れえないでいることをあらためて思い知らされるのである。

第二章　架空旅行記作家ディドロの新たな試み
——読みかえられる実録の世界

プロローグ　実録への挑戦

ディドロ晩年の作品『ブーガンヴィル航海記補遺』(以降『補遺』と略記)は、著者の生存中刊行されず、しかも自筆稿も見つかっていない。このこともあって私は、はじめ世間に通用しているこのタイトルをまず疑ってかかり、ディドロの意図を的確に伝える書名はほかにないものかとあれこれ考えてみた。

一読すれば分かることだが、その表記は『補遺』を構成する二つのパート、「補遺」と「対話」の内、前者しか伝えていないのである。「補遺」とはディドロによれば航海者ブーガンヴィルが自ら行った発見の記録『世界周航記』(一七七一年刊、のち『周航記』と略記)を公刊するにあたって、削除されてしまった断片二つを指し(『補遺』と区別して「補遺」と略記)、後者はこの「補遺」を素材にして在パリのフランス知識人二人、AとBが文明人としてどう生きるべきかにつき対話を重ねてゆくパートをさす。

しかし、ここであえて告白するが、この全く別の性格をもつ二つのパートをもって一個の作品を構成するディドロの意図が分かるにつれて、さきの私の問題設定はどうでもよくなったのである。そこでとりあえずの結論を書けばこうなる。それは無い物ねだりと言うもので、『補遺』なる書名にこだわらず読みすすめればいいのであって、肝心なことは、この二つのパートを駆使してゆくディドロの意図と方法の独自性をさぐりあてることだ、と。そのために、私たちのなすべきは、ここに彼があえて実録としてとり込んだ「補遺」をAとBと共に熟読し、そのうえで彼ら二人の「対話」に参加し、それぞれが自分たちの生き方を吟味していくこと、それに尽きる。ここで見逃してならないのは、彼が書名の代りに、作品全体のモチーフを冒頭に書き込んでいたことである。

曰く、「道徳的善悪の観念と無関係なある種の肉体的行為にこの観念を押しつける弊害について」（以下『補遺』の引用はすべて中川久定訳「ユートピア旅行記叢書」第十一巻、一九九七年、岩波書店、による）。

私たちはディドロが全編にわたってこのモチーフにこだわりつづけていることを知っている。最終第五章のおわり近くでも、ディドロはこれまで「対話」につきあってきてくれた読者に対して、それを終えるにあたって、Bの口を借りて次のように語りかけていた。

「それ自体なんの罪もない行為に、人びとが恥辱や刑罰や不名誉を押しつけてきたのだということを、私たちの心のなかでよく考えてみましょう。そのことを大きな声でみなに告げましょう」と。これこそ当時ヨーロッパで力をふるっていた法や制度、なかんずく宗教制度が生み出す弊害の核心部分を衝くものであり、彼はこの作品をとおして、そのような制度や考え方とのたたかいを読者に呼びかけようとしたのである（最終節参照）。

書名にかかわる問題はこのくらいにしておくが、ここで参考までに、この小冊子がボーセル神父によって、ディドロの没後、一七九六年はじめて印行されたとき、「補遺」と「対話」は独立のパートとして併記されていたことだけ注記しておく。(中川久定「ブーガンヴィル著『世界一周航海記』、ディドロの書評『世界一周航海記』、およびディドロ著『ブーガンヴィル航海記補遺』——一九六八・六九年『名大紀要』第一二・第一四輯——。私自身この労作から多くのことを教わった。)

それにしても、その問題喚起力からして、いずれが主とも従とも決めがたい二つの作品、「補遺」と「対話」を組みあわせ、さらには、「対話」の途中にポリー・ベイカーなる女性がニュー・イングランドの法廷で行なった弁明のための「風変わりな演説」まで挿入するという具合に、全五章からなる『補遺』の構成は複雑で、読者が戸惑うことも確かである。

しかし、そこはディドロである。それらが固有の自己主張をしつつも全体が一個の作品となるよう巧みに設《しつら》えられており、章のそれぞれが見事に役割を分担している。とりわけ、その第一章はタイトルも決めがたい奇妙な構成をもつ作品をどう読んでもらいたいのか、そのための道案内として設定されており、私たちもまずそこから読みはじめたい。

このような著者の製作意図を尊重するならば、わが国でこれまで通用していた「ブーガンヴィル航海記の批判」との章題は、改めるべきかも知れない。たしかにディドロは『補遺』を構想する前に、『周航記』への書評をこころみ、その中で島民の幸福な生活を破壊するブーガンヴィルへの激しい弾劾を展開してはいる(前掲中川論文参照。なお書評全文は浜田泰佑訳『ブーガンヴィル航海記補遺——他一篇』〔岩波文庫〕に収められている)。しかし、問題の第一章は、それとは全く別個に、前述したように『補遺』を読んでくれる読者のために新しく書きかえられたもので、しかも内容からしても『周航記』への批判を目ざしたものではなく、むしろ『周航記』讃とすべきものだからである。

ディドロの意図は明白であり、この第一章を、実は虚構の中でしか存在しない「補遺」が、信憑性の高い実録であることを論証してゆく場として活用しようとする。それが読者への『補遺』の説得力の鍵を握ると考えてのことであった。

そのために必要な手続きとして、彼は対話者の一人Bを介して、本体のブーガンヴィルの『周航記』がどんなに優れた作品かを三点にわたって説明させ、その中でとくに、ブーガンヴィルの記録者としての高い能力を浮かび上らせる。

「ブーガンヴィルは、必要な知識と彼の目的達成に役だつ才能とをもって出発しました。すなわち、揺るがぬ英知、勇気、知的誠実。事物を一挙に把握し、観察の時間を短縮する鋭敏な眼力。慎重、忍耐。対象を観察し、理解し、かつそれを他人にも知らせたいという願望。……」と。

ディドロは読者にまず知ってもらおうとする。問題の「補遺」は、このようなブーガンヴィルが、『周航記』作成のためにタヒチからもち帰った記録であり、信ずるに足る資料である、と。これはディドロが『補遺』を構想するにあたって譲ることの出来ない大前提としたもので、第一章のおわり近くでも、「補遺」をテーブルの上に置き、Aにそれを見せながらBにこう語らせているのだ。

「もし君がブーガンヴィルの航海記の補遺をご存じなら、この男の誠実さに疑いをもたれることはないはずですがね。」

彼は、「補遺」の史料としての信憑性の高さを、手をかえ品をかえ読者の脳裏に刻み込もうとしているのである。

ここには、ヨーロッパ文明のあり方を根柢から問い直すために、あえて架空の島タヒチとその住民たちを創作しておきながら、それらを誠実な記録者ブーガンヴィルがその目で見た現実の島として読者につきつけてゆこうとする架空旅行記作家ディドロの深い企みが働いていたのである。最終第五章においても、Bはこう語っていた。「ああ、どうか幸福なタヒチ人が今のままの状態にとどまっていますように。わたしにはまた、こういうことも分かっています。地球上で、文明から遠く離れたこの小島以外に、過去によい習俗は存在したことがなかったし、また今後といえども、おそらくどこにも存在することはあるまいということです。」

しかし、「補遺」が伝えるこのタヒチ・イメージが『周航記』のそれと同一でないことは、両者を読みくらべた人ならば直ちに分かるはずであり、ディドロ自身、そのことを誰よりも自覚していたことは間違いない。彼は確信犯であったのだ。

それだけに、ディドロは、最後までこの仕掛けを読者に明かさない。もし、「補遺」のタヒチがありもしない島として受けとられるならば、『補遺』の大枠をつくるAとBの対話は、その成立根拠をすべて奪われるからである。第三部第一章のプロローグで紹介した書き手ガリヴァーによる読者の受けとり方への異議申し立て（「シンプソンへの手紙」）をここで想いおこしていただけるとよい。

ここですこし脇道にそれて、この実録か架空かとの問いにかかわってごく簡単に十七、八世紀に多くの読者を獲得するようになった架空旅行記なるジャンルに目を向けておく。

十五世紀末にコロン（コロンブス）たちが先頭を切ることになった未知の空間と新しい貿易ルートを探し求める旅は、その後もとどまることを知らず、その間、航海・旅行記の類は多数書きのこされ、その一部は刊行もされてきたことはよく知られている。なかでも、十七、八世紀は一種の旅行記ブームが起こった時代であったが、旅行記と一口に言っても、実は架空旅行記と実録が競い合っていたのである（前者については、岩波書店刊「ユートピア旅行記叢書」全十五巻を参照されたい）。

両者の区別は今日から見ればさほど困難ではないが、未だヨーロッパには知られざる空間や民族集団が多く残されていた当時にあっては、読者が虚構か現実かを見分けることはその舞台設定からしてきわめて困難であった（一八〇―一八一ページの地図参照）。さきの「ユートピア旅行記叢書」第四巻に収められたラオンタン著『著者と旅行経験をもつ良識ある未開人との興味津々の対話』（一七〇三年刊）などはその一例であり、それは著者のカナダ体験をふまえた実録として読まれてもいたが、今日ではそれはさきの叢書への収録に見るように、なんの疑いもなく架空の対話とみなされている。しかし、問題はそれほど簡単ではない。

そこで、ことのついでにさらに脱線して、ここに、この問題含みの作品についてごく簡単にふれておきたい。『補遺』の位置を見定めるうえで有効であろうと考えてのことである。フランス生まれの著者ラオンタンは、十六世紀以来フランスが進めてきた北米カナダへのコンキスタ（植民化）を担う尖兵として、十七、八の歳からほぼ八年間、ライヴァル・イギリスと連合するイロクォイ族とたたかう分遣隊の隊長となるなどして内陸深く五大湖周辺まで足を踏み入れ、ヒューロン族など非イロクォイ集団と生活をともにする中で、彼らの言語を習得し交友を深めるなど、自他共に認める経験豊かな青年植民者であった。そのような彼が、折々の見聞をヨーロッパ人読者に届けようと試み、その成果を帰国後しばらくして世に問うたのが、二巻からなる『北アメリカ新紀行』（一七〇三年刊）であり、問題の『対話』はその重要なパートとして組み込まれた作品であった。このような刊行事情からして同時代の読者がそれを実録として受けとったのもごく自然であり、それは、『新紀行』全体を一個の旅行記とする著者ラオンタンの意に沿った受けとめ方であったのである。

ところで、その『新紀行』の全貌がはじめて読者の前に姿をあらわしたのは、彼の自筆稿を英語に翻訳した版であった。『新紀行』前半のみはこの英語版に先行するフランス語版（オランダで公刊）が存在するため、二つの版本の関係は少々複雑だが、ここではその言及はしない。要は「対話」編が活字になったのは英語版が最初であり、『新紀行』英語版の「序文」を読むかぎり、著者が翻訳も含めて全体の出来栄えに満足していたことである。今回ラオンタンの方法にアプローチするにあたって私が安心して英語版を選べたのはこのためだ。なお、さきの岩波版と、それにすこし先行して刊行された『啓蒙のユートピア』（第一巻、一九九六年、法政大学出版局）が『対話』のテクストとしたのはいずれもフランス語版であり、これは英語版にすこし遅れて同年

『新紀行』の「補遺」として前半と同じ書店から上梓されたもので、私自身これら訳書にも大いにお世話になったことをここに記しておきたい。

ここで全体の中での「対話」編の位置を確かめるために、この英語版に即して『新紀行』全二巻の構成にすこしふれておくと、第一巻には、旅行記のメインとして、一六八三年にはじまり一六九四年におわる、自身の現地体験をできるだけ正確に本国在の知人に報告する形をとった「書簡」二十五通（全二〇二ページ）を収め、後半にはこれらの報告を補うべくカナダの地誌や動植物を総観し、それに植民統治の現況もあわせて記した「覚書」（七二ページ）が収められていた。当の「対話」編（九五ページ）は、つづく第二巻に収録されているが、その前に広く北アメリカに住む「野生人たち」の宗教をはじめとする風俗・習慣などを主題とする「考察」（八九ページ）が配されていた。つまり彼はこの「考察」をさらに深めてゆくために、それまでも前二編でしばしば登場してきた野生人アダリオに、カナダ住民がいだく宗教、法、結婚などについての考え方や感じ方を「対話」のなかで思う存分語らせようとしたのである。

ラオンタンは、この全四編をとおして、当時のヨーロッパ人がほとんど知ることのなかったカナダの自然や先住民たちの実像を、さまざまな角度からできるだけ正確に描き上げることで、「新しい世界」についてのヨーロッパ人の無知と偏見を正し、その地の住民を野蛮視してはばからない彼らの独善をも明るみに出してゆこうとしたのである。

ここで私が注目するのは、全作品の中での「対話」編の独自な位置である。たしかに、他の三編にあっても、これまでのヨーロッパ人旅行者の実録と違ってきわめて主体的な先住民ならではの語りが、ときには共感をこめて採録されており、自然誌の一部として客体視される先住民認識とは一線を画す方法態度がみられはする。しかしそこでは、あくまで語り手である「私」が、読み手の「あなた」に報告する信ずるに足る情報の一部として、先住民の語りが引証されるにとどまっており、「野生人」代表が語りの主役に躍り出て、彼が相手役のヨーロッパ人と論争し、後者をときには圧倒もしてゆく「対話」編との違いは明白である。

そこで、より立ち入って「対話」編の位置を述べると、それまでの『新紀行』にあって、実録を記録していく唯一の主体であった「私」は後景に退き、代わりに三人称の「著者ラオンタン」が立ち現われ、その彼と『新紀行』の読者にはすでにお馴染みのヒューロン族のリーダー「アダリオ」が対話してゆく構図が示される。たしかに英語版序文で著者があえて語っているように、ラオンタンは、現地でいくどか、フランス人に「ねずみ」と呼ばれたこのアダリオとの会話を楽しみ、それを採録していたことは充分に考えられはするが、この「対話」編は、その再現ではなく、まぎれもなく架空の対話として創作されたものであった。先行する三編とつきあってきた読者は、この「著者ラオンタン」は、それら三編を記述し、英語版序文をも書き上げた「私」とは違い、布教者や植民者の仲間として、文明社会の卓越性を疑うことのないヨーロッパ人であり、片やアダリオは、広く北米の英仏植民地にとどまらずヨーロッパの諸都市での自身の見聞をもち出して、そのようなヨーロッパ人の自負を覆してゆこうとする、現実には存在するはずもなかったヒューロン人であり、それぞれが「私」によって造形された架空の人物であることに気づくはずである。

しかし、ここで私たちは、その架空性を強調する余り、「対話」編を他の三編と全く切り離し、それを現実離れのした作品とみなしてはいけないのである。それは、対話者ラオンタンが身につけている独善や偏見とアダリオの立場がせめぎ合い、双方が自説を主張しあう中で、つまり対話ならざる対話の中で浮かび上がってくる真実に目をふさいでしまい、現実に根ざした「私」ラオンタンのせっかくの問題提起を棚上げしてしまうことになるからである。

みられるように、たしかに「対話」編は、彼の他の三編に較べて方法上の転換は認められはする。しかし、それが、カナダでの経験を通して先住民たちの暮らしぶりに魅了され、信奉していた文明のあり方に疑問をいだくようになった「私」ラオンタンの内面からおのずと醸成されてきた、新しいこころみであったことを見落としてはならない。いいかえれば、架空の「対話」は、彼らが育んできた精神世界の豊かさと魅力を最大限に引き出し、野生人イメージをより鮮明に描き上げ、そのことをとおして自己省察をも深めてゆこうとしたとき、そのモチーフを最も生かそうとしてたどりついた方法であったのである。

「対話」編が、具体的にどのような問題喚起力をはらんでいるのかについては、別の機会でとりあげることにして、ここではそれが、すでに他の三編において世にいう実録への挑戦へと一歩踏み出していたラオンタンが、その姿勢をより徹底させ、真実に近づこうとしたとき編み出された方法であったという関係をおさえておくだけでいい。つまり、彼にとって「対話」編は実録『新紀行』で、そのいわばアンカーとして欠かせない役割を果たしているのである。全二巻からなる英語版の構成と内容はそのような著者の姿勢を私たちに知らせてくれている。

少々長くなったが、「書簡」、「覚書」、「省察」とさまざまなスタイルで実録をつみ重ねて、伝えるべき真実にこだわりつづけたラオンタンの営みの中で「対話」編が占める特別の位置を見定めてみると、そこに、もう一つのいいいつの実録として本格的に実録に挑戦してゆく「方法としての架空旅行記」がもつ積極的意味が浮かび上がってくるはずである。

脱線が長くなってしまったが、ここまでくると、なぜそれがここで必要だったかが了解していただけると思うので、そろそろ本題に戻るが、ラオンタンの「対話」編は、ディドロが『補遺』第一章で、「補遺」がまぎれもない実録であると主張しながらも其の実、架空旅行記としての「補遺」を構想していったのか、その理由をいくらか説き明かしてくれているのではなかろうか。

たしかに、さきの「ユートピア旅行記叢書」に収められた作品群を見渡してみても、その意図や方法もさまざまであり、すべてが、このような実録との緊張をはらんだ営みの結晶というわけではない。むしろ、ラオンタンやディドロのこころみは異例かもしれない。しかし、同時代のいくつかの個性的な実録とつき合ってきた私が注目したいのは、ダンピアの例にみたように、見たもの触れたものしか語らないと主張する記録者たちが、当時のヨーロッパ人が囚われていた抜きがたい独善的姿勢ゆえに「航海・旅行記」によって実は自分たちの偏見や俗説を再生産し、読者が真実に近づこうとする営みを妨げているという事態をしかと見とどけ、それと対決できる方法として自覚的に架空旅行記を選びとった作家たちである。彼らは、ラオンタンが「対話」編でこころみた方法をさらに磨きあげていったのである。しかし彼らは、自らの実体験に発するラオンタンの「対話」編と違って、すべてがほかならない自分たちの想像力の産物と知りつつも、いや自覚しているだけに、なによりもまず、自分たちの作品こそが、真実を伝えるまぎれもない実録であることを読者に納得してもらうことにエネルギーを割いてゆかねばならなかったのである。ディドロもまた、スウィフト同様、このグループを代表する作家であったことは、さきに述べた第一章に仕込んだディドロの企みからだけでも明らかであろう。

『補遺』第一章にディドロがこめた第一のねらいについては以上で終えるが、ここで当の第一章の守備範囲を越えることになるが、ことのついでに実録とはなにかという問題にこだわり抜く彼の姿勢についてふれておきたい。

『補遺』第一章のねらいが、この作品の実録性の裏づけにあったため、ディドロがブーガンヴィルを誠実な記録者と持ち上げた次第についてはすでに述べたことだが、そのこともあって彼は、つづく第二章以下では『周航記』について厳しい資料批判を加える作業にとり組んでみせる。

そこで彼は、世にいう実録が多くの削除を経て形を整えているという出版現実を明るみに出してゆく。ディドロは、第二章でAとBが「補遺」の第一断片「老人の別れの言葉」を読みおわったあと、Aに「ブーガンヴィルがなぜこの部分を航海記から削除したのか、今となれば「この断片を読んだあとでは」分かりすぎるくらいよく分かりました」と語らせ、大航海が発見した島々の破壊をもたらすという現実に蓋をしようとしたブーガンヴィルの姿勢を浮かび上らせる。

ディドロは言いたいのだ。読者を楽しませるどころか、彼らが耳をふさぎ、目を覆いたくなる現実は、実録からは削除され、真実は隠されたままになるものだ、と。あのブーガンヴィルにして然りとするディドロの資料批判は鋭いものがあった。それと同じことは、「補遺」の第二の断片「司祭とオルーとの会話」についても言いうることだ、と彼の問題追及はつづく。ここでも、Aならずとも読者は、当の「会話」がなぜ削除されたかは分かりすぎるほど分かるはずだとの大前提の下で、更に、Bは、この大切な断片さえも実は、現実におこなわれた会話をそのまま再現してはいないという事実を司祭による「補遺」本文への「欄外注」のかたちで読者の前に明らかにしていく。そこで削除された箇所とは、「若者と娘がそれぞれどんな相手を選べばよいかという問題に関して両親が与える訓戒」を集めた話で、その「問答式訓戒集」は「良識に富み、きわめて鋭い、役にたつ考察に満ちている」のだが、司祭にはそれらが「わたしたちヨーロッパ人のように腐敗した、軽薄な人間の目には、許しがたいほどふしだらなものに見える怖れがある」と感じられ、彼は収録しなかった、と削除理由を明かすのだ。二つの断片が削除されたのは公けの検閲によるのではなく、記録者（ブーガンヴィルや司祭）自身の判断によることを、ディドロは示したかったのである。

読者はあらためて気づかされてゆく。記録者がどれほど誠実であっても、ヨーロッパ人の生き方を過去・現在にわたって根本的に問いかけるような出来事は、たえず実録から排除、省略されてゆく傾きがあるため、実録は多くの、いやほとんどの場合、真実を隠蔽する役割を果たすことを。

「補遺」こそが信ずるに足る実録と主張するディドロがとりこんだ方法態度を明らかにするため

に試みた脱線はこれで打ち止めにして、本題に返り、ほかならぬ『補遺』第一章にディドロが仕組んだあと二つの問題に目を向けることにする。

第二番目にとり上げたいのは、ディドロが、そのタヒチ像について、『周航記』に全面的に依存していると装いつつ、この第一章で早くも、以下の章でその全貌が描かれてゆくタヒチ人像の核心部分をBに語らせているという仕掛けだ。ここにも第一章が『周航記』讃のかたちをとってゆく必要性があったのである。

そのBに言わせれば、『周航記』は、「わたしの母国以外の土地に対する感興をそそった唯一の旅行記」であったのだが、そこから読みとれるタヒチ人の生活は、文明人の社会と較べるといかにも単純で、「この世界ができたころの状態からまだ遠くない」と言えるものであり、このような生活を送る彼らは、文明人の「慣習や法律」を「いろんな形で擬装された手枷足枷のたぐいにほかならないと考える」にちがいない、なぜならば、そのような「束縛」はタヒチ人のように「あらゆる感情のうちで自由の感情を最も強く感じている人間の心に怒りと軽蔑を引き起こすだけ」だからであると。

ディドロは『補遺』第一章で以上のような明確なタヒチ人像を刻み込んでおいて、つづく第二―四章ではそれをさらに深めて「老人」と「オルー」というきわめて個性的なタヒチ人の造型をこころみるのだ。

以上で、『周航記』讃のかたちを取って『補遺』第一章にディドロが織り込んだ二つの仕掛け、つまり『周航記』と「補遺」が分かちがたく結びついているとの主張に込められた意味についておわりにしたい。

さいごに一つ、彼が第一章で書き込んでいた対話者AとBとの関係について述べておきたい。これもまた、『補遺』を読み解いてゆく上で鍵を握っている問題だからである。

Bは当時パリに住み、ブーガンヴィル一行が連れ帰り社交界に出入りしていたタヒチ人アオトゥルーとも会話を交わしたことがあり、かつ、すでに『周航記』にも「補遺」にも目をとおし、それらについて一家言をもつ知識人として全編をとおしてディドロの分身としての役割を演じつづけるのだが、彼はAを「補遺」の世界に引き込み、以降「対話」のイニシアティヴをとりながらAの問いかけに対しては、ひとつひとつはぐらかすことなく真摯に答えてゆく関係を最後まで貫く。Aはと言えば、これまた自立したフランス在の知識人として、ときにはBに挑発もし、ともに議論を深めてゆく、Bにはかけがえのない相棒として登場してくる。BにとってAは、読者代表として手ごわい相手であり、その彼を納得させられるかどうかが、「対話」のすべての局面にわたってたえず問われてゆく。両者の「対話」は、したがってディドロと読者との対話と読みかえることもできるのであり、この関係はすでに第一章ではじまっていたことに私たちは気づく。

このAとBの関係は、後述するが、ひたすら「司祭」を「洗脳」してゆこうとするオルーと司祭とのそれとは質を異にしており、ディドロも、そのことを承知して、オルーと司祭が交わす、これまた緊張した議論を彼は「対話」とせず「会話」とみなし、二つを区別していたことをここに付記しておく。

たしかに、AとBは、必ずしも知的な関心や洞察力において、同じ条件を備えていたわけではない。しかし、その彼らの議論はまぎれもなく「対話」となりえていたのであり、それが可能になったのは、両者が自分たちがいま生きているフランスの現実をしっかりと見つめ、それがかかえている課題をともに担おうとする姿勢において、立場を共有していたからであり、ディドロはそれを第一章で明示しておくことを忘れていない。

ここまできて、私たちは一つの問いの前に立たされる。実録と同じ土俵に自分の作品を立たせ、なおかつ実録と自負する記録群への資料批判を展開してゆくディドロの『補遺』をつきつけられて、ブーガンヴィルは、どのように反応、反撃したであろうか、と。ディドロによる『周航記』への位置のとり方は、すでに見てきたとおりであるが、ブーガンヴィルは『補遺』への応答を直接的なかたちではのこしてはいないからである。

しかし、ブーガンヴィルが、ディドロに代表されるような、自身旅に出ることもなく、「薄暗い書斎の中で」思索にふける哲学者たちへの激しい批判をいだいていたことを私たちは知っており、ディドロもその標的の一人であったことは容易に想像できるのだ。とりわけタヒチ島については、次節で述べるが、真のタヒチ像に近づくべく記録者の精神に忠実たろうと並はずれた努力を重ねていったブーガンヴィルにしてみれば、まさしくそのタヒチを舞台にし、『周航記』がいかに真実を隠蔽しているかを読者に告げる二つの「補遺」を創作し、『補遺』の中でそれを実録とみなすBにAと「対話」させてゆくディドロのこころみを見逃すはずはない。功なり名をとげ国葬の扱いさえ受けたブーガンヴィルが死去したのは一八一一年であり、ボーセル版は一七九六年とあってみれば、彼が『補遺』を目にすることは可能であったのである。しかし、ブーガンヴィルは、『補遺』への言及をどこにものこしていない。次節で、ディドロの『補遺』をたえず念頭におきつつ、問題の『周航記』を読むのは、ブーガンヴィルの語られざる『補遺』への応答を探り出したいからである。いまの私には、両者のいずれもが、そのような作業を勧めているように思えてならないのである。

第一節　競合する実録と架空旅行記
──ブーガンヴィル『世界周航記』を読む

『補遺』第一章でBによって誠実な記録者として讃辞を受けたブーガンヴィルは、自身どのような体系化志向にも身をゆだねず『周航記』においては自ら観察したものに忠実であろうとした、と公言してはばからない航海者であった。それだけではない。彼は、さきにふれたように、フランスを一歩も出ず、旅先での発見などは経験もしたことのない本国の哲学者たちに昂然と立ち向かう思索家でもあった。

帰国後、「航海日誌」をもとに『周航記』を執筆・刊行したおり、その「序章」にそのような基本姿勢を表明する。

「……私は、旅行家であり、船乗りである。すなわち、あの、なにひとつ行動しようとはせぬ傲慢な文筆家仲間の目から見れば嘘つきであり、間抜けにほかならないのだ。ところであの文筆家連中こそ、うす暗い書斎のなかで、世界とその住民に関する高遠な哲学を繰り広げ、否応ない調子で、自分たちの想像に自然を服従させているのである。これが、あの連中の奇妙で、理解しがたいやり方なのだ。それというのも、彼らは、自分自身ではなにも観察したことがなく、また自分では、旅行家の観察能力も思考能力も認めていないくせに、これら旅行家から借用した観察に基づいてしか、物を書いたり、独断的主張を開陳したりしないのだから。」（中川久定訳「史実からユートピアへ」、『啓蒙の世紀の光の下で――ディドロと百科全書――』所収より。）

彼が、はじめに、このようないわば自らの実録精神を強調し、同時に哲学者批判を行なったには、それなりに理由があったのだ。彼が『周航記』にとりかかっていたときすでに、ブーガンヴィル一行に加わって航海した博物学者コメルソンによる「愛以外の神を知らない」幸福な島としてのタヒチ像が知識人の間で話題になっていた（一七六九年二月二十五日、モーリシャス発。ブーガンヴィル帰国後八カ月ほどして同年十一月『メルキュール・ド・フランス』に掲載）ことに加えて、『メルキュール・ド・フランス』の編集協力者ニコラ・ブリケール・ド・ラ・ディスメリーの『タヒチの野生人からフランス人へ』（一七七〇年刊。内容については「ユートピア旅行記叢書」第十一巻に収められた中川久定訳のテクストと解題を参照）も刊行されており、『周航記』の主要舞台タヒチ島が「哲学者たち」のサロンで関心の的となっていたことは充分に予測できるが、そのいずれもが、後述するようにブーガンヴィルが苦心して描き出そうとするタヒチ像とは全く相容れないものであり、その裂け目を彼は黙過するわけにはゆかなかったのである。

ブーガンヴィルにしてみれば争点は一つに絞られてゆく。実際の旅行者であれフランス在の哲学者であれ、彼らが描くタヒチ像は、ヨーロッパ人の夢想で事実を歪めており、真実のタヒチ像とはほど遠いとは彼のゆずれない主張であり、確信であったが、その裏づけとなったのが自身の観察であり、タヒチ像は『周航記』が最も力を注いだフィールドであったのである。ここでは『周航記』全体への目くばりは省き、ブーガンヴィル独自のタヒチ問題へのアプローチのみをとりあげることにするのは、そのためだ。

ブーガンヴィルのタヒチ島民との出会いは、一七六八年四月四日以降のことで、南太平洋の高緯度海域に南方大陸を探す途中の、偶然の出来事であった。ウォリスを隊長とするイギリスによるタヒチ「発見」のほぼ十カ月後のことである（第一部第一章参照）。正直、かつ平和な民というのがブーガンヴィルの第一印象であったが、四月六日に上陸して九日間、彼はそのときの自分の見聞に基づいて「航海日誌」を認《したた》め、帰国後、それを練り直し、「滞在記」と「自然誌」という二つのパートからなるタヒチ章を仕上げてゆく。この時彼は、十六世紀以来、スペイン人の記録《クロニス》者《タ》がしばしば用いた記述方法を基本的にはとり入れて、まずは「タヒチ島における滞在。そこで我々に起こった諸々の良いこと悪いこと」と題されている、いわゆる滞在記《イストリア・ヘネラル》（『周航記』第二部第二章）からはじめる。島の近くの海上で彼の目を射たものは、大部分は裸の女性たちが示す身体の美しさであった。上陸後も彼の部下たちはこれら女性たちに歓待を受けるのだが、そのシーンは彼の脳裏に強く刻み込まれる。その記述のすべてを引用することはできないが、そのとき目にした彼らの開放的な性の交わりは、その後のタヒチ認識の核となってゆくので、そのほんのさわりだけとり出してみる。

「彼らは我が部下たちに若い娘たちを提供するのであった。小屋は、たちどころに、物見高い男や女たちの群れで一杯になり、彼らは客人と歓待の義務の若いいけにえの周りに輪を作った。地面には木の葉と花が敷きつめられ、音楽家たちが笛の調べに合わせて快楽の頌歌を歌った。ウェヌスがここでは歓待の女神なのである。彼らは、当惑が示されることに驚いた。我々の風俗はこのようなことを公衆の面前で行なうことを禁じている。」(「十七・十八世紀大旅行記叢書」第二巻、山本淳一訳。以下『周航記』の引用はすべて山本訳にしたがうが、傍点は筆者。)

ヨーロッパの性道徳の中で生きてきた彼にとって、これは特筆すべき出来事であった。しかし、彼の「滞在記」はこの性の楽園イメージで満たされていたわけではなかったのだ。それは全体のごく一部を占めるにすぎず、他にも、停泊期間をめぐる取り決め、島民たちによる盗みと彼らへの発砲など、見知らぬ者同士が島を舞台に緊張関係をもって対応してゆく次第が記録されてゆく。発砲は島民の死を招き、彼らは山へ逃亡するなど、両者はたえず一触即発の関係にあったことは否定しがたく、それを記録することは、船の安全をおびやかす嵐などの自然がもたらす危険の記述同様、滞在記の重要な項目となっていた。

それだけではない。二、三人連れ立っての散策中、彼らの目にとびこんできた島民たちの幸せそうな暮らし方も滞在記の重要な主題であった。こうしてさきの女性によるもてなしはその一つにすぎなかったことが分かってくるのである。

このような島民たちへのフランス側の対応といえば、双方で取り決めた短い滞在期間を利用して、その土地にフランス流儀の畑を作り、島民にさまざまな種をまく方法を教え、道具も与え、土地のさらなる活用を促すことであった。性の自由にうつつを抜かすことなく、植民化の計算をしっかりとするブーガンヴィルの実像もそこには刻み込まれていたというわけだ。

植民地化への明るい将来を約束する島の発見は、国家に忠実な彼を喜ばせるものであったのである。彼は島民アオトゥルーを自国に連れ帰ることによって得られる利益を、「この民族を永遠の感謝という鎖」でつなぎとめ、彼らとフランスとの友好を強固なものにしてゆけるところに見出していたほどである。

以上で滞在記は終え、次は「自然誌《イストリア・ナトゥラル》」記述であるが、ここにも一つの章があてられ、「新しい島の様子。その住民の風俗と性格」(第二部第三章)が主題となっている。これまた植民化の基礎となるフィールド研究であるが、滞在中の出来事、つまり両者の関係への注視とは区別され、客体としての島民の対象化が目ざされる。

このパートにも、滞在記で描出された性の楽園イメージは登場する。この地の「呼吸する空気、歌」さらにはダンス、すべてが「絶えず愛の喜びを呼び覚まし、すべてがそれに身を投じるよう強く命じる」と。しかし、ここでも、それは「自然誌」全体からすればほんの一部であり、主題は、「この愛すべき民族」が「うらやむに価する幸福の内に生きている」、その現実の姿を全体的につかみとることであった。

豊かな自然、美しい景観、よく手入れされた「公共の小道」、隠されている鉱床、豚、犬、鶏などの家畜にもこと欠かず、酷暑も経験せず、食生活は恵まれ、島民の健康と体力はすぐれており、老年に「なんの患いもなくたどり着」き、彼らの歯は並はずれて白く、身体の不自由な人は見かけず、女性の肢体の美しさは格別だ、……彼のタヒチの自然と住民への讃辞は尽きるところがない。島の中では戦いもなければ相互に憎しみも抱くことなく、家は開けっ放しで、所有観念はない、総じて島民は幸福で、平和、自由、平等は島中にゆきわたっている、と続く記述は、地上に理想郷が厳存する確証を読者に伝えてゆく。ここでは、彼は確言する。そこは理想郷ではあるが、実在の島であり、ユートピア（架空の場所）ではない、と。このタヒチへの高い評価は、『周航記』のもとになった当局に対する報告「航海日誌」にみえるその島についての記述の最後のくだりにみごとに対応していた。「幸福で分別を示す住民たちよ、さようなら。いまのままの姿でいつまでもいてほしい。ごくわずかの滞在ではあったが、私は貴方たちの島で味った喜びを決して忘れないだろうし、これからもずっと、幸せにみちた島シテールを称えつづけるだろう。そこはまぎれもなくユートピア（理想郷）である」（ハクルート叢書第三期第九巻、二〇〇二年）。このようなタヒチ・イメージが哲学者たちの「夢想」を斥けたあのブーガンヴィルの筆になるとあれば、その説得力は無視できないものがあった。『補遺』がそのような読者の受けとめ方をたくみに利用し、タヒチについての『周航記』の語りが、夢物語りではないとBに語らせてゆく次第についてはすでに述べたとおりである。

しかし、注意深い読者は、『周航記』では、この問題をめぐってブーガンヴィルが肝心なところで、断言は避けていることに気づくはずである。この民族の性格は「温和で親切であるように我々には思えた」、内戦があるようには「見えない」、お互いの正直さを「どうやら疑わないようである」云々の記述にそれがあらわれる。この抑制された、断定を控えた表現によって彼は、いっとき彼をとらえた理想郷としてのタヒチ像にかげりを与えてゆく第一歩を「自然誌」記述に刻み込んでゆくのである。それだけではない。それをさらに進めて彼は、「自然誌」の後半部分では、タヒチの暗部をとり出し、タヒチ像の修正へと踏み込んでゆく。

注目すべきは、この修正にあたって、彼は、それが自分の目で確かめた結果ではなくフランスへ連れていった島民アオトゥルーの情報提供に助けられてのことだったと告白もしていた点だ。アオトゥルーと交わる中で、彼が信頼に価するインフォーマントであることが分かってきたのである。ブーガンヴィルは、短時日しか滞在しなかった自分の第一印象にもとづく認識の限界を思い知らされたものと思われる。

彼が修正した自然誌記述によれば、島内には戦争はないが、近隣の島民とは絶えず戦い、武器の備えはあり、戦争のやり方は残酷で、平等な社会とは言いがたく、首長の権限は絶大で、婦人たちも夫に全面的に服従しているなど、これまでの理想郷タヒチを支える重要項目が肝心なところですでに崩されていたことは否定できない。宗教についても、アオトゥルーの答えから、島民は迷信深く僧侶の権威は恐るべきで、人間の犠牲《いけにえ》もみられると、結論が下される。

しかし、ブーガンヴィルの実録精神の本領発揮は、帰国後本国においても、十一カ月もパリに滞在することになったアオトゥルーと話を交わしながら、さきの修正をさらに進め、全面的なタヒチ像の書き変えに踏み切ったところにあり、以上述べた第一次修正は、未だ不充分であったことを読者に知らせるのだ。

タヒチについてのこれまでの判断が根柢からくつがえされたのである。「私は、先に、タヒチ島の住民が、我々には、うらやむに価する幸福の内に生きているように見えると言った。我々は、彼らが、彼らの間ではほとんど平等であり、あるいは少なくとも全員の幸福のために作られた掟にしか従わない自由を享受しているものと信じた。私は間違っていた。」

ここで読者は度肝を抜かれる。島で出会った住民たちについての第一印象を起点とし、つづいて彼らを自然誌の対象として認識してゆく努力を重ねて獲得してきたタヒチ・イメージを、しかもその認識のプロセスをすべて読者に正直に伝えておきながら、最終的には彼はそれをもひっくり返してみせたのである。たしかに、それは「自然誌」後半部分で垣間見せてくれたタヒチの暗部の拡大といえなくもないが、これは、うらやむに価する島としてのタヒチ像からすれば、大転換と見なすべきものであったのである。

王や有力者の野蛮な権利は、より具体的に描き出され、犠牲となる階級も定められており、食べ物や明かりをともす木にまで身分差別が貫かれ、男女は食事を共にせず云々、とのタヒチ像が代わりに提示されていく。ここで読者は問うはずだ、あのブーガンヴィルを、そしてとりわけ同行したコメルソンの目を強く引きつけた性の楽園としてのタヒチはどこへ行ったのか、と。その問いへの直接的な答えはないが、その開放的なイメージも消え去っていることだけは確かだ。夫の抑圧下にあった女性が夫の喪に服するとき、彼女たちは喪の印として着用したヴェールで顔を隠し、それをチャンスに「逢引き」をする、とはアオトゥルーから聞いた話であり、それはまさしく性が秘め事でもあることの証言以外のなにものでもない。読者にとってみれば、たった一人の島民の証言で、タヒチを魅力的な島にしたあの核心的イメージが消え去るなどということには納得できないはずだ。ブーガンヴィルも、この点については本格的な議論を避け、男女の不平等を語るくだりで、先の話を一言つけ加えて、性の楽園タヒチもまた虚像であったことを暗示しておくにとどめたのであろう。

ここで私たちはブーガンヴィルに問いかけたくなる。帰国後、公的な「日誌」とは別に一般読者向けの『周航記』を書き上げるにあたって、なぜ間違ったままのタヒチ像をそのまま読者に伝えたのか、を。それへの直接の答えを彼から聞くことはできないが、想像してみることは可能である。それは自分の目の不確かさを白状するようなもので、いわば身を切る辛い行為であるが、しかし、世の実録といわれるものがどのようなものかを赤裸々に示し、旅人が真実を記録するということが、いかにむずかしいものかを読者にも分かってもらおうとする彼の使命感、記録者としての誠実さがそのような楽屋裏をさらけ出すことに踏み切らせたのではなかろうか、と。つまり、実録の精神に忠実たろうとする彼の内的要請がここで働いたとする解釈である。

しかし、これだけの大改訂をこころみ、それを読者にあえて提示してゆく理由はほかにもあったのである。彼は『周航記』刊行にあたって、アオトゥルーとブーガンヴィル一行を迎えたパリの知識人たちの反応を射程に入れていたことについては、すでに述べたとおりであるが、彼は自己批判のかたちをとりながら、彼らとのたたかいに打って出ないわけにはゆかなかった、という理由がそれである。『周航記』の「序章」にみた、執筆にあたっての基本姿勢をここで思い出していただければ充分である。さきの内的要請とこの外的要因は一つに結び合い、あのタヒチ像の書きかえを彼にさせたと見ていいのではないだろうか。

次に、このいわば外的要因となった知識人たちの営みについてすこし具体的に吟味するのは、この仮説の根拠をいくらか示すためでもある。ここでとり上げるのは、さきに私が名前を挙げておいたディスメリーの作品である。ブーガンヴィルにしてみれば、彼は『周航記』の「序章」で指弾した「自分たちの想像に自然を従わせ」てよしとする「傲慢な文筆家仲間」の一人に他ならなかったのである。

彼の著作『タヒチの野生人からフランス人へ』の全容については「ユートピア旅行記叢書」第十一巻（前掲）にゆずり、ここでは三部構成の冒頭となる第一部「刊行者の前書き」にのみ目を向けることにする。

これは、タヒチの魅力に引かれその地に赴き、完全に「野生人」になり切った一フランス人のタヒチ報告という形をとっており、その書き手の位置は『補遺』第一章から登場するBやAと対蹠的であった。後者は野生人となる途を選ばず、あくまでパリ在住の知識人として文明社会の真只中でどう生き抜いてゆくべきかを問いつづけようとしていたからである。

この差異にもかかわらず、ディスメリーが造形した野生人となった旅人のタヒチ報告とBが「補遺」にもとづいて描き出すタヒチ像には共通なものが見られるのだが、その問題はひとまず措いて、まずは、タヒチからの報告者（「野生人」と署名）の言葉に耳を傾けてみよう。

彼は書く、「ブーガンヴィル氏によって発見された島はフランス人の注意を引きつけた。島の住民の一人［アオトゥルーのこと］がパリに住む人びとの好奇心をかきたてる」と。この記述は、

『周航記』が上梓される一年前のことであった。

この野生人の語るタヒチとはどんな内実のものかについては多くを紹介することはできないので、例によってそのさわりだけをとり出しておく。彼が強調したかったのは、「素朴で嘘偽りのない彼ら島民の生き方であり、平和な暮らしぶりであった。つまり、彼らは「知識こそあまり豊富ではないが、幸福への一番の近道を歩いている」と。

具体的な内容に入ると、恵まれた自然についで、まず第一に彼の目にとびこんできたのは性の楽園としてのタヒチである。「愛の開花を妨げる障害はなにひとつない。まるでここは愛の営みという祭礼に捧げられた島のようだ」とまで彼は言い切ってゆく。

女性は自由な身分を享受しており、父のように島民を統治する何人かの王に従属していることを除けば、皆が平等であり、彼らは戦争と殺人には無縁だ云々と、あの『周航記』が「滞在記」と「自然誌」の前半とで描き出した理想郷としてのタヒチ像がつぎつぎに書き込まれていた。

しかし、ディスメリーにタヒチへの関心をもたせたのが、先に述べたように『周航記』そのものではなかったとすれば、何が彼にこのような架空旅行記を構想させたのかが問われるであろう。その直接のきっかけがパリに現れたアオトゥルーであったことは彼の認めるところであるが、もう一つ、彼が直接言及していない情報があったことを忘れてはならない。

ブーガンヴィルの航海に同行した博物学者コメルソンの手紙がそれであり、くり返すが、それはディスメリーが編集協力していた雑誌に掲載されるなど、両者の関係は深いものがあったと思われる。

ことのついでにほんの少し、コメルソンの手紙から、タヒチ像の一部をとり出しておく。「ユートピア島、あるいはフォルチュネ〔幸福の〕島という、トマス・モアが彼の理想国に与えた名で、この島を私は呼んだが、まことにそれにふさわしい島だと思った。……私が付けた名は、悪徳も偏見もなく窮乏も不和も知らない民の住む、おそらく地上にただ一つ存在する国に似つかわしかった。」と最大級の讃辞をタヒチに与えたあと、彼は自然の豊かさを家長のような王の下に暮らす島民たちが、唯一あがめるのが愛の神だといい、性の楽園としてのタヒチを、それを現実に目にした人間として描き出す。それはブーガンヴィルが滞在記でとり出したタヒチ像をさらにエスカレートさせたものであり、愛の営みが、それをとりまく人々の「祈りと歌」によって鼓舞されたとの記述において、コメルソンとディスメリーがぴったりと合致するのだ。タヒチ像をめぐるこの両者の呼応する関係はこれだけで明らかであろう。

ここまでくると、『周航記』の中でみせたブーガンヴィルによるタヒチ像の書きかえ、いわばラディカルな自己批判は、これらコメルソンやディスメリーのタヒチ像に向けられているという関係が見えてくるはずだ。彼は言いたいのだ、あなたたちの描くタヒチ像は真のタヒチではない、実録者の名にかけて私はそれを見逃すわけにはゆかない、と。

ここで問題はさらにひろがる。さきにすこしふれておいたが、このブーガンヴィルの批判の矢は『補遺』にみるタヒチ像にまで届く射程を備えていたからだ。『周航記』刊行に当ってブーガンヴィルは、当然のことながら、前もって、いまだ公刊されていなかった『補遺』を直接目にすることはなかったが、コメルソンやディスメリーのタヒチ像とディドロのそれとが実在する「幸福な島」という一点で響きあう関係にあることからするならば、そしてまた、あの「序説」でみせたブーガンヴィルの哲学者一般への辛辣なコメントから類推すれば、『周航記』が、『補遺』でみせたディドロのたくらみをも批判の対象に捕らえ得ていたことは否定できないであろう。

他方、ディドロはといえば、ディスメリーと違い、ブーガンヴィルが『周航記』において身を切ってまで行なったタヒチ像の大転換を充分に承知していたことは間違いない。くり返すがディドロは確信犯であったのである。すでにみてきたように、『補遺』の第一章で、彼は『周航記』がいかに信憑性の高い記録であるかをBに語らせ、「補遺」で描かれるタヒチ像が全面的にそれに依拠していると読者に思い込ませて『補遺』全編を構成していたが、彼は意図して、ブーガンヴィルが誠実にも自分がいったん描いた画像をひっくり返しまでして最終的にたどりついたタヒチの現実の姿、ブーガンヴィルにとっては最も大切な発見を全く無視したのである。ブーガンヴィルがこれこそタヒチとして描くタヒチがもし真実であるとするならば、『補遺』でのディドロの問題提起は根拠を失うことを承知しての思い切ったこころみであった。

ここで私たちは自問自答せざるを得ない。ブーガンヴィルが読者に示した究極の発見に信をおき、ディドロの営みは虚構に基づくものとし、したがってAもBもありもしない島が発する問題をめぐって議論しているのであり、個性的な島民として登場する老人もオルーもディドロが勝手につむぎ出した想像上の人物にすぎないとして『補遺』に結晶したディドロ晩年の思索の重さを軽視したり、彼の問いを棚上げしていいのであろうか、という基本的な問題に答えねばならないからである。

そのためには『補遺』の第二章以下をAとBとともに読み進めることが欠かせない作業となるのであるが、その前に、ここではブーガンヴィルが「自分は間違っていた」ことを認め、その結果、私たちに示してくれたタヒチ像は果たして真実の姿を伝えたものと言えるのか否かについて考えておきたい。

ここでとるべき方法は、彼がどのような手続きでタヒチの実像に迫ろうとしたかを探ることである。

まず第一に私が注目するのは彼のタヒチ認識に協力してくれたアオトゥルーとの関係のとり方である。たしかに、両者は、前述したように船中で、そしてまたパリでしばしば話を交わし、ブーガンヴィルはアオトゥルーの情報に信をおいていた。しかし、問題は、そのときも彼らが対等に向き合いながら「対話」を重ねていたとは思えないところにある。それはトゥピアとクックの関係を想起させるものがあったが、決してマヒネとゲオルゲのそれではありえなかった。情報提供者以上の役割を果たすアオトゥルーに出会うことはないからである。

それだけではない、問題のタヒチ像の大転換は、自らのタヒチでの体験、具体的には島民たちとの対等な交わりを踏まえたものではなく、主としてこのアオトゥルー一人の情報によってすすめられていたことを忘れてはならない。ゲオルゲがみせた南太平洋上の島民たちとの密度の濃い多彩な交わりもなければ、あの旅人ガリヴァーがフウイヌム国での長期の滞在中に経験した主《あるじ》との「対話」や、その国でのヤフー探訪の冒険に類するものは介在しなかったのである。

ディドロは、このようなブーガンヴィルによるタヒチ発見の方法態度がはらむ問題性を直感し、もう一つの真実のタヒチを『周航記』のタヒチに対置させようとしたものと思われる。それはあの内省的なブーガンヴィルも感知しえない世界であった。のちに見るように老人とオルーという二人のタヒチ人は、ヨーロッパ人に対して一歩も退かず、彼らと対等な人間として自己主張してゆく、いやヨーロッパの悪を弾劾し、ヨーロッパ人を圧倒し、司祭をも洗脳してゆく力量を備えた主体として立ち現れるのである。

『補遺』は、それはタヒチではないとのブーガンヴィルの声にあえて抗して、これこそがタヒチの真実であり、対等な他者による批判の目を意識することなくしては、他者の発見もなければ、彼らを見る目が豊かになるはずはないし、それが自己省察へと返ってくることもありえないとの立場を押し出そうとしているのである。ここに、あえて実録と称して、実録の世界を突き抜けた架空旅行記が登場してくる必然性があったといえないだろうか。

第二節　タヒチの野生人たちの問いかけ

i　弾劾される発見事業

前節で、『周航記』と『補遺』という二つの作品が見せる緊張した関係とつきあってきたわけだが、野生人たちの問いかけにおいて一番手として登場するタヒチの老人についても、その問題から見てゆくことにする。

誰の目にも、ブーガンヴィルが上陸直後に出会った「立派な老人」と『補遺』第二章で発見事業を弾劾する老人との類縁関係は明らかであるが、ブーガンヴィルの次に掲げる老人描写は「航海日誌」(一七六八年四月六日)にはなく『周航記』刊行(一七七一年)にあたって書き加えられたことが分かっており(前掲『世界周航記』、訳注及びさきのハクルート叢書版『航海日誌』)、それは発見される側の内面の動きにも思いを馳せる彼の姿勢があってのことであり、当時の「発見航海者」の水準を抜き出るものがあったことをまず確認しておきたい。

「この神々しい人物は我々のやってきたことにはほとんど気がついていないように見えた。……彼の心ここにあらずと言うような心配げな様子は、彼にとって安息のうちに過ぎたあの幸福な日々が、新しい人種の到来によって乱されるのではないかと、彼が恐れていることを告げているように見えた。」

しかし、彼の想像力はここまでであったのであり、この老人は再登場することはなく、彼に恐れをいだかせる原因となった自分たちフランス人の行動——軍艦の寄港と野営地の建設——の意味について考えを深めてゆくこころみが見られなかったことも同時に忘れてはならない。

フランス人の銃剣によって島民三人が殺傷されたときにも、その姿勢はかわることはなかった。陸上で島民たちと戦闘に入ることをただただ恐れ、下手人の疑いをかけられた四人の兵士を鎖でつなぐことで島民との和解をとげることに腐心したブーガンヴィルは、島民たちがその処置で満足したように見えたところで一件落着と考え、自分たちの殺傷行為を最終的には免罪する。島民にとっては侵入者でしかない自分たちの立場についての鈍感さと無自覚がここに露呈されたのである。私たちはここで、タンナ島で衛兵の一人が引きおこした島民射殺事件へのクックの対応を思いおこしてしまうのだが（一四八ページ参照）、ブーガンヴィルがこの双方の最終的な和解を感動的なものとして記述し、島を去るにあたって行なった一方的なタヒチ領有の宣言にもなんら疑問をさしはさんでいないのは――『航海日誌』では訓令（一七六六年一〇月二六日作成）にのっとって書き上げられた長文の領有宣言書は滞在記の最後に特筆大書されていた――、彼が帰国後も双方の関係性について内省を深めることがなかった証しであった。

「補遺」の老人が立ち向かったのは、このようなブーガンヴィルであった。彼は「黙って姿を消す」『周航記』の老人ではなく、雄弁に発見航海者と彼の行なう事業への弾劾を公然と行なってゆく。

ここで『補遺』の読者は問うかも知れない。「補遺」の老人は単なるフィクションであり、その演説は、ディドロが自分のおもいを彼に託したものにすぎないのではないか、と。「補遺」を実録と主張するディドロ自身の答えが否であることは、くり返すまでもないことだが、彼にしてみれば、このような老人は、ヨーロッパのコンキスタを受けた島々のどこにでも実在する人物であったのだ。はるか昔、十六世紀のアンボイナ島にあって、侵略者ポルトガル人にたたかいを挑んだ首長もその一人であり、彼はその出来事を歴史書に書き込んでいた（レナル神父編述『東西両インド史』（一七八〇年、第三版）にみられるディドロの執筆部分）。ディドロは、ほぼ二世紀半にわたるヨーロッパによるコンキスタの歴史をたずねる中で、確言することができたのである。タヒチの老人は、自分の勝手な想像の産物などではなく実在する島民だ、と。つまり老人はディドロの分身ではなく、逆にそのような老人の分身たろうとして、彼のおもいを我がものとして引きとっていったディドロにしてはじめて造形しえた人物であったのである。

この問題は、さきに言及した『周航記』へのディドロの「書評」と『補遺』第二章を読み合わせることでさらに明らかとなる。

「書評」の中でディドロは、評者として一人称「私」をたててブーガンヴィルに立ち向かい、お前はコンキスタの尖兵そのものだ、と彼を糾弾し、他方でタヒチを襲う災禍を予感する老人に対しては、お前は死期が近づいているからそれを現実に見ることはないだろう、と彼を慰める役を買って出る。老人はディドロに慰められる客体であり、評者ディドロの立場と重なり合うものではないのだ。

しかし、『補遺』第二章ではこの三者関係は様変わりする。そこでは、「私」ディドロは消えうせ、代わりにきわめて主体的なリアリティあふれた老人とブーガンヴィルが対峙する。

たしかに、このような見方に対して、ディドロは老人の仮面をかぶってあらわれており、消えたのは、もともと影の薄かった老人の方だとの考えもある。しかし、ことはそれほど簡単ではない。二つの作品を注意深く読み較べるならば、「書評」の「私」がそのまま「補遺」の老人となったのでないことがはっきりしてくるからである。後者においてはブーガンヴィル弾劾がより強力に島民の立場から展開されているだけでなく、他方で老人の口をとおして自分たちタヒチ人の幸福な生活が豊かに語り出されており、ここには評者ディドロから分離独立した一個の生身の島民が姿を現しているのである。たしかに、「書評」での「私」の痕跡が「補遺」の老人に残っていることは否めないが、この両者の違いにこそ着目すべきではなかろうか。要はここでもディドロは「補遺」は実録だとの主張を譲らず、老人にリアリティを与え、彼の語りを説得力あるものに仕上げていることだ。スウィフトのときと同様、このディドロの方法に内在して「補遺」を実録として読み解こうとするのはこのためだ。

以下、引用はなるべく控えながら、老人の語りとすこしつき合ってみよう（なお引用はすべて前掲の中川久定訳であり傍点および〔　〕は筆者による）。

「別れの言葉」の第一の柱は、老人によるコンキスタ批判だが、それは次の問いかけにすべてが込められていた。「われわれは自由に生きている。それなのにおまえは、この島の土に今後われわれを奴隷にするというしるし〔ブーガンヴィルがオーク材の板に記した領有宣言のことで、さきにふれた「宣言書」のエセンスのみが書きしるされる〕を埋めこんだ。おまえは神でもないし、悪魔でもない。おまえは、一体何者なのだ。」

老人は、発見航海者が「文明」というタヒチにとっては全く新しい秩序を強要する尖兵であることを鋭く見抜いていた。問題を先取りしていえば、これはフランスに暮らす対話者BとAの「文明」認識とひびき合うものがあったのだ。Bが、文明国と自負しているフランスが自国内ですすめてきた「秩序の強要」が、他の民族や国家に対する抑圧へと転化してゆく関係を直感していたことは容易に想像できるからである（『補遺』第五章参照）。

老人は、タヒチ人として、ブーガンヴィルがはじめた自分たちの国への「野蛮」な破壊を見逃さない。それはブーガンヴィル自身が『周航記』でも一度は描いてみせた「うらやむに価する幸福な生活」（前節参照）を享受してきた人間ならではの告発であった。

すべてが、もののみならず女性も、共有されている社会に私有観念を導きいれ、女性たちの心を乱し、彼女らに自由な性の交わりを罪とみなす観念を注ぎ込んだだけでなく、がらくたの山からひとかけらを盗んだからという理由で発砲・殺傷し、島伝来のしきたりどおりお前たちを歓待した我々を裏切り、逆に我々を奴隷にしようとしたではないか、……老人の追及はとどまるところがなかった。

ここで大切なことは、老人が語り出すタヒチ人の精神とその生活ぶりである。我々は奴隷になるくらいなら、むしろ死を選ぶ民であり、わが風俗は、お前の風習よりずっと「賢明でまとも」だし、必要で役に立つ知識はすべて持っている、われわれは「骨折り」の合計をなるべく減らし休息を大切にしてきた、男女とも健康で性質もすぐれている、若者たちの性の交わりは全く自由であると述べてきて、この最後の点を彼は最も力を入れて語っている。

そこは『周航記』「タヒチ章」の「滞在記」や「自然誌」前半やコメルソンの見聞記とも重なり合うところであるが、老人の力点は、ブーガンヴィル一行がその楽しみを若者たちから奪いとったことに置かれていた。性の自由の讃美でおわるブーガンヴィルらの記述との違いは決定的である。それだけではない。老人はブーガンヴィルやコメルソンが気づくことのない性の交わりへの島民たち独自の位置づけ方を語っているのだ。それは「新しい国民を生んで国と民族を豊かにする」行為としてとらえられ、皆はその行為を喜び、自慢にしており、「悪いこととも恥ずかしいこととも思わない」と。このような考え方は『補遺』第三、四章のオルーにも具現される考え方だが、それについては次にゆずる。

「老人の別れの言葉」を以上のように読み進めてみると、『補遺』の対話者の一人Aならずとも、ブーガンヴィルが『周航記』刊行にあたってこれを削除した理由は「分かりすぎるくらいよく分か」るはずである。『周航記』讃ともいえる『補遺』の第一章からはうかがうことのできないブーガンヴィルと老人、ひいてはディドロとが対峙しあう関係が、「補遺」第二章の主題となっていることは明らかである。ヨーロッパがすすめる発見航海がはらむ破壊性、発見を誇るブーガンヴィルの内面に巣食っている自己中心主義、ヨーロッパ的独善があぶり出されてくるからである。ここで大事なことは、このとき、ブーガンヴィル批判の主体が「私」から老人に変わることによってその営みがより徹底したものとなっていることだ。あくまで「補遺」を実録として押し出してゆくディドロの方法がそこに生きていたのである。

ii　「洗脳」される船隊付き司祭

第一の「補遺」においてタヒチ島のすぐれた風習や自由の精神を誇り、同時にフランス国家のすすめる世界戦略を担う発見航海者ブーガンヴィルへの激しい批判を語る老人を造型したディドロは、つづく第二の「補遺」では島民オルーを主役に立ててくる。その彼が、フランスにあっては「道徳的善悪」の尺度を専断する身分にあるカトリック司祭を相手どり、司祭を圧倒し、彼に「洗脳」を迫ってゆくプロセスを描き出すことが、「補遺」第二の主題となる。両者の会話の間、オルーにはいささかのたじろぎも逡巡もみられず、他方司祭は、おわりに近づくにつれて「この野生人の言っていることが正しいような気もするなあ」とつぶやかざるを得なくなり、最後は

「残りの人生を彼らのもとで過ごしたいという気持ちにかられた」と告白するまでになるのだ。ここで私たちが想い起こすのは、フウイヌム国で暮らすようになって一年も経たない内に、もうイングランドには帰るまいと「堅く決意」するまでになったガリヴァーの洗脳体験である。

このような動きをみせるオルーは、Bによれば、あの老人の長い語り（第一の「補遺」）をあらかじめスペイン語に直し、ブーガンヴィルに手渡しておけるだけの才能をもつ島のエリートであるが、彼は、老人が「別れの言葉」の後半部分で語り出していたタヒチ人のすぐれた風習をみずから実践し、それを意味づけてゆく人間として立ち現れる。彼の話の内容は、目の前の司祭を圧倒するだけではなく、海の彼方のフランス人Bをも感服させるだけの力を秘めており、事実、『補遺』第五章でAとBに「対話」の続きをうながしたのも、このオルーの内容豊かな雄弁にあったのである。

しかし、それだけの説得力を秘めた「会話」の内容をすべて順を追ってここに伝えることはできないので、まずは、司祭の洗脳を決定づけることになったオルーが語る「野生人」たるタヒチ人の風習に焦点を合わせて読みすすみたい。

ここで注意すべきは、ディドロが「自然人」と「野生人」をはっきりと区別していることだ。第五章のAとBの対話の中でBは、自分たちヨーロッパ人の「ほとんどすべての不幸の歴史」を「自然人」と「人為・道徳人」とのたたかいの歴史として要約し、いまのヨーロッパ人は両者のせめぎ合いの中で苦しむ「欠陥人間」だと診断しており、他方タヒチ人はといえば、「どんな文明国民よりも、よい法律制度の近くにいる」民族だと位置づけており、彼らを自然人でも人為・

道徳人でもない「野生人」という第三のカテゴリーでとらえたのである。彼にいわせれば、タヒチ人は、「地球上で一番野生的な民族」であり、「自然の法を注意深く守」っているのである。

以上のことを念頭において、オルーの語り出す野生人像とつきあってみたい。「補遺」第一にみた老人の弾劾が少しもとどかないブーガンヴィル一行にとっては、そしてまた頼るべきインフォーマントはアオトゥルーのみというブーガンヴィルにとっては、それは了解不可能な、想像力の及ばない世界であった。いやディドロにしてみれば、オルーの語りこそ島民の実像を伝えてくれるものであり、ブーガンヴィルが耳を傾けるべき相手はアオトゥルーでなくオルーだったと言いたかったのである。

ここで本題に返って両者の間で交わされた「会話」であるが、はじめからして司祭は驚かされる。オルーが、妻と三人の娘は「おれのもの」であり、「女たちは、めいめいが自分自身のもの」と言い放ち、そのうちの誰かと一夜を過ごすようにすすめられたからであり、このもてなし方に若い司祭は心が乱れ、苦しみに苛まれるのだ。

彼の信奉する宗教や聖職者としての身分が揺さぶりをかけられ、司祭がたじろいでゆく次第についてはテクストにゆずり、ここでは『補遺』の第三章から次の第四章にみられる両者の会話において、オルーが展開する主張のなかから、特に注目したい二つの問題をとり出すにとどめる。

第一は、「自然」の掟という絶対的尺度、つまり確かな規準に基づいて自分たちは幸福を実現しているのだとするオルーの主張がもつ説得力の問題であり、第二はオルーが会話の最後の段落でもち出した「秘密」、つまり自分たち島民は来島したヨーロッパ人を利用できる唯一の方法として女性を提供するのであり、それは「おれたちより質のいい人種の子種を集める」ためであったというオルーの告白が喚起する問題である。

第一の問題から入ってゆく。このオルーの主張が、のちに、「人間にふさわしい」道理に合った法や制度を、文明国フランスにおいて創り出そうとする困難な課題を引きうけるBの注目を引いたことは『補遺』第五章で明らかになるが、それは司祭にとってもやり過ごすことのできない問題をはらんでいたのである。

はじめオルーが妻と娘三人を司祭に引き合わせ、彼が心乱されたことについてはすでに述べておいたが、この際オルーはヨーロッパ人の宗教観がいかに「自然」にそむき「理性」に悖るものかを明らかにしてゆく。しかし、いったんその議論に入ると双方の主張はぶつかるばかりで非難の応酬が結果するだけだと見てとったオルーは、司祭に新しい提案をする。自己主張はこのくらいにして、お互いが納得のゆく「もっと確実な規準」を求めてはどうか、と。自分たちはそれに基づいて男女関係も律している、とのオルーの自信がそう言わせたのである。

オルーがここで槍玉に挙げたのは、「近親相姦」は、一歩ゆずって「自然をなんら傷つけない」としても政治制度に危険をもたらすことからして悪である、と言い募る司祭の主張だった。しかし、それはオルーの考える「規準」からすれば、なんら問責に価しない行為であったのだ。めいめいの財産、あるいは世間全体の財産を増やすことになる男女の交わりはすべて善であるというのが、タヒチ人の規準であるからである。彼は言い切る。すべては「世の中全体の幸福とひとりひとりの利益」をともに満足させるかどうかでその行為の善悪は決められるのだ、と。この規準がタヒチでは生きているため、島の男女に関する風習はきわめて「純粋」なものとなっており、そこには嫉妬の感情も入り込む余地はないと述べて彼は、司祭にこんなことは、「ちょっとおまえには想像もできまいよ」と言い放ち、司祭を圧倒してゆく。夫としての愛情とか、父親としての愛情などという不確かな感情にくらべてタヒチの感情は「どこにでもある、力強い、長もちのするもの」だ、とオルーは確信していたのである。

しかし、オルーは司祭説得のための努力を止めはしない。性の自由を支えている、自分たちの中にある「自然」の感情に、彼が「欲得ずく」という表現を与えたのはそのためであった。

ここで注目すべきは、この「欲得ずく」はしかし、ヨーロッパ人が考えるような自己中心主義的な社会を創り上げる方向に働くものではなかったことだ。オルーは、それが逆に社会全体を豊かにしていくものであり、タヒチの現在がそのことを如実に語っていると言うことができたのである。曰く、「自分の寝床、健康、休息、住みか、作物、畑などと同じくらい仲間の命も大事にする所があれば、そんな所ではどこでも自分の力の及ぶ限り他人の面倒を見てやるに違いない。おれたちタヒチ人がそれだ。」

タヒチの風習がすべてにわたってヨーロッパのしきたりと反対方向に向かっていることは、両者の当初の出会いから司祭も気づいていたことだが、オルーの説得が功を奏してか、ここまでくると、彼はその方が正しい規準に思えてきたのである。それはタヒチに限らずヨーロッパの文明諸国にも取り入れるべきものだと、司祭は了解する。この司祭に向かってオルーは追いうちをかける、自分の国へ帰ったらこの「おれたちの国のやり方」を取り入れてみたらどうか、と。文明化を使命とし島々を領有してよしとする発見航海者、ゲオルゲの言によれば「啓蒙的」航海者の発想が、そしてまた彼らに随行して改宗を使命とする聖職者の考えが、ここでは見事に逆転させられているのである。

第一の問題はこれでおわり、次はオルーが最後にもらした「秘密」に目を転じてみたい。そこには、タヒチ島民の「賢明さ」、「利欲」をふまえた判断が最も先鋭なかたちで表現されていた。はじめ女性のもてなしに驚愕した司祭は、次の秘密を明かされて、彼らのしたたかな計算に圧倒される。たしかに彼は、すでにオルーから、ヨーロッパ人を魅了した開放的な性の習慣が、実は、個々人に利を保障し、同時に国力をも増進させてゆくのだという計算に基づいていたことを聞かされてはいたが、その計算が、見知らぬよそ者をも巻き込むだけの拡がりをもつものであるとは、想像だにしていなかったからである。島の女性がヨーロッパ人と交わるのは彼らの血管から血を搾り取り、国を強力にしてゆくためで、くり返すが、それは自分たちが外国人にかけた最も重い税金であり、自分たちより質のいい彼らを利用する唯一の方法だとは、オルーの言い分であった。開放された性は、ここでも国益の向上に結びつけられており、タヒチ人を「愛以外の神を知らない」と讃えたコメルソンや、「それぞれの快楽の機会が部族にとっての祭なのである」と「滞在記」で言い切ったブーガンヴィルの盲目ぶりが浮かび上がる仕掛けとなっている。

この血を搾り取るという方法は、確かにオルーが語るように「実験」であり、島民にとっては初めてのこころみであった。しかし、それは、すでに自由な性の交わりをとおしてタヒチを豊かで強力な国にしてきた経験を、いま一歩すすめてゆけば案出される実験プログラムではあった。

だからこそ、オルーは、その企みは「たぶんうまくいくだろう」と言い切れたのである。

オルーは島を去ってゆくブーガンヴィル一行に警告する。「これからどこへ行こうと、おまえが出くわすのはいつでもおまえみたいに抜け目のない連中だろう」と。私はこのメッセージをこう受けとる。まず第一に、総じて彼らをあなどってはならないこと、第二に、これは暗示的にだが、おれたちはおまえたちと同じく抜け目ないだけではなく、おまえたちが想像もしない実験をこころみた民であるということを忘れないでほしい、と。つまり、彼のいう「抜け目なさ」と、このタヒチ島民のしたたかな計算に基づく実験とは別次元の問題であったのだ。前者はヨーロッパ人も備えた才能だが、後者はヨーロッパ人に侵入されたタヒチ人が、自らのしきたりを生かして抜け目ないヨーロッパ人に立ち向かう力を証明するものであったのである。ここで注意すべきは、すでにプロローグでもふれておいたことだが、このような島は確かに存在しているが、そこの住民のような幸福な暮らしを享受している人間は、この島以外には世界中どこを探してもいないだろう、とBが語っていることである。

AとBは、そして今日の我々も、そのような力量を備えたタヒチの風習をどう位置づけたらいいのかあらためて問われることになる。『補遺』第五章は、タヒチに赴き野生人として生きる途をとらないフランス人AとBとがこの問題をめぐって交わす「対話」となるが、その大前提には、タヒチ人の風習やオルーの話に感心したBの存在があったことを忘れてはならない。

第三節　たたかうディドロ

二つの「補遺」、とりわけ第二の「補遺」を受けとめて、AとBが本格的に「対話」をすすめてゆくのは『補遺』第五章においてであるが、ここにはフランスにあって、既存の秩序や風習、さらに敷衍して言えばヨーロッパの文明社会とたたかう姿勢を崩さない晩年のディドロが対話者の一人、Bを介してはっきりと顔を出してくる。Bは終始まぎれもなくディドロの分身であったのだ。

「対話」も大詰めを迎えたところで、Bは読者に呼びかける。「道理に合わない法律に対しては、それが改められるまで反対し続けましょう」と。彼から見れば、文明諸国を支えてきた秩序や価値を押しつける現行の法が道理に合わないことは明らかであり、それに抗し続けることが、どんな重圧を受けることになるかを充分に知った上での発言であった。つづけて彼は、自分たちを縛ってきた道徳的善悪の観念が、それ自体なんの罪もない肉体的行為に「恥辱や刑罰や不名誉」を押しつけてきたヨーロッパの歴史現実を前にして、「そのことを大きな声で絶えずみなに告げましょう」と、さきの呼びかけをさらに具体的な問題に絞り込んでいく。老人やオルーによってタヒチ人の生き方をつきつけられた知識人として、彼は自らの責務をこの提言に託してゆくのである。

しかしこのとき、彼は同時に、たとえ悪法でもそれが改められるまでは、それに従いましょうと、条件をつけていたことを忘れてはならない。それは面倒をおこすことを避けるためでもあり、また良い法ができたときそれに背く人を法の名の下に規制できるようにするためでもある、とは彼の理由説明であった。彼にとって法が良かろうが悪かろうが、それが守られないのは「社会の最悪の状態」であったのである。

しかし、読者はここで問うはずだ。このような順法精神はさきの提言とは矛盾しないのか、と。ディドロに代わって確答するわけにはゆかないが、彼の戦略をBの語りをとおしてこう考えてみたい。「法律が悪ければ習俗も悪い」のであって、習俗をよくするためには法を変えてゆく運動を起こさねばならないが、そのためには、一方では現行の法に従いつつも、他方では悪法には反対の声を張り上げ、文明社会の価値を一方的に押しつけてくることに抗議し続ける、という両面作戦しかないのであって、その成否は社会の成員一人びとりが後者をどこまで執拗に実践できるかにかかっている、と。

彼は知っていた。自然の法、国民の法、宗教の法が一致することのないヨーロッパ社会の現実の中で、人間が生来持っている身体組織、快楽や苦痛に対する感覚などはみな同じだ、という事実に基づいて「人間にふさわしい道徳」を創り上げてゆく仕事がどんなに困難で長い時間を必要とするものか、を。

Bが、Aとともに「補遺」を読み解き、老人やオルーの雄弁に耳を傾けたのも、この良俗を創り出し、道徳を「人間にふさわしい」ものにしてゆくためであったし、『補遺』第三章で、未婚のまま五度も妊娠した女性ポリー・ベイカーが法廷で行なったとされた堂々たる弁明を、Aの求めに応じて直接タヒチの問題から離れても、あえて取り上げたのもBであった。(念のため付記しておくと、このポリー・ベイカーの挿話は、一七八〇年の最終改訂テクストではじめて付け加えられた。)彼女は、まさしく、「それ自体なんの罪もない行為」に「恥辱や刑罰や不名誉」を世間から加えられた被害者であり、この弁明は、さきのBの提言を自ら実践した例に他ならない。

ここで、再び以上の文脈を念頭において『補遺』第五章のはじめに返ってゆく。ディドロの分身Bは、そこで野生人である老人やオルーの問いかけを文明人としてわがこととして受けとめてゆこうとするのだが、その方法としてとり入れたのが文明化の歴史と現在を見つめなおす作業であった。彼はオルーの言い分を受け容れるようになった司祭や、タヒチに赴き野生人となる途を選びとったディスメリーの架空旅行記『タヒチの野生人からフランス人へ』に登場する「哲学者」(第一節参照)とも違い、第三の途を模索しなければならなかったのである。

Bは見とどける。フランス、広くはヨーロッパは、「人間の明敏な知性」の働きのせいで、いま文明化の最尖端にあって、もう後戻りができない状況におかれている、しかし、ヨーロッパ人はそれで幸福かと言えばさにあらず、生活の必要を満たすという当面の目標をはるかに越えた地点までゆきついており、幸福なタヒチ人にくらべて不幸な境遇にあるというべきだ、と。

ではどうすればいいのか。この問題を考えるにあたって、Bは、文明の現在が見せる暗部にメスを入れてゆく。

Bは言い切る。文明人のつくり出した美徳と悪徳の基準こそが、その暗部をつくり出すのであって、それは、「自然の最も崇高な衝動」に従う行為、Aも「一番大きな、一番すてきな、一番罪のない楽しみ」と言い切る男女の結びつきを不自由ではずかしいものとして抑圧してゆくのだ、と。そのことを彼は地上で唯一存在するとされたタヒチの島民たち、とりわけオルーから教えられたのである。Aの問いかけがそこに収斂してゆくのも無理からぬことであった。ここからBの議論は、ひろがりを見せてゆく。

男が女を所有する関係、婚姻関係に押しつけられる諸条件、国民の法が強要する結婚にともなう形式的手続き、財産と地位という差別を結婚にもちこむ「わたしたちの社会の本性」等々、Bの鋭い批判はこれら国家や宗教制度のあり方に注がれてゆく。

さきに見たように、タヒチでは——Bによれば南太平洋の島々一般ではなく、例外的なこの島では——子供の誕生は個々人に富と名誉をもたらすと同時に国富の増大となるという仕組みがあるというのに、文明諸国では、生まれてくる子供はその家庭に貧困をもたらすのが確実という現実があり、それが男女の自由な交わりを妨げている要因だとは、Bの判断である。宗教制度もまたこのBの批判を免れることはできない。曰く、「宗教制度は道徳的善悪とは関係のない行動に、美徳、悪徳という名を押しつけたからです」。冒頭にディドロが掲げた『補遺』のモチーフがここでもくり返されているのである。

後戻りできない文明社会の現実を、以上のようにとらえたBはつづいて、人類の歴史へと目を向けてゆく。

さきにも必要あってすこし触れたが、Bは「人類」の歴史を洞窟に住み人間の「最初の素朴な状態にある「自然人」と「人為・道徳人」とがあいたたかう「不幸」の歴史として要約し、いずれかが勝利することがあってもそれは「欠陥人間」としてしか生きられず、文明人もその例外ではない、いやそのたたかいが最も深刻になっているのがいまの我々だとみる。彼の言葉を借りて文明人の現在を描くとこうなる。

「そしていずれの場合も、このかわいそうな欠陥人間は引きずり回され、責めさいなまれ、苦しめられ、車裂きにされるのです。根拠のない名誉心の高まりに身を任せて興奮したり、陶酔したり、かと思うと根拠のない屈辱感を抱いてうなだれたり、打ちのめされたりして、たえずうめき声をあげ、たえず不しあわせな思いをしています。」

このBの文明人認識に対してAは鋭く問いかける。人類を文明化すべきか、本能の支配にゆだねるべきか、と。

Bの苦渋のこたえが、ここに展開される。Aの問いに「はっきりと答えなくちゃいけませんか」と一瞬躊躇するBは、その問題のむつかしさを知りつくしていた。つまり、いずれが良いとも、いまだ答えが出せないのである。Aの質問は、Bの、ひいてはディドロのアポリアを鋭く衝いていたのである。

しかし、Bはここで沈黙することはしない。人類のあるべき姿について明確に答えられなくても、文明化がはらむ問題については、ひとこともふたことも言うべきことを持っていたからである。人類の歴史と現在をふまえて彼は確言してゆく。

文明化とは、人間に自然に反する道徳を強要し、彼らにあらゆる束縛を加え、彼らの活動を妨げる途へと通じており、それをすすめるには専制的支配がふさわしいのであって、そこでは人為・道徳人が完全に勝利する。しかし、それは人間の幸福と自由に反することで、それを避けるには誰もが「人間の営みに干渉しない」という原則を守るしかない。なぜならば、あらゆる制度——政治・社会・宗教の諸制度——は、いまの自分たちにみるように、人間を「型にはまった不自然な姿」につくりあげるために、支配者——「立法者」であり「ぺてん師」——が、自己利益をはかるために創り上げた「くびき」であって、そのことは、諸制度の起源を徹底的に調べてゆけば明らかになるはず、とはBの確信であった。

　彼はこの歴史認識から得た結論をふまえて読者に語りかける。「秩序を強制したがるやつには気をつけなくちゃいけません」と。

　制度がくびきとして、幾世紀にもわたって人間の自由を縛りつづけてきたことを見とどけたBは、文明社会がもたらす途方もない破壊力にも目をとどかせる。「社会」という名で呼ばれている「機械」、別名「法治国家」とは、鋭い分別や明敏な知性がそれまで散らばっていたばねを寄せ集めて組みたてられた機械のようなもので、中ではすべてのばねが、たえず摩滅しあっており、必然的に壊れる運命にあるが、さらに悪いことは、この巨大な機械に比される国家が、二つ、三つ、四つと激しくぶつかるようなことでもあれば、どんな途方もない破壊が生まれるか分かるであろう、と。

　ここで再び、さきのAの設問は浮上する。では、原始的な自然状態の方がいいと言えるのか、とここであらためて彼はBを問い詰めてゆくのである。

ここでもBは「実はなんとも断定できかねるのです」とこたえにならない答えしかできないのだが、そのあと、都会が野生人に魅力がないことだけは確かだと付け加えるのだ。

アポリアの前に立ち止まるしかないBに、Aは追い打ちをかけてゆく。「人間は文明人になればなるほど邪悪になり、不幸になっていく」ということかどうか、と。

ここまでくると、Bは絶望的な現在を具体的に描き上げるしかなくなるのである。

世界中で人間が「幸福」に暮らしているのはタヒチだけで、ヨーロッパでは「なんとかまあ我慢できる程度」に暮らしていけるのはヴェネツィア人だけだと、ヨーロッパ全体の暗い現実が逆説的に語られる。ヴェネツィアには文明の光が他のヨーロッパ地域ほどあたらないため、そこだけが人為的道徳がはびこらず、空虚な悪徳とか美徳という名称が存在しないからであるが、しかし、そこでは支配者たちが力を尽くして人間を禽獣の生活に引きとめておこうとしており、タヒチの明るさはない。

タヒチに赴いて野生人になるわけにもゆかず、ヴェネツィアへの途も選べず、文明の光に本当の明るさを望めないとすれば、Bが在フランスの知識人として秩序展望が描けるはずはない。しかし、とBは言うであろう。だからこそ、せめて、この節の冒頭でとりあげた彼の提言を実践するのだ、そこにしか途は開けない、と。これはAの最初の問いかけ「自然に帰るか、法律に従うか」への答えともなっていた。

Bにとって、いやディドロにとって、たたかいの戦術は定まっていたというべきである。それは、老人やオルーたちに助けられて自らおこなった、文明の歴史と現在への深い省察に支えられたぎりぎりの方法であった。

文明化がいよいよ加速され、そのプロセスで作り上げられた巨大な機械のぶつかり合いが生み出す破壊力がいよいよ凄まじいものとなっている現代に生きる私たちにとってAとBの「対話」が投げかける問いがいよいよ重みをましてきていることだけは確かである。

エピローグ

悪法には反対し続け、それ自体なんの罪でもない行為に「恥辱や刑罰や不名誉」が押しつけられてくる事態を看過せず、まわりの人々に告げようと呼びかけるBのメッセージは、ディドロのそれでもあったことはすでに述べた。ディドロは、『補遺』をいわばたたかいの武器として書き上げたのである。同じ頃、ディドロがさきに言及したようにレナル神父編述の『東西両インド史』に執筆協力し、他方で彼の弁護も買って出た（一七八一年）ことはよく知られているが、晩年の大作『セネカ論』（第二版は一七八二年刊。初版は一七七八年。詳しくは中川久定著『ディドロの「セネカ論」』一九八〇年刊参照）でも彼は、同時代人にとどまらず後世の私たちに熱いメッセージをおくりとどけていた。

「あなた〔セネカ〕にふさわしいことばであなたのことを語ろうとして、なん度、私は、徳について語る時の、あなたの弁舌の簡潔さと力強さを、偉大さと迫力を、羨んだことだろう。……あなたの死後の名誉を汚した卑劣漢たちは、あなたに、静脈を切って死ぬことを命じたネロよりも残忍だったのではないか。ネロと後世の卑劣漢の両方に対して、あなたの仇を討って、私は無念の思いを晴らしたいのだ」(中川久定編著訳『ディドロ』、「人類の知的遺産」41より)。

ディドロがこれと同じ思いを、たたかいの書『補遺』にもさりげなく挟み込んでいたことを、最後にとり出しておきたい。それは、最終稿とした一七八〇年の改訂版第三章のおわりのパラグラフにはじめて書き込まれたものだが、ディドロが現実に執筆協力したさきのレナル神父編述の『東西両インド史』をめぐっておこなわれたAとBの対話が導き出したものである。

レナル神父の書物はすばらしいが、それは彼の他の作品とはあまり調子がちがうので、誰かの助力を受けたのではないかと疑われていますよ、とAが語ったのに対して、Bが、それを不公正な言いがかりと斥けると、Aはクールに反応する。そういう風評は「みなの意地悪」のせいかも知れない、誰もが「偉大な人物の頭を飾る月桂冠をむしり」とるものだから、頭上に残っているのは葉っぱ一枚ということになってしまうのだ、と。

これに対してBは、静かに、確信をもって語っていた。「しかし、散らばった葉っぱは、時がふたたび集めなおし、もう一度冠をこしらえてくれます。」

この言葉こそ、既存の秩序とのたたかいを止めなかったディドロが、後世によせる強い期待を伝えるものであり、「でも、当人はもう死んでいます。彼は同時代の人びとから加えられた侮辱に苦しみました。そして、のちに来る世代の人たちから償いを受けたって、もう感じることさえできません」とのAの応答は、その前では力なく消えてゆくのである。

さきのBの語りは、晩年のディドロを支えた確信であったが、彼が『補遺』を構想し、オルーや長老の助けを借りながら、現代へのラディカルな批判をこころみ、さいごにあの提言をBに語らせたのも、この後世への深い信頼があったからである。さきの『セネカ論』でみせたセネカの生き方への深い共感や、『東西両インド史』にも書き込んだ熱烈なラス・カサス頌（拙著『インディアスの発見』一九八〇年刊を参照）は、その彼が、彼に先行して、たたかいを止めなかった人々によせる後世からの連帯のあいさつに他ならなかったのである。

架空旅行記を構想したスウィフトやディドロとの対話を主題とした第三部もこれでおわるが、第二部のゲオルゲにしても、いまだ根深くはびこるヨーロッパ中心主義や文明人の独善をラディカルに問う作業を私たちに求め続けていることは確かである。ディドロの言葉を借りれば、私たちは彼らの「後世」として生きているかどうかがたえず問われているのである。これまで私がこころみてきたのは、自分の作品を書き上げることではなく、彼らが書き遺してくれた個性的な作品群と向き合い、対話を深めてゆくことであった。一人でも多くの読者がこれに促されて彼らとの対話をはじめていただければ、これに勝る喜びはない。

あとがき

本文を書きおえて、ここであらためて内容にわたって追加するものはない。しかし、この場を借りていくつか書きとどめておきたいことがあるのも確かである。まずは、この本の成立事情であり、その原型が丸善ライブラリーの一冊として書き下ろした文章であったという事実について、どうしてもふれないわけにはゆかない。かつて同ライブラリーで『世界史への道』(前・後篇の二冊本。一九九九年)を企画・刊行して下さった今はなき編集者石寺雅典さんがこの書物の産みの母だったことをここに記し、この場を借りて彼に感謝のおもいをとどけたいからである。

前著出版後、私は十六世紀大西洋圏をフィールドとするヨーロッパ精神史探究から一歩ふみ出し、十七、八世紀の、主として太平洋圏へと行動半径をひろげていったヨーロッパ人航海者たちの事業に関心を移していったのであるが、この作業の伴走者として彼は、前著構想のときと同様、たえずかけがえのない話し相手として、彼の言葉を使えば第一番目の読者として仕事を励まして下さった。しかし、当時は週一回の講義を引きうけていた上に、手術後もガンの断端をかかえもち体調も万全ではなかったため、仕事の進捗ははかばかしくなく、脱稿は正式に依頼された日から三年以上もすぎた二〇〇三年十月下旬にまで延びてしまったのである。実はこの遅れが、私には悔み切れない結果を招くことになる。前年の秋、大手術をうけられたものの、一時は回復され、出版に向けて夢を語り合うまでになった石寺さんが、術後一年、病魔に勝てず、渡してあった前半部分の原稿を抱え込んだまま倒れられ、それをつまに二人で話し合う機会をもつことなく、彼はあの世に去ってしまわれたのである。

病いに苦しむ中でも、電話の向こうから最後まで丸善ライブラリーの一冊として是非刊行したいと言い続けられた彼の言葉は忘れられない。それは、同ライブラリーの創刊に心をくだかれ、以来近年とみに激しくなる〃新書戦争〃の最中にあっても、マイペースで刊行を維持してこられた一編集者の強いおもいに発していたのである。しかし、それは丸善出版事業部のあずかり知らぬ世界であった。これまでも私は、組織体としての出版社を相手に仕事をしたことは一度もなく、執筆にあたってはたえず個性的な編集者の働きかけがあった。出版事業部からの原稿引き上げに躊躇することがなかったのはこのためだ。

こうして原稿は、第一の読者を失ったあとは、托すべき相手が見つからないまま、宙に浮く破目になった。しかし、執筆の途中から、とりわけゲオルゲやディドロ、さらにはスウィフトらとの「対話」が深まるにつれて不特定多数の読者にこのささやかな私の読みをとどけたいとの想いが、次第に強くなってきていたこともあり、友人たちにも励まされて出版への途をさぐることにした。しかし、昨今の出版事情からして、私のような在野の研究者の、しかも今回のように自分の専門領域をはみ出しながら、新しい分野にとり組むといった危なっかしい作業をまともに受けとめてくれる相手を見つけ出すのは容易なことではなかった。

このような鬱屈したおもいを抱え込んでいた私の念頭に浮かんだのが、評論社の竹下晴信さんの存在であった。評論社は規模は小さいながら、いや小さいが故に確かな存在感を示す出版社として注目してきたのであるが——近年の『上原専禄著作集』の刊行など忘れることはできない——、彼には前々から執筆の依頼を受けていたという因縁もあった。歴史的にものごとをきわめてゆくことの大切さをことのほか痛感しておられた竹下さんは、若い人むけに歴史学への案内となる書物をとすすめて下さっていたのであるが、それはライブラリーが脱稿してから考えさせて下さいと、こたえは留保してきていたのである。それだけに全く虫のいい話ではあったが、彼ならば学界のしがらみなどとはかかわりなく、編集者として出版の諾否を判断してくれるはずだと勝手に思い込み、評論社に原稿をかかえて駆け込んだのである。まさしくオーディションを受ける気分であった。

それだけに最初お会いしたときの彼の謙虚この上ない応対ぶりは忘れられないものがあった。彼は喜んでその申し出を受けとめ、最終的には、多忙な仕事をおいてみずから編集を買って出て下さったのである。なくなられた石寺さんのおもいをすこしも大事にしていない、いや迷惑にさえ感じているとしか思えない、市場原理を優先する組織の現実に直面して寒々とした気持になっていた私にとって、正直そこはオアシスに思えた。ここにあらためて感謝の気持をしるしておきたい。

早くから第一の読者たろうとして下さった石寺さんの想い出はつきないし、竹下さんの受けとめ方も忘れられないことだが、この機会に彼ら同様、本書の成立に力になってくれた人々のことにもふれておきたい。いちいちお名前を記すことは控えさせていただくが、とくに、滝川ゆう子さんのご協力には感謝したい。大航海時代叢書編集部でともに働いていたときの仲間であったが、『世界史への道』のときにもまして、今回の模索にあたって、あらゆる面で助けてもらった。

当初、私には不案内な十七、八世紀の旅行記の世界に道をつけてくれたのは、彼女が編集を担当した「十七・十八世紀大旅行記叢書」(第一期、第二期。全二十一巻)と「ユートピア旅行記叢書」(全十五巻)であったことは特記しておかねばならない。今回の構想はこの二つの叢書への読者になることから始まったのだ。それだけではない。私の研究の進展にあわせてそのフィールドに関する基本的な文献への道案内役を果たし、あげくは判読不可能な箇所の頻出する手書き原稿に目をとおし、それを通読可能なものに整えるのに力を貸してくれたのも彼女であった。

もう一人、出版社で働く編集者、小島潔さんの協力も書き加えておきたい。かつて同じ現場で働いたことのある若い友人であるが、彼はいわゆるOBとしての私への義理からではなく、今回のこころみへの深い共感から、超多忙な生活の中で、活字になった原稿に目をとおしてくれたのである。それまで二部構成とし、そのおのおのに二章を配していた原案を三部構成に変えたのも、彼の指摘を受けたのがきっかけとなったのであった。

この文脈でいえば、新しい分野に私を引き込ませる遠因となった和光大学の学生さんたちにもお礼を申したい。非常勤の身分で、「西洋的世界史像の見直し」をテーマにして講義をはじめて四年目になる頃、新しいカリキュラムを編成するにあたって、私は、自分にとっての未知の世界に挑戦してみることにしたのである。クック、スウィフト、それにディドロたちの作品が教材に選ばれ、ラス・カサスに発する「十六世紀問題」のひろがりを探究する作業がこのとき始まったわけだ。二〇〇二年、八年目であえて出講は止めたものの、この緊張を強いられた教育実践が私に問題のありかをより鮮明にしてゆく上で大いに力となったことは否定できない。もし、勝手に「私の寺子屋」と自称した和光の小教室がなかったならば、私は十六世紀大西洋圏を飛び出すことがなかったかも知れない。手さぐり状態ですすめる私とテクストとの対話のプロセスを毎週一回、二、三十人の聞き手に語りつづけたこの経験は貴重であったのである。

最後の最後になってしまったが、本文でしばしば引用させてもらうことになった諸作品を訳出された方々にお礼の気持をお伝えしたい。とりわけ本文でみられたように、スウィフトやディドロの訳書にはお世話になりどおしであった。こまかい文章のひだにまで分け入ることができたのは、それらのすばらしい訳書あってのことである。

それらは、私の読みを助けてくれただけではない。読者が私と同じ土俵で読みをすすめてゆくうえで訳書の存在は欠かせない役割を果たすのだ。専門家であるなしに関係なく、同じテクストを手にした読者は、こわい相手として私の前に立ちあらわれる。かつて、ラス・カサスの大著『インディアス史』(長南実訳、「大航海時代叢書」第二期第二十一巻—第二十五巻)を圧縮・編集したとき(「アンソロジー　新世界の挑戦」第一巻、第十三巻)もそうであったが、今回も、この緊張が、私流儀の読みが陥りやすいひとりよがりを、いくらかでも避けさせてくれたことは間違いない。巻末に参考文献リストを省き本文中に注記を多用することを避けたのは、この開かれた読み合わせの邪魔になると考えてのことであった。たしかに、本文中にも必要に応じて指摘しておいたように、先行する多くの研究の世話になったことを否定するものではないが、肝心なのは十八世紀ヨーロッパ人が書きのこしたテクストそのものだ、との私の考え方は今もかわらない。読者は、徒手空拳で、訳書に向かえばいいのであって、それらの一読者であった私自身頼りになる日本語訳の大切さを今回ほど思い知ったことはない。
ディドロを扱った章のさいごに記しておいたことだが、ここでもくりかえす。本書はあくまでクックやディドロたちと二十一世紀人たる私たちとの対話へのうながしを目ざしたものであり、私の願いはそれにいくらか役立つことである、と。

二〇〇四年八月十五日

石原保徳（いしはら・やすのり）
1935年、岡山県生まれ。一橋大学大学院社会学研究科修士課程修了。ながねん出版社に勤務し、「大航海時代叢書」第二期（全25巻、岩波書店）の企画・編集にたずさわり、編集者生活の総決算として「アンソロジー・新世界の挑戦」（全13巻、同上）を企画するとともに、この間、『インディアスの発見』（田畑書店）を執筆し、ラス・カサス著『インディアス破壊を弾劾する簡略なる陳述』（現代企画室）の訳注にも取り組む。その後も、和光大学で「ヨーロッパ的世界史像の見直し」をテーマとする講義を引き受けるなど、世界史研究を続け、『世界史への道』上・下（丸善ライブラリー）を著す。

大航海者たちの世紀

二〇〇五年二月一〇日　初版発行

●――著　者　石原保徳
●――装　幀　緒方修一
●――発行者　竹下晴信
●――発行所　株式会社評論社
〒162-0815　東京都新宿区筑土八幡町二-二一
電話　営業〇三-三二六〇-九四〇九
編集〇三-三二六〇-九四〇三
振替　〇〇一八〇-一-七二九四
●――印刷所　凸版印刷株式会社
●――製本所　凸版印刷株式会社

ISBN4-566-05068-8　NDC209　280p.　188mm×128mm
http://www.hyoronsha.co.jp